荆楚文库

〔乾隆〕鶴峯州志
〔清〕毛峻德 纂修

〔道光〕鶴峯州志
〔清〕吉鍾穎 修 〔清〕洪先壽 部生榕 纂

〔同治〕鶴峯州志
〔清〕徐澍楷 修 〔清〕雷春沼 纂

〔光緒〕鶴峯州志
〔清〕長 庚 厲祥官 修 〔清〕陳鴻漸 纂

荆楚文庫編纂出版委員會
湖北人民出版社

荆楚文庫

〔乾隆〕鶴峯州志
QIANLONG HEFENG ZHOUZHI

〔道光〕鶴峯州志
DAOGUANG HEFENG ZHOUZHI

〔同治〕鶴峯州志
TONGZHI HEFENG ZHOUZHI

〔光緒〕鶴峯州志
GUANGXU HEFENG ZHOUZHI

圖書在版編目（CIP）數據

〔乾隆〕鶴峯州志 /〔清〕毛峻德纂修.〔道光〕鶴峯州志 /〔清〕吉鍾穎修;〔清〕洪先壽，部生榕纂.〔同治〕鶴峯州志 /〔清〕徐澍楷修;〔清〕雷春沼纂.〔光緒〕鶴峯州志 /〔清〕長庚，厲祥官修;〔清〕陳鴻漸纂.

武漢：湖北人民出版社，2024.8.

ISBN 978-7-216-10879-9

Ⅰ.K296.34

中國國家版本館 CIP 數據核字第 2024K0C678 號

責任編輯：高承秀　陳　典

整體設計：范漢成　曾顯惠　思　蒙

美術編輯：董　昀

責任校對：范承勇

責任印製：肖迎軍

出版發行：湖北人民出版社（中國・武漢）

地址：武漢市雄楚大道 268 號

電話：(027)87679656　郵政編碼：430070

録排：武漢鑫偉創圖文設計有限公司

印刷：湖北新華印務有限公司

開本：787mm×1092mm　　1/16

印張：21.25

字數：294 千字

版次：2024 年 8 月第 1 版　2024 年 8 月第 1 次印刷

定價：128.00 元

ISBN 978-7-216-10879-9

9 787216 108799 >

出版説明

湖北乃九省通衢，北學南學交會融通之地，文明昌盛，歷代文獻豐厚。守望傳統，編纂荆楚文獻，湖北淵源有自。清同治年間設立官書局，以整理鄉邦文獻爲旨趣。光緒年間張之洞督鄂後，以崇文書局推進典籍集成，湖北鄉賢身體力行之，編纂《湖北文徵》，集元明清三代湖北先哲遺作，收兩千七百餘作者文八千餘篇，洋洋六百萬言。盧氏兄弟輯録湖北先賢之作而成《湖北先正遺書》。至當代，武漢多所大學、圖書館在鄉邦典籍整理方面亦多所用力。爲傳承和弘揚優秀傳統文化，湖北省委、省政府决定編纂大型歷史文獻叢書《荆楚文庫》。

《荆楚文庫》以『搶救、保護、整理、出版』湖北文獻爲宗旨，分三編集藏。

甲、文獻編。收録歷代鄂籍人士著述，長期寓居湖北人士著述，省外人士探究湖北著述。包括傳世文獻、出土文獻和民間文獻。

乙、方志編。收録歷代省志、府縣志等。

丙、研究編。收録今人研究評述荆楚人物、史地、風物的學術著作和工具書及圖册。

文獻編、方志編録籍以一九四九年爲下限。

研究編簡體横排，文獻編繁體横排，方志編影印或點校出版。

《荆楚文庫》編纂出版委員會

二〇一五年十一月

總目録

荆楚文库

〔乾隆〕鹤峯州志

〔清〕毛峻德 纂修

《荆楚文庫·方志編》編纂組

組　　長：劉偉成　陽海清（執行）

副組長：劉傑民（執行）　王　濤　謝春枝　郝　敏　嚴繼東

參編人員（以姓氏筆畫爲序）：

王　濤　李云超　宋澤宇　范志毅　馬盛南

陳建勛　夏漢群　梅　琳　陽海清　彭余焕　彭筱濈　楊　萍

楊愛華　劉水清　劉偉成　劉傑民　謝春枝　戴　波　嚴繼東

編　　審：周　榮

顧　　問：沈乃文　李國慶　吴　格

前言

《〔乾隆〕鶴峯州志》二卷，清毛峻德纂修，清乾隆六年（一七四一）刻本。

毛峻德，字觀之，直隸順天府良鄉人，監生，清雍正十三年（一七三五）任鶴峯知州。

鶴峯古稱柘溪、容美，又稱容陽，爲川楚之門户、荆襄之保障。清雍正十三年改土歸流，始名鶴峯，置直隸州，屬宜昌府。清光緒三十年（一九〇四）升直隸廳，隸施鶴道，屬湖北布政使司。民國元年（一九一二）廢廳爲縣，隸湖北省。

州志前無可考。峻德蒞任，先『經理改土善後事宜』，後任此土七載，於『土俗民情知之頗悉』，念鶴峯乃新造之區，案牘散缺，無典籍可稽，無老成可詢，纂修邑志已成急務，遂以修志爲己任，並『捐清俸以授梓人』，現設章程，『約舉大端，稍加編輯，會集成帙』。

志分上下兩卷，卷上紀聖制、星野、輿圖（州城圖、州全圖）、沿革、疆域、山川、關隘、城池；卷下紀户口、田賦、物産、學校、軍政、祀典、職官、風俗。志前另收修志姓氏（僅列批閲删正，不全）、序文四篇、容美司改土記畧、總目。

毛峻德於自序中陳述了他創修是志的原則：『志以傳信，非以傳疑，寧慎毋濫，寧簡毋繁』，因此『凡事之因時措置，難垂久遠者，概不敢登』。沿革、疆域、山川等分類登載；田賦、雜税紀各類徵收標準，并列詳細徵收數據，可供詳參；物産按穀類、蔬類、瓜類等十四類分而述之，搜覽無遺；名宦、鄉賢、人物、選舉等，初入版圖，無可記載；忠孝、節義難得確據，仙釋、古蹟，事涉誕妄，『非見諸史册者，未便率録』。

《四庫大辭典》稱：『此志慎而不濫，簡而不繁，凡事因時措置，難垂久遠者概不敢登，足見修志者學識不凡。』給予高度評價。另，是志爲鶴峯現存最早州志，各卷雖記載簡略，仍可補年代之缺，實屬珍貴。

據《中國地方志聯合目録》，是志國圖、故宫、臺灣等地有藏，本次影印所據底本爲國圖藏本，該藏本版刻雋永，字迹清晰，偶有漫漶、浮墨，整體書品尚好。《故宫珍本叢刊》影印收録。（彭余焕）

目録

披閱刪正

太子太保吏部尚書總督湖廣等處地方軍務兼理糧餉加三級紀錄十次孫 諱 嘉淦

巡撫湖北等處地方提督軍務都察院右副都御史加三級紀錄一次范 諱 璨

署理湖廣湖北武昌等處承宣布政使司正堂安 諱 圖

湖廣湖北武昌等處提刑按察使司按察使紀錄一次軍功加一級紀錄一次石 諱 去浮

湖廣湖北布政使司武昌等處督糧道副使加一級紀錄一次顧 諱 濟美

督理湖北武昌等處驛傳清軍鹽法道李 諱 愼修

湖廣湖北布政使司分守武漢黃德道兼理水利事務紀錄一次吳 諱 璋

湖廣湖北分巡荆宜施道兼理水利事務按察使司副使加四級屠 諱 嘉正

原任湖廣湖北分巡荆宜施道兼理水利事務按察使司副使加三級紀錄一次姜 諱 邵湘

鶴峰州志序

邑之有志猶國之有史名雖不同其事則一夫志者舉一邑之沿革以及疆域之遼闊山川之形勝風俗之淳漓推而壇廟城署田賦戶役職官兵防無不條分縷晰具載於篇以俟夫採風問俗者之考據焉是志之所係孔亟矣矧茲鶴峰向爲容美土司舊地因土弁田旻如貪淫殘虐改設州治旣無典籍可稽又無老成可詢經營伊始百度維新是鶴峰州志較他邑之志尤爲急務德不敏初蒙

陞任制府邁公檄委進司守催田旻如進京旋又奉

委撫恤殘黎並隨

湖北臬憲王 公諱柔 荆南觀察姜 公諱邵湘 經理改土善後事宜仰荷

臬憲王 道憲姜 公百凡指示俾得奉爲準繩幸免隕越詎意

事未竣卽膺

上憲保題叨沐

皇恩授以牧民重任七載於茲寸長未効夙夜難安惟於

土俗民情知之頗悉現設章程皆所創始又何敢以不文辭因於簿書之暇約舉大端稍加編緝會集成帙酌分上下兩卷用捐清俸以授梓人竊謂志以傳信非以傳疑寧慎毋濫寧簡毋繁凡事之因時措置難垂久遠者概不敢登若夫名宦鄉賢人物選舉因初入版圖無可紀載至於忠孝節義事關倫紀非確有可據者豈容冒濫仙釋古蹟事涉誕妄非見諸史册者未便率錄其餘流寓方伎之徒藝文雜記之末

旣非所重未暇考求覽是編者其亦鑒作志之苦心勿以簡略是責是則深幸也夫謹敘

旹

乾隆六年歲次辛酉仲冬月

誥授奉直大夫知鶴峰州事加一級紀錄三次中都毛

峻德覲文氏書於容陽官署

又與重農之政相表裏矣惟重農而後積貯有資惟積貯而後農之糞其田者天不能災也且富而方穀王政也州染舊俗不漸王化今一旦以我冠裳易彼椎髻而不游之以庠序董之以師儒尤

聖主之心所惻然也今觀

公勸諭之文於此數者不憚言之重而辭之複慮之周而謀之早於古先聖王厚生正德化民成俗之道不已得其先務歟夫後世之急於求治者若秦之不韋

宋之荆公非不慕倣周禮附會王制而卒之無裨於治祇以病民孰如　公之因地立法隨時制宜規模制度無不與官禮脗合而又能神而明之變而通之也哉是鶴峰之設自

國朝始建官分職自　邁公始而撫循以仁整齊以義化導以禮慰止左右宣畝疆理則自

公始也

皇上之德于斯萬年　邁公之積于斯萬年

公之政之教亦郎于斯萬年矣今者州民沐
公之化號稱易治　公亦自念劬勞不假外史敘其顛
末筆以志之書未上
朝廷廉　公能晉守宜昌府宜昌故彝陵州地自陞州爲
府隸以東湖歸州長陽興山巴東並新設鶴峰州長
樂縣共二州五縣與新設施南府左右犄角復以授
公荆南屏翰於是乎倚佇見
公推此治一州者以治一府俾新設諸郡縣奉爲楷模

凡之文王之化召伯布之而江漢游女南國諸侯皆
漸被而取法也是治之憑乎人者於
公覩其成而不次之擢又將從天而下也已
旹
皇清乾隆七年歲次壬戌四月朔旦黃岡王道明頓首拜
撰於武昌府學署

鶴峰州志序

郡邑者公天下之大端郡邑之有志載綱紀一方之
大畧者也然而志有創有因其因者前世之陳蹟備
於斯其創者一時之締造備於斯夫前無所憑藉而
後將視是以率由此其事爲倍難而其文之所關爲
更要非其心之足以立事而事之足載於文者其曷
能創之鶴峰故容美地也土官世及肆虐於民民不
勝其毒而奔走偕來願沾

聖化我
世宗憲皇帝惻然憫之允廷臣議改設州邑選良吏以撫斯
民毛君覲文爰自安陸通守移牧鶴峰披荆榛建城
郭招流亡安反側設學校列營汛壇廟公廨乘時具
舉生聚教訓因俗以施三年而政成五年而報最七
年而毛君膺
簡命晉守宜昌顧念鶴峰新造之區案牘易至散缺不可
無所纂集以貽之後也用輯州志而請序於余蓋其

事與文類皆出於創而已無一不可爲後之所因余
覽是編而竊有以見毛君之用心也夫天生兆民樹
之后王君公承以大夫師長以左右民也何以長民
曰仁何以行仁曰政何以舉政曰誠不誠則無物而
政非其政矣毛君之治鶴峰其意主於爲
朝廷綏靖遠民予以寬徭薄賦之樂而去其獷頑獰劣之
習其哀矜惻怛藹然見乎其詞而篤摯懇切之衷復
足以貫乎其設施之顛末此所以政通人樂而下爲

編户之所矖就即上邀
聖天子之獎擢歟毛君推是心以蒞官將所處益高其所
及益廣而後之牧是州者以毛君之心爲心相時調
劑以求久安此溪峒之衆安在不足以比於中土之
民雍雍然揖讓於冠裳禮樂也夫
賜進士出身中憲大夫分巡湖北荆宜施道兼理水利按
察使司副使屠嘉正序

新設鶴峰州志敘
容美司之改鶴峰州蓋天人半焉者也而治之則全
遷乎人粤自干羽既舞苗民世列土弁迨
國朝御宇四海無不賦之土九有無不版之民而容美
彈丸一隅田氏父子猶君其土子其民者蓋
聖朝寬大以苗蠻畜之猶是舞階之意也迨雍正年既没旻
如不嗣凶逆無狀
督臺邁　具疏請討

詎是如包藏禍心不即奉
世宗憲皇帝不即加兵意在保全始終若漢文待南粤故事
詔致土民内離徵貧投誠勢窮理極身死地墟豈非
國運中天惟皇默啓不欲使此土爲不賦之土民爲不
版之民故喁喁歸順若此歟然革面革心者
皇上之過化存神上下同流也而布化宣猷則存乎司牧
之官撫摩噢咻薫陶涵濡而後有以上慰我
皇上天下一家之心下遂彼土民紹我見休之意其經綸

締造制度規模非具怙冒之德掀挈之才不能勝任
而愉快也
州尊毛公始以奇謀神畧獲邀天蔽日積年不獲之大
盜七十七沈二等於粵東修築江夏隄塍智能理劇
才可衝折久爲
督憲所知及容美開土需德需才即以州職委之良以
鶴峰新設爲川楚之門戶作荆襄之保障顯然以腹
心干城寄之矣

公始至振起凋敝招集流亡圖其山川疆其井里興學
設塾務本力農高城浚池分防立汛計戶口定田賦
崇祀典物土宜罔不綱舉目張求可求成而其諄諄
切切者尤在於辨內外冀田野裕積貯廣教化蓋有
天地萬物即有男女男女者人道之始也男女正而
江漢之化行矣開土之始首在力農農分五等區之
以百畝之糞糞多而力勤斯土沃而苗殖至於委積
掌之遺人以待施惠常平義社建之鄉國以備不虞

容美司改土記畧

鶴峰州乃雍正拾叁年
欽定佳名其舊爲容美土司地也乾隆叁年春奉
督憲宗室德公檄取全楚州縣邑乘德茫無以應既
而思之邑之有乘猶國之有史胡可缺焉且德自雍
正拾叁年柒月履州任幷前在安陸通判任內奉委
於雍正拾貳年正月即進司辦理改土事宜以迄於
今竊於州境之疆域賦役之清編山川之形勢以及
人民風俗不可謂不得其槪因於政治之餘聊具其
可信者分門別類一一直書聊備州乘至於改土設

流之故緣土弁田旻如者自康熙肆拾伍年由通州
州同改調承襲土職以來阻險自雄內地人民少通
居設九間五層坐向子午私割閹人妄製砲位攜怨
鄰司忠峝桑植屢受搶擄之害袒護二堺楚昭禹鼎
均罹大辟之誅至於所隸土職土民專擅予奪紊亂
襲替私派濫罰酷斂淫刑甚至殺人家口沒入貲產

種種狂悖罪實難逭經
陞任內閣大學士前督憲邁　列款題參猶邀
世宗憲皇帝如
天之仁仍令進京引
見此雍正拾壹年事也斯時昊如苟有人心一奉
恩旨即應就道奈何一任撫催及委官守催猶以賑恤災
民爲詞欺誑奏
聞且於遷延時日之中與其弟暢如琰如及中軍向日芳

旗鼓田安南等商謀於拾壹年之霜降日宰牛歃血
與各土衆誓曰如遇官兵協力堵禦官不上前聽民
殺之民不上前官即殺之等語吁此後倒戈相向之
舉由此起也既則令土衆於鄔陽關内挑築土城令
向日芳田暢如琰如等各率土民整佈軍器分守大
崖奇峰鄔陽等隘正在計議間適築土城之衆已將
奉委督催之金瓜打死各率男婦於鄔陽關逃出集
於巴東縣之紅沙堡地方投誠向化懇討安插矣斯

時假昊如順從輿情刻即赴京未必不猶可邀我
世宗憲皇帝之鴻慈免其深究奈何於土民散渙大義當明
之秋昊如猶逞兔蝕之見恃天星橋之險於是年拾
貳月初叁日潛入上平山萬全洞内於洞口安設砲
位爲堵禦而暢如琰如輩猶各期率離心離德之土
衆分守各隘以拒官兵噫斯時土衆恐干
天討久矣切恨黨惡之朦蔽私相傳約齊赴公請土弁進
京早已定於拾貳月初柒日矣所以至期齊集平山
一面協拏黨羽一面計誘土弁至初玖日昊如出洞

土衆告以抗
利害力勸進京昊如畏懼遂於拾壹日乘間自縊彼時
土衆見昊如已故思登祖席齊將現拏之助惡黨羽
田暢如琰如向日芳向虎田安南及閣人劉冒仁壽
史東東史西西同昊如之子田祚南雅南思南等幷
部印壹拾捌顆於拾貳月貳拾肆等日先後押解撫
荆公懇改土設流是日德自省奉委進司守催田昊

如進京亦抵荊州遵奉
道憲姜公發訊各供始知旻如長罪自縊報經批委
原任枝江縣傳 諱 採驗塡通報請
題飭審乃按律審 題之後我
憲皇帝猶曲賜生全特免田旻如戮屍其妻妾子女父
母祖孫兄弟幷田暢如以及閹人劉冒等均得免死
照例分發陝西廣東河南三省安插且均賞給家貲
以贍養俾結斯案於不蔓不擾之中旋允

題請改設流官以撫綏土衆此鶴峰州設流之始末也
今城垣壇廟文武衙署以及營汛塘房橋梁道路查
照永順成例俱已領帑興修規模初定其疆域東接
長樂西界宣恩恩施南抵慈利石門桑植北至巴東
建始週圍千有餘里然幅幀雖廣田少山多兼之從
前土弁失於培養地瘠民貧所幸早蒙
聖明洞鑒特沛
殊恩將應徵民賦仍照舊額徵秋糧銀玖拾陸兩自乾隆
貳年爲始於鶴峰長樂一州一縣按畝攤徵其雍正
拾貳拾叁兩年幷乾隆元年應納銀兩概予豁免土
民老幼騰歡紛紛呈請恭謝業經會同長樂縣據情
轉詳請
題在案土民從此長享輕徭薄賦之樂矣若夫勸課農
桑捐設義學分鄉設里稽保甲以清盜源平易道路
去險隘而通商賈此任斯土者應時時盡心之務但
自顧識淺學疎無超越政治俾土疆大有生色用常

內愧云
乾隆六年歲次辛酉仲冬月記

鶴峰州志總目

鶴峰州志卷上

湖廣宜昌府鶴峰州知州毛峻德創修

聖制

禮治邦國重畿輔不遺要荒書紀唐虞致三謨必先二典故聖人有道斯萬國咸寧今容美土司已經改土茲鶴峰州治方造新疆當苗民向化之初實聖朝錫命之始天覆地載溥施格外之生成河納海涵盡釋從前之濡染好生之德遍於遐陬休養之恩溢於

千禩恭濡兔管首紀龍章集首

聖制

乾隆元年拾貳月初捌日奉

上諭湖北鶴峰州長樂縣原係容美土司地方每年徵秋糧銀玖拾陸兩自前年改土歸流經該督撫題明俟設立州縣後確查成熟田畝照內地科則輸糧今鶴峰州成熟田地共陸百伍拾肆頃應科條餉銀肆百柒拾玖兩長樂縣成熟田地壹百捌拾叁頃應科條餉銀壹百陸拾柒兩朕查雍正捌年湖南永順等土司改土歸流之時蒙我

皇考念其地瘠民貧將土民承種成熟地畝應納錢糧即照原額秋糧貳百捌拾兩之數分則陞科仍寬免壹年在案今容美事同一例且聞彼地山田犖确土瘠水寒物產涼薄若照內地科則徵糧土民不無拮据著將鶴峰長樂貳州縣現報成熟田地亦照容美之例

即以原徵秋糧銀玖拾陸兩之數作為定額於乾隆丁巳年為始造冊徵收嗣後若有招徠勸墾荒地再行奏報酌量陞科至於裁改土司以後未經查丈以前雍正拾貳拾叁等年及乾隆元年共應徵秋糧銀貳百捌拾捌兩悉著寬免不必補徵以示朕愛養土民之至意欽此

星野

自乾坤定位天包乎地而地上應乎天周禮保章氏以星土辨九州之地蓋體天則地七政斯齊也翼軫爲楚分野太微位焉鶴峰新闢彈丸分壤荆域觀象於天其可占陰陽之和氣此一隅矣

前漢書天文志翼軫荆州史記天官書翼爲羽翮主遠客軫爲車主風按星經云翼二十二星凡十九度軫四星凡十七度鶴峰分野入翼十度

輿圖

九州分於禹貢職方掌於周官自昔山澤異宜剛柔異制可按圖而考也鶴峰居楚之西陲連黔引蜀昔爲蠻域今列方州山川之險易疆宇之廣袤繪其全勢亦以見奧區悉沾聲敎而

聖治之極盛云

按鶴峰州界畫東西廣壹百玖拾伍里南北袤叁百肆拾伍里

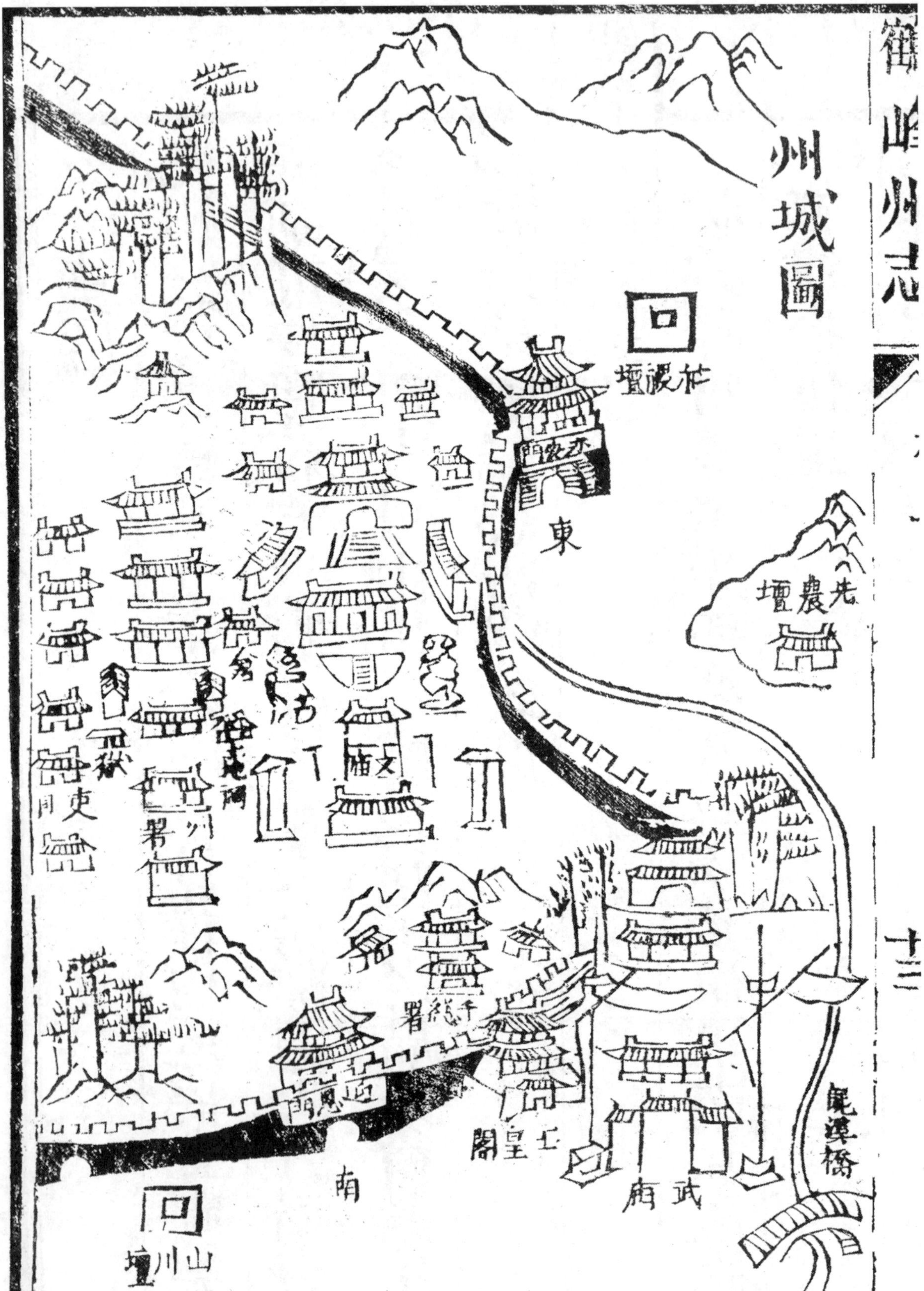
州城圖
社稷壇
東
先農壇
文廟
州署
吏目
玉皇閣
武廟
南
山川壇

厲壇
北
火藥局
斗姥閣
城隍廟
義學
天平門
西
福田寺

州全圖
此處長樂縣境
此處巴東縣境
分水嶺
石子溪
牛路頭
核桃埡
土地埡
三道河
鶴峯州城
東
此處石門縣境
鯉魚山
狐狸崖
牛角尖
五里坪
大崖關
桐木山
飯盆崖
琵琶嶺
桂竹埡
皮樹埡
下陡坎
朱家村
此處慈利縣境
南

鶴峰州志　卷上　十五

北
茶寮河
此處建始縣境
此處恩施縣境
石龍寨
鄔陽關
松樹嶺
長望
馬鹿池
青包
平桑崖
西
沙子埡
牛吃水
此處宣恩縣境
高尖子
分水嶺
杉木界
一把傘
馬林關
柳林坪
大乾溪
觀音崖
能泉
九女寨
榆樹埡
此處桑植縣境

沿革

封建變而爲郡縣勢之所趨治法因之自然之道也鶴峰本容美舊地土民久苦於水火今改設州治張官置吏以勞來安集之天生斯民

聖人求寧革其故而取新將沿之千萬世矣

楚之南徼溪洞諸蠻叛服不常宋嘉泰中湖南安撫趙彥勵請擇素有智勇爲蠻夷所信服者立爲酋長借補小官以鎮撫之五年之間能立勞效卽與補正從之此土司所由衆建也元容美宣撫司屬四川行省明洪武拾肆年置施州衛軍民指揮使司屬湖廣都司領宣撫司三容美宣撫司亦在境內嘉靖叁拾年詔湖廣川貴總督節制容美等拾肆司

本朝平定西南容美土司仍世襲屬湖廣康熙四十七年田舜年揭子土官田昞如貪庸暴戾

欽差大臣會同督撫等審明治罪仍聽請襲

康熙伍拾貳年土官田旻如狂妄驕倨經左都御史趙恭毅公諱申喬參奏復蒙

原宥乃旻如怙終不悛罪惡益甚自取覆滅

雍正拾叁年改司爲州

[illegible]定佳名曰鶴峰茲土生民沾文明之化實自今以始

附錄原題部文

雍正拾叁年貳月初捌日爲特參狂悖暴戾之土司法所難宥等事奉

前護臬憲馬諱靈阿　陞任藩憲李諱世倬　湖南道憲姜諱邵湘牌奉

陞任湖廣總督部院邁公諱柱牌開雍正拾叁年正

月初玖日准　刑部咨開湖廣清吏司案呈據湖督
邁　題前事雍正拾貳年拾月貳拾伍日題拾壹月
拾陸日奉
旨三法司核擬具奏欽此該本部會同吏部院寺會看得
容美土司田旻如等不遵法紀濫給劄付私徵錢糧
僭越殃民種種惡蹟一案據湖廣總督邁　疏稱田
旻如世受
國恩叉蒙

皇上屢次宥其過愆令其悛改無如狂虐性成非理越分
私給劄付聽信邪術擅用閹人僭造玖間伍層衙署
并建鐘鼓樓上設龍鳳鼓景陽鐘且横徵濫派越境
擄掠復黨護兩堦淫惡種種經臣列款糾參蒙
皇恩優渥令其來京訊問即當星馳
闕廷泥首悔罪乃扶同土目向日芳向虎田安南伊弟田
暢如田琰如閹人劉冒仁壽祿壽史東東等商謀假
捏撫恤水災奏請寬限攜眷齊赴平山寨險處又因

黨護長堦覃楚昭經部議革職復縱次堦覃禹鼎逆
役旗長藏匿不容州縣拘審自知悖逆昭著恐致問
罪之師連歲鑄造鎗砲修整盔甲於雍正拾壹年玖
月拾陸日霜降禁營之後立壇宰牛祭神歃血設誓
商謀拒敵分派土民把守關隘堵禦官兵更恐土民
不從捏稱蓄養陳和尚係逆吳三桂之孫吳金枝有
兵在江南山東等處可以調來接應令向應時唐本
裔同陳和尚前往招兵以安衆心田安南復令土民

於鄖陽關要地築城土衆見其行爲叛逆即從鄖陽
關投出男婦伍百柒拾餘名口經臣將土衆安插委
員前赴容美催令田旻如起程而田旻如並不起程
即於雍正拾壹年拾貳月初叁日復攜眷搬入萬全
洞將洞口週圍安設砲位火藥有土目張彤柱首先
投出歸化其餘土衆聞投出土民俱給衣食安插即
籲請田旻如進京見田旻如負　固　不出遂將平日
助虐之田暢如田琰如向日芳向虎田安南劉冒仁

壽史東東等拘執而田旻如之庶母正妻遂下洞勸令田旻如進京將宣慰司印交紵次子田祚南承襲土衆又下洞籲求田旻如方將印給田祚南同衆出洞衆人送田祚南到中府郎圜門把守復至萬全洞將田旻如拉擁田暢如家催令起程田旻如自知負罪深重民心已變於雍正拾壹年拾貳月拾壹日畏罪自縊經臣

奏報奉准部覆將田旻如之子弟闔人助虐之處行令

飭審今據各犯供認前情不諱併究出雍正玖年拾貳月內田旻如會差土民謝希大潛至鎮筸龍角洞誘苗人麻老丑至容美司教令糾合苗衆攻殺駐防官兵田旻如撥兵接應等情雖麻老丑不肯允行而田旻如叛逆之志已經昭著應以逃避山澤不服拘喚拒敵官兵律擬斬雖經自縊仍開棺戮屍同謀之向日芳等俱擬斬決劉安太擬絞監候向志高等俱擬流麻老丑等擬徒等因具

題前來除祿壽投崖身死覃遇春被田旻如打死趙打虎胡道人俱於取供後在江夏縣監病故均不議外查田旻如身爲土司肆意狂悖蒙

聖恩高厚屢經赦宥乃罔知悛改種種不法罪惡已極除私藏妖書建造越度横徵濫派燒丹煉藥擾害鄰境各輕罪不議外其商謀拒敵官兵以及強勒閹割專擅選用鑄造砲位所犯各款俱應按律擬斬立決應如該督所題田旻如合依謀叛已行律擬斬立決雖

該犯畏罪自縊應仍將田旻如戮屍以正典刑其同謀拒敵官兵之向日芳田暢如田琰如田安南向虎劉目仁壽史東東俱合依謀叛已行律均擬斬立決田旻如等妻妾子女俱照律查明解部給功臣之家爲奴財產俱入官田旻如等父母祖孫兄弟俱僉妻解部流徙烏喇劉安太合依書符咒水者絞監候律應擬絞監候秋後處決謝希大聽從田旻如使令往誘苗民麻老丑來往內地並不將田旻如謀叛情由

首明經過州縣合依知謀叛而不首律杖壹百流叁千里照例僉妻解部流徙烏喇其被誘之麻老丑原未依行但擅行出入土司地方與燒煉假銀未成之劉璽俱合依越度緣邊關塞者杖壹百徒叁年律應各徒叁年至配所杖壹百折責肆拾板再該督疏稱袁起臣聽田旻如使令爲陳和尚抄錄兵單與土司書辦聶珮知田旻如行爲均不首告俱合依知謀叛而不首律杖壹百流叁千里照例僉妻解部流徙烏

喇袁起臣應監候俟緝獲陳和尚質審明白另行僉妻解部流徙烏喇但身拘司內不能出外首告可否邀原聽候　部議等語查袁起臣聶珮均係田旻如親信之人一切行爲悉知其詳并不出首均無可原應照例僉妻解部流徙烏喇袁起臣俟緝獲陳和尚質審明白另行發遣再該督疏稱向志高向丙𩓸王學均係田旻如使令強勸下手閹割合依私自淨身者并下手之人處斬全家發邊遠充軍例均應擬斬監候全家發邊遠充軍但均係田旻如使令祿壽強勸下手應請邀原比照爲從各減壹等律杖壹百流叁千里僉妻發遣統聽部議等語查向志高向丙𩓸王學俱係田旻如逼令下手強勸閹割實屬無知畏死情尚可原均應照爲從各減壹等律杖壹百僉妻流叁千里至配所折責肆拾板向應時聽從田旻如主令與陳和尚歃血盟心罪應擬流但又與張弘謨已知田旻如商謀拒敵官兵之情乃同陳和尚從淮

安回武昌並不首明聽其逃走合依知謀叛而不首律杖壹百流叁千里照例各僉妻解部流徙烏喇向應時張弘謨俱應監候俟緝獲陳和尚質審明白另行發遣該督既稱田旻如之弟田琨如從幼過房與田慶年爲子田旻如之子田召南自幼過繼與向九福之妻爲嗣律不坐罪毋庸議唐本裔係田旻如差令跟隨陳和尚等途中使用與接趙打虎之王應甲王彬接劉璽之黃印接胡道人之江臘兒及往山海

關查丁姓銀兩之唐本德等俱係聽從田旻如使令而行審無同謀又無助虐俱應免議至在逃之陳和尚嚴緝尚未弋獲但伊平日所說范公旦等並向應時所抄兵單俱各有地名人數已行令直隸江南山東等省確查虛實傳授田旻如觀星之徐廷樞亦行令江西查拏均俟追究獲解到日另結其被田旻如閹割之添官等照律給親隣和尚之妻田氏係奪有夫之婦應與被賣之黃梅等俱應查明歸宗所有田

旻如擅賣鄰司被擄女子及所得價銀查已財產入官毋庸再議其強要本司土民男女俱查給親屬領回完聚擄掠鄰司人口如單身男婦家有夫妻子女者逐一發回完聚若男女已配有夫妻以及原本成家安居耕種者今已改土歸流悉編入烟戶以實地方田旻如所造鎗砲盔甲已據委員署安陸府通判毛峻德等查明造冊收貯其私給土目謝希大等劄付逐一查繳銷燬首先投出輸誠之石梁司長官張

彤磋公懇田旻如進京之土衆應行奬賞之處俟酌議另行咨部施南土弁覃禹鼎不法犯罪之處容俟另案審題等語均應如該督所題完結仍行令該督將覃禹鼎不法之案作速審擬具題其在逃之陳和尚徐廷樞轉行直隸等省嚴緝務獲另行審擬題結再該督疏稱監斃趙打虎胡道人管獄官職名係江夏縣典史靳鎮相應附叅等語查定例軍流等犯監斃二人者管獄官罰俸陸個月等語應將監斃應擬

流罪趙打虎等二名之江夏縣典史靳鎮照例罰俸陸個月等因雍正拾貳年拾貳月拾捌日題貳拾壹日奉

旨田旻如畏罪潛藏投繯自盡尚與抗拒官兵者有間著從寬免其戮屍凡田旻如之孽皆由自作其眷屬及脅從牽連之人俱係聽伊指使情有可原此本內所擬斬絞各犯俱著從寬免死交與總督邁　分別安插別省居住田旻如之衣飾等物仍賞給田旻如之

妻子其田產亦不必入官著查明變價亦賞伊妻子以爲度日之資所有牽連治罪各犯著遵　酌其情罪減等發落其首先繳印之石梁司長官張彤硅著賞給千總職銜支食俸薪以示獎勵餘依議欽此相應移咨前去欽遵查照施行等因到院行司轉移各道知照飭遵

又於雍正拾叁年陸月拾柒日奉

巡撫各憲牌雍正拾叁年陸月初壹日奉

督部院憲牌雍正拾叁年伍月貳拾玖日准刑部咨開湖廣清吏司案呈奉本部送刑科抄出據湖督邁　題前事雍正拾叁年貳月貳拾肆日

題叁月拾陸日奉

旨該部核擬具奏欽此本部會同户部會議得容美土司田旻如等不遵法紀種種惡蹟一案據湖廣總督邁

疏稱田旻如等不遵法紀先經臣將田旻如照逃避山澤不服拘喚拒敵官兵律擬斬雖經自縊仍開棺戮屍同謀之向日芳等俱擬斬決劉安太擬絞監候向志高等俱擬流麻老丑擬徒等因具

題准　部覆奉

旨將田旻如畏罪潛藏投繯自盡尚與抗拒官兵者有間著從寬免其戮屍凡田旻如之孽皆由自作其眷屬及脅從牽連之人俱係聽伊指使情有可原此本內所擬斬絞各犯俱著從寬免死交與總督邁　分別安插别省居住田旻如之衣飾等物仍賞給田旻如之

妻子其田產亦不必入官著查明變價亦賞伊妻子以爲度日之資所有牽連治罪各犯着遵　酌其情罪減等發落其首先繳印之石梁司長官張彤硅著賞給千總職銜支食俸薪以示獎勵餘依議欽此欽遵查田旻如旣蒙

皇仁原宥免其戮屍其眷屬及所擬斬絞各犯俱從寬免死分别安插别省居住則田旻如之妻妾子女應請照犯斬絞土司之家口安插遠省例與應流徙烏喇

之父母祖孫兄弟免其異處一併解交陝西安插其
向日芳田暢如田琰如田安南向虎闔人劉冒仁壽
史東東俱係照謀叛已行擬斬之犯今蒙
皇上法外施仁從寬免死查田暢如田琰如係田旻如之
弟應與田旻如之家口同解陝西安插令其團聚至
向日芳等始而助虐旣又同謀不法已極今雖免死
不便一例安插陝西地方應請將向日芳田安南向
虎闔人劉冒史東東解交廣東於極邊地方分別安

插其向日芳田安南向虎之妻妾子女及父母祖孫
兄弟亦當仰體
聖慈免其爲奴流徙應與向日芳田安南向虎一同安插
再田旻如之田產旣沐
皇恩賞給伊妻子以爲度日之資其向日芳等田產均請
變價賞給伊等以廣
皇仁除田旻如之衣飾等物已經伊妻子收領外其田旻
如向日芳等之田產恐一時難於變售未免藉此稽

延守候應請確估定價先動存公銀兩照數給與分
別起解仍將變價銀兩歸還原款劉安太係照書符
咒水律擬絞之犯亦應免死安插查係鎮筸人氏應
照民人減等例僉妻流叁千里向應時張弘謨謝希
大聶珮袁起臣向志高王學向丙鼂俱屬牽連治罪
原擬發遣流徙今酌量減等例應減徒發落但均係
不法土民若於本省擺站滿日發回安插恐仍不安
本分煽惑滋事若徒限滿日復發他省安插較斬絞

免死各犯反覺太重應將謝希大聶珮向志高王學
向丙鼂伍犯照犯軍流等罪土司之家口遷徙近省
安插例解交河南安插以上流徙安插各犯至配所
均照例折責肆拾板至向應時張弘謨袁起臣應照
原議俟緝獲陳和尚質明安插向應時於審明之日
發往伊父向日芳慶安插免其離異被誘出入土司
擬徒之苗民麻老丑業經病故咨部應毋庸議又僥
倖假銀未成之道士劉璽係棗陽縣人氏原照越度

絲邊關塞律擬杖壹百徒叁年今應減壹等杖玖拾
徒貳年半至配所折責叁拾伍板擺站徒限滿日發
回原籍地方官管束酋先繳印之土弁張彤硅旣棠
皇恩賞給千總職銜支食俸薪其應食俸薪銀兩應於奉
文之日爲始令地方官於地丁銀內按年支給造報
奏銷田琨如從幼出繼於伊叔田慶年爲子田召南從
幼出繼於伊姑已故淨安隘百戶向九福之妻爲嗣
均無助虐情事原議照律不坐但容美已經改流不

便發回土境應於本省另行安插使得其所等因具
題前來除擬徒之苗民麻老丑已經病故不議外應如
該督所題田旻如之妻妾子女照犯斬絞土司之家
口安插遠省例與應流徙烏喇之父母祖孫兄弟一
併解交陝西安插擬斬之田暢如田琰如係田旻如
之弟應免死減等與田旻如之家口同解陝西安插
令其團聚擬斬之向日芳田安南向虎闇人劉冒仁
壽史東東應免死減等解交廣東於極邊地方分別

安插其向日芳田安南向虎之妻妾子女及父母祖
孫兄弟亦應免其爲奴與向日芳等一同安插擬絞
之劉安太應照例減壹等僉妻流叁千里擬流之謝
希大聶珮向志高王學向丙韶應照犯軍流等罪土
司之家口遷徙近省安插例解交河南安插以上流
徙各犯至配所均杖壹百折責肆拾板擬滿徒之劉
璽應減壹等杖玖拾徒貳年半至配所折責叁拾伍
板徒限滿日發回原籍地方官管束該督旣稱擬流

之向應時張弘謨袁起臣俟緝獲陳和尚貝明安插
田琨如田召南從幼出繼原議照律不坐今容美已
經改流應於本省另行安插使得其所田旻如之衣
飾等物已給伊妻子收領等語均應如該督所議完
結脫逃之陳和尚仍令該督嚴緝獲日另結再該督
疏稱田旻如之田產恐一時難售請估定價值先動
存公銀兩照數給與分別起解仍將變價銀兩歸還
原款其土弁張彤硅應食千總俸薪銀兩於地丁銀

內按年支給造報　奏銷等語亦應如該督所題將
田旻如之田產飭令地方官確估價值在於存公銀
內照數給與仍將變價銀兩歸還原款其土弁張彤
柱應食千總俸薪銀兩自奉文之日為始按年在於
地丁銀內動支造入　奏銷冊內報明戶部查覈可
也等因雍正拾叁年閏肆月拾捌日題貳拾日奉
旨依議欽此為此合咨前去欽遵查照施行等因到院行
司轉移各道知照飭遵

又於雍正拾叁年肆月貳拾捌日為奏明事奉
督撫各憲牌奉
督部院牌開雍正拾叁年肆月初伍日准
吏部咨開文選清吏司案呈吏科抄出湖廣總督邁
等題前事雍正拾貳年柒月初拾日奉
旨該部議奏圖併發欽此會議得湖廣總督邁　等疏稱
容美地方幅幁壹千伍百餘里非分設壹州壹縣不
足以資治理今查容美舊司治人煙聚集應於此處
設知州壹員吏目壹員五里坪距舊司治稍遠與慈
利縣河道相近擬設州同壹員北佳坪為北路要區
擬設州判壹員均屬新州管轄五峰司地勢開廠為
石梁水盡長茅諸司總會應於此處設知縣壹員典
史壹員東西以金山雲霧村為界南北以百順橋為
界約計州境週圍捌百餘里縣境週圍陸百餘里又
灣潭地方係適中之地應於此處設分防同知壹員
就近稽查彈壓查容美舊屬荊州府轄但荊郡遠在

東北惟與彝陵則僅隔長陽壹縣且設有重鎮向來
容美邊地事宜原責成彝陵鎮控制今文武事應畫
一應於彝陵建立府治設知府壹員通判壹員經歷
壹員司獄壹員教授訓導各壹員改彝陵州為附郭
之縣知州改為知縣吏目改為典史學正改為教諭
所有該州原設州判應行裁汰再彝陵既設府治歸
州應改去直隸並長陽與山巴東恩施等肆縣與容
美之議設之壹州壹縣共貳州陸縣及分防同知均

隸新府管轄仍以荆州道爲統轄再查長陽縣屬漁陽關遠距縣治壹百肆拾餘里爲容美五峰出入要路應設縣丞壹員稽查防範歸新縣管轄又容美大崖關外卽湖南慈利縣界其所屬山羊隘遠距縣城遥容美河道應將大崖關外慈利所轄近關伍拾里以內之地撥歸新州管轄設巡檢壹員以資巡防其原有土百戶壹員應請革除至新設之府州縣等官需用吏役應照經制召募幷設舖兵以速郵傳其一

切新設府治事宜俟

俞允部覆到日再議等語應知該督等所請容美舊司治地方准其設立知州壹員吏目壹員五里坪地方准其設立州同壹員北佳坪地方准其設立州判壹員均歸新州管轄五峰司地方准其設立知縣壹員典史壹員東西以金山雲霧村爲界南北以百順橋爲界州境計週圍捌百餘里縣境計週圍陸百餘里灣潭適中之地准其設立分防同知壹員就近稽查彈

壓彝陵州准其建立府治設知府壹員通判壹員經歷壹員司獄壹員教授訓導各壹員原設彝陵州准其改爲附郭縣治知州改爲知縣吏目改爲典史學正改爲敎諭彝陵州原設之州判准其裁汰歸州直隸州准其裁去直隸字樣同所屬之長陽興山巴東等叁縣幷新設壹州壹縣共貳州伍縣及新設分防同知俱歸新設知府管轄仍聽荆州道統轄其原屬歸州之恩施縣現據該督等題請將恩施改爲府治

卽以恩施縣爲附郭首邑歸於新府管轄應將所請將恩施縣統彙彝陵新設知府管轄之處無庸議長陽縣屬漁陽關地方准其設立縣丞壹員稽查防範歸於五峰司新縣管轄容美大崖關外澧州屬慈利縣界所轄之近關伍拾里以內之地准其改撥容美新設知州管轄幷添設巡檢壹員以資巡防其原有土百戶壹員應准其革除至新設之府州縣等官需用人役應照經制召募其往來文移需用添設舖兵

應准其酌量添設仍令該督將添設數目報部查覈至彝陵改設府治添設知府壹員必得熟悉苗疆才守兼優者方克勝任應令該督等於現任屬員內揀選具題補授其同知通判知州知縣以及州同州判縣丞經歷司獄吏目巡檢典史各缺俱係新設改設之缺亦令該督等於屬員內揀選調補所遺之缺歸部詮選至歸州改去直隸彝陵改設縣治吏目改設典史州判現議裁汰所有現任各員俱應留於該省

該督等以人地相宜之缺酌量補用如無相當之缺照例給咨赴部另補彝陵州學正改設縣教諭壹缺應即以現任之學正補用添設教授壹缺訓導壹缺照例歸於月分銓選又疏稱營制擬設遊擊壹員駐劄舊司治守備壹員分駐灣潭千總貳員一隨遊擊存營一分防五峰把總肆員一隨守備存營一分防五里坪一分防鄔陽關一分防奇峰關外委千把總肆名貳名隨遊擊存營一分防北佳坪一分防山羊

隘兵丁柒百名外委在內內舊司治設兵貳百陸拾名灣潭設兵壹百名五峰設兵伍拾名五里坪設兵貳拾名鄔陽關設兵貳拾名奇峰關設兵貳拾名北佳坪設兵壹拾陸名山羊隘設兵壹拾伍名并於各緊要地方添設塘汛叁拾玖處每塘設兵伍名共設兵壹百玖拾伍名如此分佈實有裨益查彝陵爲楚蜀咽喉設鎮防守荆州滿營駐劄距彝不遠則彝陵非復當年之重汛祗緣控制容美是以鎮標制兵未

便抽減今容美已經歸流所需汛防官兵應在彝陵鎮就近抽調查該鎮右營原設遊擊守備千把捌員弁馬步戰守兵伍百柒拾壹名除赴陝兵丁陸拾陸名外尚存額兵伍百伍名儘數抽調移駐分防再於中左貳營內抽撥壹百玖拾伍名總歸右營管轄以足柒百名之數所有右營原防彝陵長陽各塘汛應就近改歸鎮標中營管轄其派防兵丁仍於中左貳營均勻抽撥但中左貳營需兵數多亦未便減少應

請暫募新兵壹百玖拾伍名歸還中左貳營以資防守其中左右叄營往陝兵丁貳百名俟凱旋之日漸次抽減仍令該督造具官弁兵丁駐劄分防事宜花名清冊送部查覈其新設遊擊等官准於彝陵鎮右營遊擊守備千把移駐仍歸於彝陵總兵管轄又疏稱官兵俸餉任聽彝陵請領支放其現在兵糧容美地方產米稀少應暫給本色米石於秋成後動支原撥米折銀兩委員前往就近水次地方採買運送令新設之州同縣丞料理聽該州縣收貯支放所需脚

價盤費於存公項內動支開銷俟該地方米穀豐裕便於購買另行議給折色再容美土司原納秋折糧銀玖拾陸兩向非按畝完糧今既改設州縣其田地之成熟者應照畝徵輸荒蕪者應多方勸墾但現在幷無頃畝區冊可考實在可徵糧銀若干未能懸擬應俟議設州縣履任後逐一查明照內地則例按畝陞科納糧解司充餉其一切人丁應照例伍年編審

等語亦應如該督等所請官兵俸餉仍聽彝陵鎮請領支放其現在兵糧暫給本色米石於秋成後動支原撥米折銀兩委員前往就近水次地方採買運送令新設之州同縣丞料理聽該州縣收貯支放所需脚價盤費於存公項內動支造冊咨部覈銷俟該地方米穀豐裕另行議給折色再容美田地既無頃畝區冊可考實徵糧銀未能懸擬應令該督俟議設州縣履任後逐一查明成熟田地數目照內地則例按

畝陞科納糧充餉如有荒蕪者飭令該管州縣多方勸墾其一切人丁照編審之例伍年壹次清查編審又疏稱應建城池衙署祭祀壇廟祠宇倉庫監獄營房塘房墩堡瞭樓及舖兵棲址孤貧養濟官渡船隻幷山路陡險急須開修通利等項均應俟新州縣題報有人之日查照湖南永順永綏成例確勘估建動項興修等語亦應如該督等所請應建城池衙署祭祀壇廟祠宇倉庫監獄營房塘房墩堡瞭樓以及舖

兵棲址孤貧養濟官渡船隻幷山路陡險急須開修
通利等項均應俟新州縣題授有人之日該督等查
照湖南永順永綏成例確估動項興修又疏稱新府
州縣知縣
俞允恭請
欽定佳名所設文武各官印信關防幷請
勅諭擬定字樣鑄給以昭信守等語應俟
命下之日吏部移揭內閣選擬佳名進

呈恭候
欽定後移咨禮部鑄給知府知州知縣印信以昭信守其
添設同知通判以及佐雜等缺俱應俟該督等擬定
字樣到日再行移咨禮部鑄給至抽調該營遊擊應
俟
命下之日移揭內閣選擬佳名進
呈恭候
欽定後移咨禮部鑄給遊擊關防行文內閣撰給流傳

勅諭等因於雍正拾叁年叁月初玖日奉
旨依議欽此為此合咨前去欽遵查照施行等因到院行
司移道飭遵

疆域 城鄉坊里附 分防附 鋪遞附

自古大一統之天下有無外之規亦即有一定之界書云申畫郊圻慎固封守良以幅幀遼闊生齒日繁畫而治之守土者庶免覩此失彼也鶴峰新入版圖規模粗定非疆界井然何由綱舉目張庶事就理乎

東至百順橋玖拾里長樂縣界

西至牛喫水壹百零伍里宣恩縣界

南至山羊隘貳百里湖南慈利縣界

北至金溪口壹百肆拾伍里巴東縣界

東北至上王崖壹百肆拾伍里長樂縣界

西北至虎鵶嶺壹百肆拾伍里建始縣界

東南至西溪河壹百陸拾貳里湖南石門縣界

西南至杉木界陸拾伍里湖南桑植縣界

城鄉坊里

利用坊 厚生坊 正德坊以上州城內外

興仁鄉內 博愛里 元長里在州東

崇讓鄉內 在道里 在田里在州西

禮陶鄉內 節文里 儀則里 崇本里 謙吉里

貴和里在州南

樂淑鄉內 純化里 和平里 以成里在州北

分防 管轄附　舖遞附

州治東西廣壹百玖拾伍里南北袤叁百肆拾伍里在在祟山峻嶺鳥道曲盤姦宄易生查防宜密所以設佐雜各員復奉

題充分防管轄稽查各有專責矣

乾隆貳年柒月初捌日爲詳請分設汛以專責成事奉准吏部咨開文選司案呈吏科抄出署理湖廣總督邱務戶部尚書史公 諱貽直等題前事乾隆貳年貳月

拾肆日奉

旨該部議奏欽此議得署理湖廣總督史 等疏稱鶴峰長樂貳州縣均係新闢土疆其佐雜等官各 駐要區雖皆職司巡緝然不分汛管理難免彼此推卸所有鶴峰州屬附近州城之利用厚生正德叁坊東路之元長里西路之在道在田貳里南路之節文里北路和平里內之茅竹山麻王村壹拾貳處應請分與吏目巡緝州南禮陶鄉內之[illegible]則里東路與仁鄉內之博愛里應請分與州同巡緝州北純化以成貳里和平里內之水田壩三峰溪共叁拾壹處應請分與州判巡緝其長樂縣屬東之義正一鄉及仁育鄉之東壹半應請分歸縣丞管理禮教信孚知慧叁鄉及仁育鄉之西壹半應請分歸典史管理嗣後清查保甲緝拏盜匪各照分定疆界巡緝稽查倘有疎防失察等案照例叅處以專責成仍不許遑例干預民間詞訟至大崖關外撥歸鶴峰州管轄汛地容俟蒞利

縣辦理軍務事竣勘撥之日造冊另報等因前來查雍正拾叁年叁月內臣部議准陞任湖廣總督邁 等疏稱容美舊司治地方准其設立知州壹員吏目壹員五里坪地方准其設立州同壹員北佳坪地方准其設立州判壹員均歸新州管轄五峰司地方准其設立知縣壹員典史壹員長陽縣屬漁洋關地方准其設立縣丞壹員歸於五峰司新縣管轄等因奉

旨依議欽此續經容美舊司

欽定鶴峰州五峰司
欽定長樂縣等因各在案今該署督等請將該州縣佐雜等官就各員駐劄附近地方分定疆界巡緝稽查以專責成等語應如該署督等所請鶴峰州附近州城之利用厚生正德叁坊東路之元長里西路之在道在田南路之節文里北路和平里內之茅竹山麻王村壹拾貳處准其分與吏目管理州南禮陶鄉內之儀則里東路與仁鄉之博愛里准其分與州同管理

州北以成純化貳里和平里內之水田壩三峰溪共叁拾壹處准其分與州判管理其長樂縣屬東之義正一鄉及仁育鄉之東壹半准其分與縣丞管理禮教信孚知慧叁鄉及仁育鄉之西壹半准其分與典史管理各照分定疆界巡緝稽查如有疎防失察等案照例叅處至大崖關外應撥歸鶴峰州管轄汎地該署督等既稱咨俟慈利縣辦理軍務事竣勘撥之日造冊另報應俟勘撥造冊另行報部可也等因乾隆貳年肆月貳拾壹日奉
旨依議欽此爲此合咨前去欽遵查照施行等因嗣於乾隆叁年陸月初肆日准慈利縣移交撥歸州轄伍拾里以內之地前來鶴峰州隨於是日文報接管并聲明撥歸地界附禮陶鄉內添設貴和崇本謙吉叁里行交山羊司照界管轄

一州同分防

東路與仁鄉內

博愛里　痴虎坪　石龍洞　溪　坪

蔣家灣　蘇家村　土砦屋

瓦窯坪　杉樹坪　燕子坪

清水湄　紅茅尖　三斗坪

葛莊子　柳家山　桃　山

百順橋

南路禮陶鄉內

儀則里　洪家村　細沙溪　五里坪

後 坪 土地嶺 楊柳坪
小崖口 瓦屋場 唐家村
鵝子尖 沙板坡 螞蝗坡
南 府 卯子山 沉水峪
尋 木 張家峪 白崖頭
梅家坡 後 山 取水崆
商羊溪 三墱井 野猫水
白竹崆 下鹿峰 上鹿峰

東鄉坪 下 洞

一州判分防

北路樂淑鄉內

和平里 水田壩 三峰溪 巴子山
劉家灣 北佳坪 彭家灣
官莊裏 槎西坪 王家坡
沙 灣 白鹿坡 野茶坪
向家山 新 地 張木溪

朱二坪 清沙潭 烏紅溪
清洞崗 鐵牛坪 覃家嶺
柳家村 馬灣嶺 桃子壩
茅 坪 烏鷄灣 七甲里
夏家莊 王家村 舊屋場
水牛坪

純化里 二蹬崖 椒山司 劉家司
石 寶 鰻魚潭 椒山溪

白 泉 簸箕山 龍潭坪
兩河口 劉家灣 紅要坪
柘家坪 崖門子 乾 溪
茶園坪 韓家灣 後潭坪
下 坪 桃 山 椒 園
板料山 寒 連 中 州
隔魚洞 架谷栢

以成里 白寮坪 小 藺 栗子坪

石龍寨　尋木嶺　雲霧村
鄢陽坪　漂溪　班竹園
尺頭　踏糧村　尺丈頭

一吏目分防

利用坊州城上街
厚生坊州城中街
正德坊州城下街

東路興仁鄉內

元長里　九峰橋　水寨　百戶村
滿山紅　張家村　新莊
雲來莊　細柳城　東村
茅鷄洞　紫草山　凉水井
觀音坡　綠野莊　丁家坡
銀硃寨　老戶坡　墓嶺
大灣　覃家灣　新岩坪
虎旗灣　細砂溪　清水山

上下平山　躲不下　瓦廠坪

西路崇讓鄉內

在道里　馬夫營　重溪口　王家坪
兩河口　二哥坪　巴王坐
班竹園　合鷄灣　七家山
火燒溪　磨石溪　龍潭坪
王家寨　湘溝　小乾溪
腳踏坪　七里古洞　大水涓

在田里　大寨　太平鎮　洞長灣
新村　冷水溪　三岔口
唐家村　青龍山　小水涓
舊建城　趕家灣　大坪
合家保　五里廟　奇峰關
茅壩

南路禮陶鄉內

節文里　下平溪　水田壩　小莊

羊角崖　三岔溪　陽坡
老村　茶園　山崩
糯茗　唐家坪　田岡坡
下三古　生季灣　上平溪
石柱泉　楊陶莊　湛子溪
下茶園　楓香茗　板料
杉樹坪
北路樂淑鄉內

和平里　水沙坪　茅竹山　馬脚坡
大石板　七道水　車書寨
黃家山　羅三壩　新峰莊
新峰洞　麻王村　施州岡
一山羊隘巡檢分防
貴、和崇本謙吉三里
東自馬王臺　鐵靈官　古老山　長嶺
達三包　小長嶺　雞公坡　孤狸崖

牛角尖　分埡頭與石門縣聯界
南由桐木山　飯盆崖　蘿蔔茗　琵琶嶺
桂竹埡　土地溪　皮樹埡　婆婆山
下陡崖過河南岸　朱家山仍轉河北岸由
江口　拖鎗坪　魚閃灘　四里灣
柳梁坪　唐家渡　神門鬼隔　古廟基
瓦窯坡　小長嶺　鹿廬嘴荒即天仙山為界
西北榆樹埡　九女寨　鼎鍋園　白龍泉

觀音崖　大山崖屋　猴群洞　大溪與桑植縣以山嶺分水為界
北係大崖關內鶴峰州境
鋪遞壹拾貳處
州前總鋪鋪司叁名　東京水井鋪　石龍洞鋪
燕子坪鋪　三岔坪鋪　百順橋鋪每鋪鋪司貳名
南茶店子鋪　五里坪鋪　白果坪鋪

山羊隘鋪每鋪鋪司壹名
北水沙坪鋪　北佳坪鋪每鋪鋪司壹名
自州城東至宜昌府計程伍百零伍里自府至
省壹千零捌拾里自省至京貳千柒百叁拾伍
里

山川 形勢附

天地之氣凝而爲山融而爲川成乾坤發育之功樹
宇宙偉特之觀者所在皆是也若夫鶴峰羣山列峙
無非絶壁危巒至山澗縈泉分出旋繞滙成一線溪
流不通舟楫然而風雨晦明俯仰之間變幻不同其
山川勝境亦紀載所不可缺者

八峰山　九峰山　紫草山　平山　紫雲山
天台山在城東　五峰山　羊角山　紫荊山　龍門山

朱家山　百歲山　屏風山　天仙山　古城山
鐵靈宮山　馬星台山　古老山　桐木山在城南
芙蓉山　青龍山　七架山　奇峰山　觀山在城西
茅竹山　銅山　瑪瑙山　天泉山　向家山
高木山　雞公山　唐王山　石寶山在城北

形勢

鶴峰內接南楚外通西蜀人烟稀少樹木陰翳四
境之中悉屬羊腸鳥道險隘崎嶇　峰回路轉或

邃谷深巖或層巒疊障其峭也若削其窟也若鑿至其崢嶸突兀如猛獸奇鬼之狀所在皆是考其舊有之形勝如八峰聳翠紫草輝霞龍溪夜月印石承基果老仙洞蓮石砥柱龍潭古鼎天泉保障素稱容美八景悉出天工非由人造登臨眺覽亦足怡情

關隘 塘汛附　津梁附

古者設險以守國是以司險掌疆備列於夏官鶴峰居楚北邊末地接湖南四川崇山萬疊林深箐密最易藏姦所恃有關津險口適當州境西北南三面列障如屏自成天塹於斯要道謹譏察之法申保伍之令俾姦宄無可潛蹤歷今柒載盜竊不聞居民樂業端賴乎此

大崖關在州南　奇峰關在州西　鄖陽關在州北

塘汛共貳拾肆處

涼水井塘　石龍洞塘　燕子坪塘　三斗坪塘

百順橋塘俱在州東　茶店子塘　柘潭坪塘　五里坪官汛

三路口塘　白果坪塘　山羊隘官汛　牛角尖塘俱在州南

太平鎮塘　奇峰關官汛　馬焦坪塘　三岔口塘

大崖屋塘俱在州西　水沙坪塘　劉家司塘　樓角塘

高橋塘　雲霧村塘　北蒙坪官汛　鄖陽關官汛俱在州北

津梁

普濟渡（在州南大岸關外九女河乾隆六年州正毛峻德捐建置有渡子養膳地土）

尖壩（在州城東）　兩河口（在州城西）　南渡江（在州城南）

以上叁處於題明事案內各請官渡壹隻每渡設渡夫貳名歲支工食

新建橋（乾隆貳年州正毛峻德捐建）　九峰橋　龍溪橋　百順橋

望喜橋　天然橋　通濟橋（以上俱在州東）　問橋（在州西）

高橋（在州北）

城池（公署營塘鋪舍附）

周官量人掌營城郭掌固掌修城郭溝池之固設州分邑捍衛疆圉城池固首重也鶴峰前係土司本無城池改設後節蒙（臬道）憲王公親勘審度繪圖呈請建造城垣雖未廣宏然背山臨水頗雉堞巍然庶幾金湯鞏固防守無虞矣

州城創建於土司舊治周圍計長陸百丈共叁里叁分叁釐叁毫零高壹丈貳尺加女牆伍尺共壹丈柒尺頂寬柒尺脚寬壹丈叁尺東開永安門西開太平門南開迎恩門北開同樂門

公署營塘鋪舍

知州衙署壹所（係土司舊署改建）

州同衙署壹所在五里坪係新建
州判衙署壹所在北佳坪係新建
吏目衙署壹所在州署西係新建
山羊隘巡檢衙署壹所在白果坪係新建
衛昌營遊擊衙署壹所係土司舊署改建
千總衙署壹所係土司舊署改建
分汛把總衙署叁所在鄔陽關奇峰關五里坪叁處係新建叁處汛防兵丁營房共肆拾捌間係新建

分汛外委把總衙署貳所在白果坪北佳坪貳處係新建貳處汛防兵丁營房共貳拾玖間係新建
州城營房貳百叁拾間係新建
州屬各塘塘房共壹百壹拾肆間係新建
州前及各地舖司房壹拾玖間係新建

鶴峰州志卷下

湖廣宜昌府鶴峰州知州毛峻德創修

戶口

國之本在民古者萬民之數自生齒以上皆書於版叁年大比司民以獻於司寇司寇獻其數以登於天府誠甚重也我
朝
列聖相承休養生息卽窮鄉僻壤莫不蕃庶獨容美羅箭土官之殘虐貳拾餘年民不聊生流亡轉徙存者寥寥自改州以來招徠安集遠近樂歸人戶漸衆蓋月異而歲不同矣敬誌其數以昭
聖世滋生之日盛焉

查土民共壹千玖百貳拾壹戶男婦共壹萬零叁百六拾柒名口
又湖南慈利撥歸州屬之山羊隘地方拾柒都壹貳叁區糧民共伍百貳拾陸戶男婦共壹千捌百

貳拾名口

以上共計貳千肆百肆拾柒戶男婦共壹萬貳千壹百捌拾柒名口

田賦 鹽課引額附 經制俸工支款附

九州既畫任土作貢而田賦以興鶴峰原係容美土司額徵秋糧銀玖拾陸兩自雍正拾貳年改土歸流隨確查成熟田地山場共陸百伍拾肆頃有奇擬照湖南道州下則酌量遞減陞科應徵糧叁百叁拾玖石叁斗捌升應科條餉銀肆百柒拾玖兩陸錢肆分柒釐零方今造冊請

題適蒙

聖恩高厚俯念鶴峰係新闢土疆且山田磽确土瘠水寒物產涼薄

特降諭旨照雍正八年湖南永順改土之例將鶴峰州現報成熟田地仍照容美原徵秋糧銀兩為定額於乾隆丁巳年為始造冊徵收至雍正拾貳拾叁等年及乾隆元年應徵秋糧銀數悉著寬免

恩綸甫沛老幼嵩呼歡聲動地則壤成規萬年被樂利之休矣

州屬成熟田地山原報共陸百伍拾肆頃陸分捌
釐玖毫陞科糧則輕重不一共計科糧叁百叁拾
玖石叁斗捌升陸合叁勺柒抄陸圭捌粒
縣屬成熟田地山原報共壹百捌拾叁頃貳拾壹畝
叁釐伍毫內陞科糧則輕重不一共計科糧壹百
壹拾捌石叁斗玖升壹合壹勺伍撮貳圭玖粒陸
粟
州縣二共科糧肆百伍拾柒石柒斗柒升柒合肆勺

柒抄伍撮玖圭柒粒陸粟照道州糧則州屬報徵
條餉共銀肆百柒拾玖兩陸錢肆分柒釐柒毫伍
絲捌微玖塵玖纖柒渺叁漠叁茫縣屬報徵條餉
共銀壹百陸拾柒兩叁錢壹分玖釐柒毫肆忽捌
微柒塵貳纖捌渺伍漠叁茫今奉
恩旨仍以土司原額玖拾陸兩徵收合壹州壹縣原報糧
石計算每糧壹石該攤徵銀貳錢玖釐柒毫捌忽
捌微柒塵陸纖壹渺貳漠零除縣屬計糧該分徵

銀貳拾肆兩捌錢貳分柒釐陸毫陸絲伍忽陸微
叁塵肆纖貳渺壹漠肆茫外
州屬計糧該分徵銀柒拾壹兩壹錢柒分貳釐叁
毫叁絲肆忽叁微陸塵伍纖柒渺陸漠伍茫內
原報中則田壹拾陸頃陸拾肆畝陸釐玖毫
每畝科糧壹升柒合壹勺貳抄
共科糧貳拾捌石肆斗捌升捌合捌勺陸抄壹撮
貳圭捌粒計該攤徵銀伍兩玖錢柒分肆釐叁毫

陸絲柒忽捌塵玖渺陸漠玖茫
每畝計該徵銀叁釐伍毫玖絲貳微壹塵伍纖玖
渺伍漠玖茫
原報下則田貳拾叁頃貳拾陸畝玖分叁釐捌毫
每畝科糧捌合伍勺陸抄
共科糧壹拾玖石玖斗壹升捌合伍勺捌抄玖撮
貳圭捌粒計該攤徵銀肆兩壹錢柒分柒釐壹毫
肆忽玖微柒塵壹纖捌渺伍茫

每畝計該徵銀壹厘柒毫玖絲伍忽壹微柒纖玖
渺柒漠玖茫
原報中則地壹百肆拾頃玖拾玖畝肆分玖厘伍
毫每畝科糧捌合伍勺陸抄
共科糧壹百貳拾石陸斗玖升壹合陸勺柒抄柒
撮貳圭計該攤徵銀貳拾伍兩叁錢壹分壹毫壹
絲伍忽玖微捌塵貳纖陸渺伍漠陸茫
每畝計該徵銀壹厘柒毫玖絲伍忽壹微柒纖玖
渺柒漠玖茫

原報下則地貳百玖拾柒頃肆拾貳畝玖分玖厘
貳毫
每畝科糧肆合貳勺捌抄
共科糧壹百貳拾柒石叁斗伍撮柒圭陸粒計該
攤徵銀貳拾陸兩陸錢玖分伍厘玖毫肆絲壹忽
壹微叁塵捌纖伍茫
每畝計該徵銀捌毫玖絲柒忽伍微伍塵叁纖玖
渺玖漠
原報茶山捌拾壹頃陸拾貳畝捌分捌厘伍毫
每畝科糧肆合貳勺捌抄
共科糧叁拾肆石玖斗叁升柒合壹勺肆抄柒撮
捌圭計該攤徵銀柒兩叁錢貳分陸厘陸毫貳絲
玖忽玖微玖塵玖纖玖渺柒漠捌茫
每畝計該徵銀捌毫玖絲柒忽伍微伍塵叁纖玖
渺玖漠

原報陸山地玖拾肆頃肆畝叁分壹厘
每畝科糧捌勺伍抄陸撮
共科糧捌石伍升捌抄玖撮叁圭陸粒共該攤徵
銀壹兩陸錢捌分捌厘壹毫柒絲伍忽壹微玖塵
貳纖叁渺伍漠壹茫
每畝計該徵銀壹毫柒絲玖忽伍微壹塵柒渺玖
漠捌茫
以上總共徵銀柒拾壹兩壹錢柒分貳厘叁毫

叁絲肆忽叁微陸塵伍纖柒渺陸漠伍茫
每糧壹石　科條銀壹錢伍分伍釐伍毫貳絲
零玖微伍塵捌纖貳渺陸漠叁茫伍沙伍灰伍
漂　科餉銀伍分肆釐壹毫捌絲柒忽玖微壹
塵柒纖捌渺伍漠陸茫肆沙玖灰伍漂
又湖南慈利縣撥歸州屬大崖關伍拾里以内之拾
柒都壹貳叁區田地基園應徵糧銀實數開後
上則成熟田玖拾玖畝肆分貳釐零

每畝科糧肆升柒合該糧肆石陸斗柒升叁合零
每畝科銀叁分陸釐零該條餉銀叁兩陸錢伍分
捌釐零　每畝科玖釐餉銀壹分叁釐零該玖釐
餉銀壹兩叁錢柒分壹釐零
中則成熟田貳頃伍畝伍分叁釐零
每畝科糧肆升貳合該糧捌石陸斗叁升貳合零
每畝科條銀叁分貳釐零該條銀陸兩柒錢伍分
柒釐零　每畝科玖釐餉銀壹分貳釐零該玖釐

餉銀貳兩伍錢叁分貳釐零
下則成熟田壹頃玖拾畝伍分叁釐零
每畝科糧叁升柒合該糧柒石肆升玖合零
每畝科條銀貳分捌釐零該條銀伍兩伍錢壹分
捌釐零　每畝科玖釐餉銀壹分零該玖釐餉銀
貳兩陸分捌釐零
又康熙伍拾叁年全墾田叁拾伍頃玖拾畝肆分柒
釐零照道州下則陞科

每畝科糧壹升柒合零該糧陸拾壹石肆斗陸升
捌合零　每畝科條銀壹分柒釐零該條銀陸拾
肆兩肆錢貳分伍釐零　每畝科玖釐餉銀陸釐
零該玖釐餉銀貳拾貳兩肆錢肆分柒釐零
中則地肆拾柒畝壹分肆釐
每畝科糧貳升伍合該糧壹石壹斗柒升捌合零
每畝科條銀壹分玖釐零該條銀玖錢貳分貳釐
零　每畝科玖釐餉銀柒釐零該玖釐餉銀叁錢

肆分伍厘零
下則地伍頃貳拾陸畝陸分捌厘零
每畝科糧壹升叁合零該糧柒石叁斗柒升零
每畝科條銀壹分零該條銀伍兩柒錢柒分零
每畝科玖厘餉銀肆厘零該玖厘餉銀貳兩壹錢陸分貳厘零
基園捌拾柒畝肆分柒厘
每畝科夏稅麥糧壹升捌合零該糧壹石伍斗玖升捌合零
每畝科麥銀壹分零該麥銀捌錢玖分壹厘零
每畝科玖厘餉銀伍厘零該玖厘餉銀肆錢陸分捌厘零
以上共撥歸州屬田地基園肆拾柒頃肆拾柒畝貳分陸厘零
共該糧玖拾壹石玖斗柒升壹合零
共該條銀捌拾柒兩玖錢肆分肆厘零
共該玖厘餉銀叁拾壹兩叁錢玖分柒厘零

隨糧撥歸人丁玖丁
每丁該銀貳錢玖分柒厘零共該丁銀貳兩陸錢柒分伍厘零
隨糧撥歸派徵雜項
每糧壹石帶派班匠銀柒毫零共該班匠銀柒分玖毫零
每糧壹石外派麂皮京損銀貳絲叁忽零共該麂皮京損銀貳厘壹毫貳絲零
每糧壹石另派優免銀壹分叁厘壹毫玖絲零
共該優免銀壹兩貳錢壹分叁厘柒毫零
以上慈利縣撥歸鶴峰州應徵糧玖拾壹石玖斗柒升壹合零條餉丁銀等項共銀壹百貳拾叁兩叁錢肆厘肆毫零
鶴峰州總共成熟田地山場并撥歸田地基園共柒百壹頃肆拾柒畝玖分零共科糧麥肆百叁拾壹石叁斗伍升零共徵條餉等銀壹百玖拾肆兩肆

錢柒分陸厘柒毫柒絲肆忽壹塵柒渺壹漠壹茫貳沙壹灰陸漂

雜稅

查田房等稅遵司頒契尾儘收儘解原無定額

鹽課額引附

鶴峰未改州治以前土民食鹽俱在川省各處鹽場零星易換以資食用今既抒誠向化歸入版圖自應

請銷官引因州地山高嶺峻若照楚食淮鹽恐腳價浩繁商本重大鹽價過昂民食未便經

前署督憲史

奏請行銷川引奉准　部覆隨將州屬新舊戶口按日確計請銷川省陸引共貳百壹拾玖引招商承辦其銷引完稅自乾隆叁年始所有鹽斤鹽課各細數詳列於左以備稽考

每引配鹽捌包每包伍拾斤共肆百斤

每引徵正稅銀貳錢柒分貳釐肆毫共徵正稅銀伍拾玖兩陸錢伍分伍釐陸毫

每引徵截角耗羨銀肆分捌釐共徵截角耗羨銀拾兩伍錢壹分貳釐

每引徵紙硃腳力銀柒釐共徵紙硃腳力銀壹兩伍錢叁分叁釐

以上共應徵銀柒拾壹兩柒錢陸毫

經制俸工支款附

知州俸銀捌拾兩

門子貳名　每名歲支工食銀陸兩　共銀壹拾貳兩

皂隸壹拾肆名　每名歲支工食銀陸兩　共銀捌拾肆兩

快手捌名　每名歲支工食銀陸兩　共銀肆拾捌兩

民壯貳拾名　每名歲支工食銀陸兩　共銀壹百貳拾兩

轎傘扇夫柒名　每名歲支工食銀陸兩　共銀肆拾貳兩

斗級肆名　每名歲支工食銀陸兩　共銀貳拾肆兩

禁卒捌名　每名歲支工食銀陸兩　共銀肆拾捌兩

仵作貳名每名歲支工食銀陸兩　共銀壹拾貳兩
庫子肆名每名歲支工食銀陸兩　共銀貳拾肆兩
州前總鋪司叁名每名歲支工食銀陸兩　共銀壹拾捌兩
東路凉水井石龍洞燕子坪三㕵坪百順橋伍
鋪每鋪設鋪司貳名共壹拾名每名歲支工食
銀陸兩共銀陸拾兩
南路茶店子五里坪白果坪山羊隘肆鋪每鋪
設鋪司壹名共肆名每名歲支工食銀陸兩共

銀貳拾肆兩
北路水沙坪北佳坪貳鋪每鋪設鋪司壹名共
貳名每名歲支工食銀陸兩共銀壹拾貳兩
東路尖埧設官渡船壹隻渡夫貳名每名歲支
工食銀陸兩共銀壹拾貳兩
南路南道江設官渡船壹隻渡夫貳名每名歲
支工食銀陸兩共銀壹拾貳兩
西路兩河口設官渡船壹隻渡夫貳名每名歲

支工食銀陸兩共銀壹拾貳兩
又南路江坪九女河知州毛峻德捐設渡船壹隻并於
渡口置買旱地山場以爲渡子養贍修整船隻之用
立有普濟渡石碑碑後并鐫有地山界址糧銀數目
州同俸銀陸拾兩
門子壹名歲支工食銀陸兩
馬夫壹名歲支工食銀陸兩
傘夫壹名歲支工食銀陸兩

皂隸陸名每名歲支工食銀陸兩　共銀叁拾陸兩
民壯捌名每名歲支工食銀陸兩　共銀肆拾捌兩
州判俸銀肆拾伍兩
門子壹名歲支工食銀陸兩
馬夫壹名歲支工食銀陸兩
傘夫壹名歲支工食銀陸兩
皂隸陸名每名歲支工食銀陸兩　共銀叁拾陸兩
民壯捌名每名歲支工食銀陸兩　共銀肆拾捌兩

吏目俸銀叁拾壹兩伍錢貳分

門子壹名歲支工食銀陸兩

馬夫壹名歲支工食銀陸兩

皂隷肆名每名歲支工食銀陸兩　共銀貳拾肆兩

山羊司巡檢俸銀叁拾壹兩伍錢貳分

弓兵捌名每名歲支工食銀陸兩　共銀肆拾捌兩

皂隷肆名每名歲支工食銀陸兩　共銀貳拾肆兩

民壯捌名每名歲支工食銀陸兩　共銀肆拾捌兩

儒學學正俟文風漸盛考試有人之日具詳添設

其俸齋廩膳銀兩俟下屆纂修敘入

以上官役俸工共銀壹千壹百柒拾貳兩零肆分

因州屬無項存支每年按季赴

藩庫領給又於遵

旨議奏事案內奉文乾隆肆年為始每民壯壹名歲給修理器械等銀壹兩州屬各衙門通計民壯肆拾肆名歲支銀肆拾肆兩每年亦係赴

藩庫領給

文廟春秋貳祭

武廟春秋暨伍月拾叁日叁祭

山川壇春秋貳祭

社稷壇春秋貳祭

先農壇春祭

邑厲壇清明柒月望拾月朔叁祭

以上祀典因壇廟創建未久現在詳請動項舉

行其支銀各數於下屆纂修補敘

物產

古者辨拾有貳土之名物以相民宅而知其利害以阜人民以蕃鳥獸以毓草木以任土事是以度地居民物產必志鶴峰僻處深山所產無奇珍異物列其類名可以審經理之宜俾斯民愛土物而厥心臧矣

穀類 稻 黍 稷 大麥 小麥
蕎麥 燕麥 菽（黃赤綠黑蠶伍種） 龍爪穀
粱（俗名包穀） 芝蔴

蔬類 芥菜 蘿蔔（紅白貳種） 苦蘿 茼蒿 萵苣
油菜 莧菜 韮 茄 笋箸 白菜
甜菜 豆夾 芫荽 芹 葱 蒜
瓜類 冬瓜 王瓜 菜瓜 絲瓜 苦瓜
南瓜 葫蘆 西瓜 瓠
果類 桃 李 梅 梨 棗 栗
橘 香元 石榴 枇杷 櫻桃
木瓜 花紅
花類 桂 蘭 菊 芙蓉 雞冠
艷山紅 鳳仙 玉簪 紫荊 芍藥
牡丹 梔子 百合 罌粟 木槿
海棠 地棠 扁竹 月月紅 金銀花
薔薇 臘梅 玫瑰
草類 艾 蒲 芭蕉 馬鞭 益母
鳳尾 通草 希薟 旱蓮 蓼
車前 蒼耳

竹類 水竹 苦竹 楠竹 紫竹
木類 松 栢 楓 槐 青杠
柳 桑 椿 梓 桐
檀 棗 桐 黃楊 皮楠
杉
鳥類 雉 鴉 燕 百舌 竹雞
鶺鴒 畫眉 山鵲 啄木 黃鳥

八哥　白頭翁（山喜

獸類　虎　豹　熊　猴　猿

貊　獐　麂　鹿　野猫

山羊　豺狗

鱗類　楊魚無鱗　白甲魚鱗色白　花魚紅絲色　脚魚

龜　螺　重口魚

虫類　蛇　蜈蚣　螟蛉　螳螂　蟋蟀

蜻蜓　蟬　蝶　蜂　蟻

藥類　黄連　黄栢　香薷　荆芥　紫蘇

葛粉　薄荷　牵牛　山梔　厚樸

石菖蒲　薏苡　獨脚蓮　三七　車前

五倍子

雜產　蜂蜜　茶葉　黄臘　蕨粉

學校

古者黨有庠術有序學校之設遍天下故君子愛人小人易使化民成俗之道舍是無由也　峻德承乏茲土諸事草創竊以學校爲先務辟荆榛撑爽塏卜日鳩工首大成殿次大成門東西兩廡前爲櫺星門後爲崇聖殿及明倫堂規制崇宏不敢以山州小學草率從事也至於名宦鄉賢師儒

齋舍新造之區未能完備振興斯文踵事增華尚有俟於後之君子

正殿

至聖先師孔子

四配

復聖顔子　宗聖曾子

述聖子思子　亞聖孟子

十二哲

閔子名損　冉子名耕　端木子名賜　仲子名由

卜子名商　有子名若乾隆三年陞配　冉子名雍　宰子名予

冉子名求　言子名偃　顓孫子名師　朱子名熹康熙五十一年陞配

東廡

先賢蘧瑗　澹臺滅明　原憲　南宮适　商瞿

漆雕開　司馬耕　梁鱣　冉儒　伯虔

冉季　漆雕徒父　漆雕哆　公西赤　任不齊

公梁孺　公肩定　鄡單　罕父黑　榮旂

左人郢　鄭國　原亢　廉潔　叔仲會

公西輿如　邽巽　陳亢　琴張　步叔乘

乘非　顏噲　顏何　縣亶　樂正克

萬章　周敦頤　程顥　邵雍

先儒穀梁赤　伏勝　后蒼　董仲舒　杜子春

范甯　韓愈　范仲淹　胡瑗　楊時

羅從彥　李侗　張栻　黃幹　眞德秀

何基　趙復　吳澄　許謙　王守仁

薛瑄　羅欽順　陸隴其

西廡

先賢林放　宓不齊　公冶長　公晳哀　高柴

樊須　商澤　巫馬施　顏辛　曹卹

公孫龍　秦商　顏高　壤駟赤　石作蜀

公夏首　后處　奚容蒧　顏祖　句井疆

秦祖　縣成　公祖句茲　燕伋　樂欬

狄黑　孔忠　公西蒧　顏之僕　施之常

申棖　左邱明　秦冉　牧皮　公都子

公孫丑　張載　程頤　公羊高　孔安國

毛萇　高堂生　鄭康成　諸葛亮　王通

司馬光　歐陽修　胡安國　尹焞　呂祖謙

蔡沈　陸九淵　陳淳　魏了翁　王栢

許衡　金履祥　陳澔　陳獻章　胡居仁

恭清

崇聖祠

肇聖王木金父公

裕聖王祈父公

詒聖王防叔公

昌聖王伯夏公

啓聖王叔梁公

東配

先賢顏氏無繇　先賢孔氏鯉

西配

先賢曾氏點　先賢孟孫氏

東座

先儒周輔成　朱　松　蔡元定

西座

先儒程　珦　張　廸

軍政

兵可百年不用不可一日無備况鶴峰向屬土司民鮮教化又地當邊末界連楚蜀值此新疆初闢之日寧得自已治已安可置防衛而不講乎但恐經理失宜制馭未善是設兵非以衛民而適以擾民耳今則總轄分防星羅棊布武衛奮而四境胥相安於無事矣

雍正拾叁年叁月湖廣總督邁　於奏明事案內題

設遊擊壹員駐劄州城守備壹員分駐新設之長樂縣灣潭地方千總貳員一隨遊擊辦理營務一分守長樂縣城把總肆員一隨守備差操一分防州屬之五里坪一分防州屬之鄔陽關一分防州屬之奇峰關又外委千把總肆名貳名隨遊擊存營調遣一防守州屬之北佳坪一防守慈利縣新歸州屬之山羊隘總計外委馬步戰守兵共柒百名除灣潭設兵壹百名長樂縣設兵伍拾名並縣屬設塘貳拾處每塘

兵丁伍名共兵壹百名外於州城設兵貳百陸拾名
五里坪設兵貳拾名鄔陽關設兵貳拾名奇峰關設
兵貳拾名北佳坪設兵壹拾陸名山羊隘設兵壹拾
伍名又於州屬之東路凉水井石龍洞燕子坪三岔
坪百順橋南路之茶店子柘潭坪三路口及大崖關
外之白果坪牛角尖西路之太平鎮馬蕉坪三岔口
大崖屋北路之水沙坪劉家司樓角高橋雲霧村設
塘壹拾玖處每塘兵丁伍名共兵玖拾伍名以上官

兵郎將舊彝陵鎮標右營遊擊等官兵移駐查右營
額兵伍百柒拾壹名內除赴陝兵陸拾陸名外止存
兵伍百伍名因不敷防守再於中左貳營內抽撥壹
百玖拾伍名改歸右營管轄以足柒百名之數其右
營原防各塘汛就近改歸鎮標中營派委分防等因
奉
旨俞允隨
欽定佳名為衛昌營仍隸彝陵鎮今改宜昌鎮總兵統轄

祀典廟壇寺觀附

國家祀典著爲令甲者自文武二廟外他如
五土原隰之祇及禦災捍患之神莫不建
置壇壝依時致祭我
世宗憲皇帝重農敎稼
特勅各省有司另立先農壇虔修祭禮爲民祈穀
禮制備而嘉祥迭見曠古以來未之有也
鶴峰改流於今柒載雨暘時若百穀順成
無水旱螟螽疫癘瘥札之害昭祀明神以

介景福溢斯土者可不慎歟
文廟在州東門內
武廟在州南門外
城隍廟在州西門內
先農壇在州東門外
社稷壇在州東門外
山川風雲雷雨壇在州南門外

邑厲壇在州北門外

寺觀

杉樹觀　玉田寺　廣嗣寺　百斯庵　斗姆閣

文昌庵　紫雲宮　福田寺　龍門觀　地藏庵

職官

設官所以牧民也鶴峰未建州治以前土官世襲牧民之道無聞焉雍正拾貳年我

世宗憲皇帝軫恤邊氓

俞允改土設流

前制府邁　又以新闢土疆撫綏匪易分隸州縣備設佐貳等員簡選題補　峻德遂

恭膺

簡命忝牧此州履任以來日夜兢兢殫心竭力惟恐一夫之不獲其所有負職守竊幸同官共相勗勉兵民輯和疆宇寧謐庶免隕越云

雍正拾叁年柒月初貳日奉

藩臬巡各憲暨

督撫部院憲牌內開雍正拾叁年陸月拾叁日准

吏部咨開文選清吏司案呈吏科抄出湖廣總督邁

等題前事雍正拾叁年閏肆月拾陸日奉

旨該部議奏欽此議得湖廣總督邁　等疏稱容美司改
土爲流新設府廳州縣以及州同州判縣丞經歷司
獄吏目巡檢典史等官令臣等於現任屬員內揀選
調補查襄陽府知府王志遴守謹才練熟悉苗疆堪
以調補新設知府漢陽縣知縣梁瑛謹飭自持才具
敏練堪以補授分防灣潭同知長陽縣知縣孟瑱誠
實勤練久歷苗疆堪以補授通判裁缺彝陵州州判
黃相綸請以州判管經歷事仍照原銜陞轉隨州梅

坵司巡檢王懋德現在容美辦事穩當堪以調補司
獄舊司治新設知州查有署安陸府通判毛峻德老
成持重辦事明練現住容美料理妥協堪以補授知
州分防五里坪州同查有卓異之應城縣崎山鎮巡
檢繆鵬起現住容美辦事妥當堪以補授州同分防
北佳坪州判查有卓異陞補巴東縣野三關巡檢王
都辦事努力人亦明白堪以補授州判又州城吏目
壹員查有歸州裁缺牛口巡檢胡藩熟習苗疆辦事

勤慎堪以補授吏目新設五峰司知縣查有黃陂縣
縣丞張曾穀原係州判借補之員才具明晰辦事向
前現在五峰司與民相習堪以補授知縣分駐漁洋
關縣丞查有漢陽縣蔡店巡檢龔之鑛辦事勇往明
白老誠堪以補授縣丞又縣城典史查有黃岡縣典
史薛愷年力富強辦事去得堪以調補再新州所轄
山羊隘巡檢查有光化縣左旂營巡檢呂存芳辦事
勤敏堪以調補再歸州裁去直隸查有宜都縣知縣

張廷琛爲人謹慎有志奮勉堪以補授歸州知州又
彝陵知州改爲知縣現任知州何廣廷卽以知州管
改設知縣事仍管彝倉兵米現任吏目閻鑵請卽以
吏目管改設典史事仍各照原銜陞轉所遺襄陽府
知府長陽縣知縣安陸府通判黃陂縣縣丞宜都縣
知縣隨州梅坵司巡檢光化縣左旂營巡檢黃岡縣
典史各員缺歸部銓選其漢陽縣知縣漢陽縣蔡店
巡檢應城縣崎山鎮巡檢巴東縣野三關巡檢均係

要缺容俟照例調補至彝陵州改設教諭即將現任學正余陽瑗補用其新設教授訓導聽部銓選王志遴係對調之員何廣廷係以知州管知縣事黃相綸王懋德繆鵬赴王都胡藩龔之鑛薛愷呂存芳聞鎧俱係以佐雜調用均無庸給咨引

見所有梁瑛毛峻德張會縠孟琨張廷琛引

見俱滿叁年惟是苗疆新設緊要需人辦理應各令其先行到任俟辦理地方事務妥協之日再行給咨赴

部引

見等因前來查雍正拾叁年叁月內臣部議准湖廣總督邁　等疏稱彝陵改設府治添設知府並同知通判知州知縣以及州同州判縣丞經歷司獄吏目巡檢典史俱係新設改設之缺應令該督等於屬員內揀選調補奏

旨依議欽此續經進擬佳名進　呈奏

旨定為宜昌府鶴峰州東湖縣長樂縣在案今該督等既稱襄陽府知府王志遴守謹才練熟悉苗疆堪以調補新設知府漢陽縣知縣梁瑛謹飭自持才具敏練堪以補授分防灣潭同知裁缺彝陵州州判黃相綸請以州判管經歷事仍照原銜陞轉隨州梅圯司巡檢王懋德現在容美辦事穩當堪以調補司獄歸州裁缺牛口巡檢胡藩熟悉苗疆辦事勤謹堪以調補吏目黃陂縣縣丞張會縠原係州判借補之員才具明白辦事向前現任五峰司與民相習堪以補授知

縣又縣城典史查有黃岡縣典史薛愷年力富強辦事去得堪以調補新州山羊隘巡檢查有光化縣左旂營巡檢呂存芳辦事勤敏堪以調補彝陵州改為知縣現任知州何廣廷請即以知州管改設知縣事仍管彝倉兵米吏目聞鎧即以吏目管改設典史事仍照各原銜陞轉彝陵州改設教諭即將現任學正余陽瑗補用所有梁瑛張會縠引

見俱滿叁年惟是苗疆新設緊要需人辦理應各令其先

行到任俟辦理地方事務妥協之日再行給咨赴部引
見等語應如該督等所請襄陽府知府王志遴准其調補新設宜昌府知府漢陽縣知縣梁瑛准其陞補宜昌府灣潭同知彝陵州裁缺州判黃相綸准其以州判借補宜昌府經歷隨州梅埡司巡檢王懋德准其調補宜昌府司獄歸州裁缺牛口巡檢胡藩准其補授新設鶴峰州吏目黃陂縣縣丞張會穀准其陞補新

設長樂縣知縣黃岡縣典史薛愷准其調補長樂縣典史光化縣左旂營巡檢呂存芳准其調補鶴峰州山羊隘巡檢彝陵州裁缺知州何廣廷准其以知州借補新設東湖縣知縣仍管彝倉兵米裁缺吏目聞鎧准其以吏目借補東湖縣典史以上借補各員陞轉時仍照原銜陞轉裁缺學正佘陽瑗准其補授東湖縣教諭其所遺襄陽府知府員缺臣部繕寫缺單進

呈候
旨簡用漢陽縣知縣係衝繁疲難肆項兼全之缺應令該督等於屬員內揀選調補黃陂縣縣丞梅埡司巡檢光化縣左旂營巡檢黃岡縣典史各缺歸於月分銓選再查梁瑛係知縣題陞同知張會穀係縣丞題陞知縣應俟各員到任後辦理地方事務妥協之日照例送部引
見至該督等疏稱長陽縣知縣孟珢誠實勤練久歷苗疆堪以補授新設通判宜都縣知縣張廷琛爲人謹慎

有志奮勉堪以補授歸州知州署安陸府通判毛峻德老成持重辦事明練現任容美料理妥協堪以補授新設知州應城縣崎山鎮巡檢繆鵬起現任容美辦事停妥堪以補授五里坪州同巴東縣野三關巡檢王都辦事努力人亦明白堪以補授北佳坪州判漢陽縣蔡店巡檢龔之鑛辦事勇往明白老誠堪以補授縣丞等語但查官員任內有降級督催等案者例不准其陞補調補今長陽縣知縣孟珢任內有督

催一案不便准其陞補新設宜昌府通判宜都縣知縣張廷琛任內有降一級住俸一案不便准其陞轉歸州知州署安陸府通判毛峻德係由巡檢保舉
命往湖北以知縣以下等官委用之員現署安陸府通判尚未實授不便准其陞補新設鶴峰州知州其應城縣巡檢已經推陞榆林府照磨繆鵬起巴東縣巡檢王都蔡店巡檢龔之鑛俱係從九品今該督等題請將繆鵬起陞補從六品鶴峰州州同王都陞補從七

品鶴峰州州判龔之鑛陞補正八品長樂縣縣丞品級懸殊俱不便准其陞補應將所請孟琨等陞補宜昌府通判等缺之處均毋庸議應令該督等另選合例之員題補再查孟琨任內有督催一案張廷琛任內有降一級住俸一案該督等俱未敘入本內合併聲明等因於雍正拾叁年伍月拾陸日奉
旨王志遴等依議補授孟琨等著照該督等所請行餘依議欽此爲此合咨前去欽遵查照施行等因到本部

院准此合就檄行備牌行司卽便欽遵轉飭各該員速赴新任辦理事宜仍取各到任視事日期詳咨其梁瑛毛峻德張會毅孟琨張廷琛俟到任辦理地方事務妥協之日照例查明祖父有無虧空詳請給咨送　部引
見再漢陽縣員缺作速會同臬司遴員通詳請
題調補至漢陽縣蔡店應城縣崎山鎮巴東縣野三關各巡檢要缺仍照原

題遴員通詳咨調毋違等因奉此合就檄行爲此牌仰該廳卽便欽遵速赴鶴峰州知州新任辦理事宜將到任日期具文報司以憑詳咨毋得遲違各等因轉行下州知州毛峻德隨於本年柒月初叁日文報履任

文職官

知州毛峻德直隸順天府良鄉縣人捐納

州同繆鵬起直隸順天府宛平縣人捐納

州判王　都直隸順天府大興縣人捐納

吏目胡　藩浙江紹興府會稽縣人

巡檢呂存芳江南江寧府上元縣人雍正拾叁年玖月到任乾隆元年拾壹月丁憂回籍捐納

曹　煜江南蘇州府長洲縣人捐納

姚　昺直隸順天府大興縣人捐納

武職官分防長樂縣屬者應入長樂縣志

遊擊王鎮維直隸正定府正定縣人壬辰科進士乾隆叁年調補鎮筸鎮標前營遊擊

姜起周湖南沅州府芷江縣人行伍

千總馬中德宜昌府東湖縣人行伍乾隆貳年陞補湖南九谿營守備

馬天祥湖北武昌府江夏縣人行伍

把總周啟承宜昌府東湖縣人行伍乾隆貳年陞補本營千總

樊　超四川成都府成都縣人巳酉科舉人

趙　玢襄陽府穀城縣人行伍乾隆元年病故

姚天進　荊州府江陵縣人　行伍

雷戎　宜昌府東湖縣人　行伍

風俗　文告附

厥初生民狉狉獉獉自陳常于蒔夏而民皆親遜世漸文明天下故無不可善之俗也在長民者移而易之耳鶴峰前為土司民安苗習舊俗無一可志今者幸際

聖世設官建學示以禮義勵以廉恥庶稚髫之衆咸知向方深山窮谷雍雍然服衣冠而敦仁讓矣

文告

為曉諭婚姻禮節事照得男女人道之始不娶同姓

即異姓必無親屬服制然後請憑媒妁兩家通知明白依禮聘嫁主婚由本生父母及祖父母兩者俱無從伯叔父母姑兄姊內家長一人主婚此定禮也本州土俗不知家禮娶妻不論同姓又異姓姑舅姊妹罔顧服制否則指云讓親更有不憑媒妁止以曾經一言議及即稱曰放話執為左券者又女家疎族外戚亦得把持主婚傷禮悖律莫此為甚合行曉諭示禁為此示仰土著居民人等知悉嗣後男女婚姻如

屬同姓不許議及卽異姓雖無服制而尊卑名分猶存者亦不許議及此外如有議婚者請憑媒妁兩家通知明白必各情愿然後行聘待女家受其聘禮回報婚書方不得悔否則男家不得借放話二字輒以悔婚具告至於主婚女家自父母祖父母外伯叔兄姊有人外姻遠族不得干與如有不遵按律法究再男女婚配必須年紀相當查此土有男子叁拾歲而女未及笄者又或女子貳拾叁拾歲而男尚勺象者

年齒不配伉儷必乖爲父母者是誠何心嗣後務宜悛改敢有故違一經訪聞或被告發罪坐主婚男女離異又男子親迎設席約迎女家親戚無非以合二姓之好非可借此以圖口腹夫何此土惡習女子臨嫁女家卽多索男家請帖沿門遍邀一至婚期凡族親外戚及畧有瓜葛者扶老攜幼動經什百在男家徹夜恣飮數日不返或男女同席詈謔交加傷風敗俗莫此爲甚茲幷嚴禁毋得再蹈故轍有干查究更可異者訪得此地女子自受聘後每逢年節男家必多備豬腿酒盒於女家戶族毋舅外戚遍送名曰朝年稍有不周便滋詬詈及至出嫁女父母要奶水錢諸父昆弟姊妹旁索謂之支陳更有讓親之需以上各項不惟禮出無名實乃寡廉鮮恥亟宜速改不得因循違者必究總之婚姻爲人倫之首雖近日民間嫁娶六禮多不全備未有任意混行如此地者除禁革各款備載於後外所有應行各禮本州約畧數條

開列曉諭嗣後各宜凜遵力洗舊俗庶萬化之原正而禮樂之興可幾矣切切特示

計開

一兩姓男女年紀相當又無親屬服制而男女父母情愿結姻者必先央媒妁將男女有無廢疾及乞養過繼通知明白然後行聘定禮一有不願卽止

一行聘之期男家擇定必先託媒妁遍知女家其

行聘禮物隨力製備富者綢帛簪鐶果酒等物
貧者寸絲尺布或僅備簪鐶亦可惟庚書
男女貳家俱不可少今隨地通變庚書許各用
紅全壹合男家書寫第幾男某年月日時生全
面寫庚書貳字禮物另用紅全開具後寫姻眷
弟某率男某頓首拜憑媒妁押送女家女家收
聘亦用紅全書寫第幾女某年月日時生面寫
庚書貳字再用紅全於首頁之前寫姻眷弟某

頓首拜中黏紅簽上寫領謝貳字交付媒妁回
覆男家倘女家備有回盒紙筆及韈鞾巾扇之
類亦另用紅全開具後幅仍用姻眷弟某頓首
拜附庚書謝帖篋內此禮既成終身莫悔
一男子拾陸以上女子拾肆以上婚姻及時男家
先擇日期早託媒妁通知女家如女家許約男
家量力製備衣飾布帛果餅等物於期前用名
帖開具禮單另用紅全開明親迎日期先告祖

先然後遣人同媒押送女家女家收納亦用名
帖回覆男家居期如女家備有粧奩先送男家
此期一定兩家不得爽約
一男女親迎之期男家之父率男告稟祖先畢令
男乘轎或騎馬同媒先詣女家拜告女家祖先
畢少坐待女家領女拜告祖先拜辭父母諸親
男即乘騎先歸女後乘轎導以鼓樂至夫家一
切拜見禮文聽從鄉俗再此地迎娶令人背負

而行殊屬鄙陋今本州捐置幃轎陸乘分置州
城燕子五里坪北佳坪太平鎮鄔陽關等處聽
爾等附近居民親迎取用嗣後州民中有照式
公置公用者或獨置賃租者均聽其便
一再醮之婦禮文自較童婚稍減一面行禮一面
親迎者有之至主婚受財非得其人不可何此
地夫亡之婦有種不法之徒捕風捉影輒向孀
婦家親族或母家親屬求娶此言一出即日放

話倘後議婚不果即以放話爲詞以悔婚具控又或女家父母兄弟巳私將孀婦許人而夫家親族又將孀婦許人者每遇再醮告爭多端總由主婚受財無一定之人所致今本州訪照俗例揆之情理定爲規模嗣後孀婦再醮許母家擇壻夫家受財亦必彼此通知明白然彼聘娶違者一經告發分別究處

禁乘喪訛詐

爲嚴禁乘喪訛詐事照得容美舊日惡習民間有不幸遭父母喪或妻病亡而舅氏人等稱爲後家名色動挾平昔微嫌借此糾集族黨男婦攘袂持械蜂擁喪家口稱棺殮菲薄任意搜尋家私勒令建齋設醮並索孝布孝衫稍有不遂毀桌破椅必滿所欲然後忿飲而返忍心害理莫此爲甚查人命毆殺律倘尸親於兇手之家肆行抄搶者先問抄搶之罪然後審擬人命是眞正鬭毆殺人者屍親人等尚不得擅行抄搶況即舅親屬明知死者病亡而反統衆肆橫多端勒索按律問擬罪豈能逃且問誰無父母誰無妻室爾今日可以舅氏居奇無端勒索於人而爾之舅氏日後獨不得無端勒索於爾乎如此循環報復究何抵止除巳往不究外合行嚴禁爲此示仰各地保甲土著居民人等知悉嗣後務各凛遵不得故犯敢有仍指稱後家名色蜂擁擾害有父母喪及或妻喪之家者該保甲鄰佑即行理阻如有不從許即據

實指報以憑嚴拏按律詳究如保甲鄰佑瞻顧徇隱一經訪聞一併嚴拏重處不貸愼之毋忽特示

禁輕生

爲曉諭輕生無益亟宜猛省保全性命事照得爾等百姓向爲土司管轄彼時律法不明或與人有怨即以投河自縊之人命破人之家甚至戕人之命以洩其忿因而惡習相沿動輒輕生今巳改土歸流矣爾等共爲

盛世良民卽應革面革心更改惡習凡嗰冤負屈直書
具告斷無不白不伸之理自不必投河投崖自縊自
刎始可洩恨也況人命雖屬重件而眞假律有明條
如謀殺刼殺故殺鬬毆殺戲殺誤殺過失殺此柴稱
乃眞人命律有斬絞收贖輕重不等之罪若夫投河
投崖自縊自刎等項輕生自盡之人命律載呈報到
官印官卽親往相驗果係輕生自盡毆非重傷者卽
於屍場審明定案將原被人等釋放如印官故意遲

延拖累照易結不結例處分若係自盡並無他故屍
親揑詞控告按誣告律科斷如刁悍之徒藉命打搶
照白晝搶奪例擬罪仍追搶毀物件給回原主其勒
索私和者照私和科斷勒索財物入官等語則是自
盡命案乃徒自喪命並不能以累人何況從前呈報
各案驗訊之下既無深讎又非大故或以田土不清
或以口角微嫌所以蓋棺立案於人無尤但愚夫愚
婦罔知律例若不諄切指示甦命堪憐合行出示曉

諭爲此示仰土著居民人等知悉嗣後如有戶婚田
土及鬬毆口角事故一紙控告是非立剖愼毋仍蹈
惡習動輒輕生試思旣喪性命又自備棺身死財費
而所害之人究脫然事外得失判然能不猛省本州
念切保民除大書告示遍貼外另刊斗方俾家諭戶
曉痛改前非切切特示

勸爾愚夫愚婦　切勿捨命害人　時已改土設流
命案惟律是遵　律載投河弔頸　驗埋槀孑釋寧

捨命旣難洩恨　何不忍耐保身　卽或含冤負屈
臬官自有理論　螻蟻尚知怕死　爾等獨非人心

告城隍文

爲請除民害以保民生事竊惟
天地好生螻蟻惜命豈人爲萬物之靈而貪生惡死反蟄
出之不若耶是愚夫愚婦縱恣秉昏濁必自愛其軀
苟非勢窮事迫求生無路斷無投繯溺水輕自斃命
者矣今鶴峯州一歲之中輕生者數聞一日之內自

縊者再報非係疾病數奇即或口角細故何惡俗之難變可恨可憫一至此哉或被山魈野魅枉死冤魂伏水為祟傍山作怪亦莫須有之事矣德聞前此土弁貪淫搶擄民不聊生有投崖而死者有溺水而死者有自縊自刎而死者更有無辜殺戮及斃於杖下者種種冤魂愁沉恨結超昇無路祭奠莫及將毋作祟生災者即若輩歟德司牧茲土實為痛心伏惟

尊神作一州之保障操生死之權衡輔國佑民禦災捍患

是其職也王法之所不加神鑒之所必察竊聞四凶之族投之遠方以禦魑魅是魑魅固先竄遠方也二氏輪迴有超生脫孽之說

尊神憐我民命於此輩或施法力俾得超生固仁之至也不然做放流例度古荒老箐人所不到之處驅而置之毋為民害亦義之盡矣德奉

君命以治明　神受

帝勅以治幽兩不相與實交相為理德誠不德無能庇民

之神獨不為

聖朝撫此土而保此民乎祈速肆驅除以安闔境敢告

禁肅內外

為嚴肅內外以端風化事照得男子拾歲以上不許擅入中門女子拾歲以上不許擅出中門載在曲禮所以嚴內外之別也中門者內庭住宅之門若民居淺狹即內室之門是也乃州屬向來土俗無論親疎即外來行客一至其家輒入內室甚而坐近臥榻男

女交談毫無避忌誨盜誨淫端自此始合亟出示曉諭為此示仰保甲人民知悉嗣後務宜嚴肅內外分別男女即至親內戚往來非主東所邀不得擅入內室其疎親外戚及客商行旅之輩止許中堂交接違者賓主責懲難逃凜遵毋忽特示

禁端公邪術

為嚴禁端公邪術事照得容美改土歸流舊日惡習俱經悛改而端公馬腳蠱惑愚民為害最深合行嚴

禁爲此示仰州屬士著居民人等知悉爾等各存好
心力行善事自可獲福遠禍切不可妄信羅神怪誕
之術上干法紀除信習羅神邪教之家業已著令各
地保甲查追妖魔鬼像與裝扮刀劍等物焚毁并各
取不致再爲行習甘結備案外但恐僻處愚民溺於
禍福之説仍有潛藏邀約舉行者亦未可定查律載
凡巫師假降邪神佯修善事煽惑人民爲首者絞爲
從者各杖壹百流叁千里里長知而不首者各笞肆

拾知此律禁嚴明自示之後爾等百姓切勿明知故
犯後悔無及各宜凜遵毋忽特示

義館示

爲義館已設勸崇正學事照得容美僻處楚荒未漸
文教綱常禮節素未講明不知人秉五常一舉一動
皆有規矩若不讀書法古舉動何所適從今本州念
切爾等既爲
聖世黎民即當躬漸
聖人至教用是捐俸建立義館延師金登遴等教以詩書
吏於鄉里分立義館多刷
聖諭廣訓分布任領令館師日則教子弟在館熟讀夜則
令子弟在家溫習庶幾子弟之父兄輩亦得聞作忠
作孝之大端立身行事之根本久久習慣人心正風
俗厚而禮義可興矣除各地開學前已出示遍傳外
合再諄切曉諭爲此示仰州屬士著居民人等知悉
如有子弟年柒歲以上情愿入館攻書者父兄不得

遲疑即送入館倘有有志人民深期子弟上進者或
壹家或叁伍家合立一館專延老誠厚重學問優長
之師在家課讀此又茲地所難得而本州所深望者
也惟是義學不止一處本州養廉恐難遍給除州城
教習各地子弟館師之修俸本州獨力捐送外其餘
各義學館師修俸聽子弟之父兄量力出資倘果力
不能出歲底本州仍即一併捐給爾百姓毋得吝惜
觀望有負余懷切切特示

條約

爲明白曉諭各宜遵守事照得鶴峰人民新入版圖法律不明事多悖謬今本州誠恐爾等悞罹法網特摘舊習惡俗開列嚴禁於後

一分火之說宜禁也容美舊俗凡子孫分出另居卽名分火自分之後好貨財私妻子置祖父母父母之衣食於不問是禽獸行也何以爲人乎嗣後卽兄弟各居祖父母父母衣食稍有不給子弟當供奉之富者勿吝貧者竭力敢有執分火之說以路人相視訪知杖壹百不貸

一亂宗惡俗宜禁也舊日土民無子無論異姓卽立爲子有名係祖孫父子實貳叁姓者亂宗瀆倫莫此爲甚嗣後有無子者照律先立同胞子姪次於嫡堂從堂再從堂依序立姪爲嗣如無姪可立方於遠房及同姓中照世次擇立承奉宗祀傳授產業敢有以異姓爲子及隨母望姓之子爲子者事發定照律杖陸拾以子與異姓人者同罪

一養老之壻亦異姓也舊日土民無子卽以壻爲子今凡有招壻養老之家如無子孫仍按律於同宗應繼者立壹人爲嗣家產均分不得以有壻不必另立絕其宗祀違者照亂宗律治罪又律載止有壹子者不許出贅違者法究

一閨閫之教宜先也舊日民間子女緣土弁任意取進學戲男女混雜廉恥罔顧因相沿成俗今巳歸流父兄在家亟宜振作凡一切不經之言對女無輕出諸口女子說不應說之話卽戒懲之毋令與男子同坐以禮約其身久久習慣自爾端莊矣至於選壻祖父母父母主持之不必問女子之願否或女子無恥口稱不願不妨依

法決罰（依法決罰謂以理責法不橫加毆打）一與聘定終身莫改

一背夫私逃之風宜禁也舊日土民婦女以夫家

貧寠或以口角細故背夫逃回而女家父兄不加訓誡以女爲是收留經年累月縱其所爲甚至背義毀盟妄稱改嫁此種惡習可恥可恨嗣後婦女有背夫逃歸者事發除將婦女按律杖壹百聽夫去留外其縱容之父兄定照不應重律杖捌拾并枷號示衆

以上各條關係緊要各宜遵守自示之後果彼此勸戒頹風一改是所望也不然法在必行愼之

勉之

勸民蓄糞

爲曉諭開池蓄糞事照得民間住宅未有不於宅後宅旁開挖糞池以爲蓄糞之所若農家則不僅一處必於田傍或離宅稍遠空地開一大池撿拾人畜之糞并爛草火灰勻拌以備沃土之用今鶴峰州查蓄糞之所拾不壹貳家家務農查大池蓄糞之所百不壹貳無惑乎田地瘠薄收成有限也本州任牧民

糞池一件事雖細微然利用厚生之本必先變瘠土爲沃土求土之沃莫先蓄糞孟子曰百畝之糞上農夫食玖人是農之上下以糞之多少而辨也今與居民約限兩月內遠近居民無論宅之旁後家家開一蓄糞之池摭以棘木若戶大人多者另於空地開縱橫各壹丈深壹尺人少者開縱橫各伍尺深壹尺之池開時則撿拾人畜各糞及爛草火灰堆積池中至來歲春耕先挑撒積糞和拌土中然後下種如此培

植不出數年土肥苗壯收成倍昔爾民勤勞自致豐稔亦本州所當獎勵者也諺云積糞如積金吾云積金不如積糞事在必行本州不時單騎驗查有兩月後并未開池蓄糞者顯係頑惰大加責懲決不姑寬凜遵毋違特示

勸民告條

鶴峰田土瘠薄　半由農事不講　今定耕鑿十六則

勸民是則是傚　一要高培田塍　雨水任我蓄放

二要開塘引流　庶幾稍旱不妨　三要多收草糞
春耕和土爲上　四要石灰腰地　辟除潤水寒涼
五要勤拔草稗　禾苗定然茂壯　六要收攔牲畜
毋許踐踏田莊　以上農家正事　開導非不明朗
本州不時查勘　惰勤分別罰賞

又

農桑爲國之本　爾民勤惰不一　雖經勸導諄諄
慮未家諭戶悉　願爾崇本力農　切勿務名鮮實

踴躍開墾荒土　隨地播種籽粒　旱田依時鋤耨
苗稼壯茂可必　更宜積糞和灰　着土免致瘦瘠
水田傍開水塘　併備車戽溝洫　倘遇雨澤愆期
水塘可資救濟　曠土多栽桑麻　桐樹棉花並植
蠶桑衣被絲　棉麻足供紡績　桐子榨油堪用
有餘還變價值　陸續漸與各種　一蔸俱獲利息
本州買有種子　聽民栽插領給　惰者懲在必行
勤者予以賞錫

又

民間有主荒土　到處尚多未開　原限本年全熟
因何寬緩延挨　來正如有未墾　外地招農進來
不論有主無主　概作官土賞栽　幷即發給印照
永遠管業不改　敢有執據阻攔　按律計荒究解
此係通詳定案　切勿泛視怠懈

勸積貯

爲勸民廣爲積貯事照得鶴峰州境節年豐熟而本

年較昔更甚此皆我
皇上敬天保民
各上憲一德一心感召　天和之所致也然爾民當
此豐熟之時甚毋勿視爲泛常率意花費試思水
旱虫蝗自古常有東作西成難保必豐夫以每歲之
收成既難期必則今歲有餘之糧穀若大穀龍爪穀
麥黍等項何不各自收藏以備歉歲之用如果節年
收藏積至叁年玖年必將餘壹餘叁縱遇水旱亦可

無虞矣本州查訪數年來其稍知樽節畧有蓋藏者一保之中不過數戶其一經收割輒卽釀酒喂猪會飲設饌一日之中費數日之糧一人之口喫數人之食種種狼籍毫不知惜一遇凶年必致流離受餓矣本州父母爲心能不藥言曉諭爲此示仰合州遠近居民人等知悉趁此穀糧豐裕之年父子兄弟均相勸戒毋以釀酒喂豬會飲設饌任意花費藏積多多雖遇水旱不覺其苦不然臨時借貸能度幾日

及告借無門父母凍餓兄弟妻子離散回思今日悔之何及本州爲爾等保全性命言之痛心爾宜刻骨

特示

荆楚文库

〔道光〕鶴峯州志

〔清〕吉鍾穎 修

〔清〕洪先燾 鄧生榕 纂

《荊楚文庫·方志編》編纂組

組　　長：賀定安　陽海清（執行）

副組長：劉傑民（執行）　王　濤　謝春枝　范志毅（執行））

參編人員（以姓氏筆畫爲序）：

王　濤　李云超　宋澤宇　范志毅　馬盛南　柳　巍　陳建勛

梅　琳　張　晨　張雅俐　陽海清　彭余焕　彭筱溦　賀定安

楊愛華　劉傑民　謝春枝　嚴繼東

編　　審：周　榮

顧　　問：沈乃文　李國慶　吴　格

前言

《〔道光〕鶴峯州志》十四卷首一卷，清吉鍾穎修，清洪先燾、部生榕纂，清道光二年（一八二二）刻本。牌記鐫『道光二年壬午新鐫 鶴峯州志 州署藏板』。

吉鍾穎，字薌畦，清江蘇丹陽人，進士，官鶴峯知州。洪先燾，州人，舉人，歷任廣東三水、大埔、南海知縣。部生榕，州人，官公安教諭。

鶴峯有志始於清乾隆六年（一七四一）知州毛峻德，其時距雍正十三年（一七三五）鶴峯改土歸流置州未久，其志簡略。嘉慶二十二年（一八一七），部生榕曾以志事請於時任知州董惟埼，然『議方興而篆已卸』。同年吉鍾穎到任，以鶴峯八十餘年教化有成，生材物産皆見繁榮，欲重修志書加以記載，即召集衆紳耆商議。然是時經費有限，難以專設志局，鍾穎遂延請生榕協先燾共司采訪，草創成稿。其後鍾穎親爲編輯修飾，并捐資付梓，終於道光二年成書。

志分十四門：沿革、疆域、山川、營建、賦役、風俗、物産、祠祀、學校、兵防、職官、人物、藝文、雜述，門下有目，未於目録中體現，每門以小序爲引。卷首設序、目録、修志姓氏、凡例、星野附氣候、輿圖，卷十四末有跋。是志體例在前志基礎之上有所增改，如移關隘所記三關内容入山川，其下營汛歸入兵防，并舊志『田賦、户口爲賦役，增添人物等三門。而舊志寓賢無所據，是志移入雜述。内容則有所增減。如因舊志文告所示禁之積習是時已改革，是志不再録入。舊志古蹟、機祥未見采訪，而寺觀、橋梁等營建於土司時者有所遺漏，是志皆分類載入。

因鶴峯乃改土置州，是志一改以表紀沿革的慣例，而據《明史》與該地土司容陽田氏之《世述録》，依時代順序記載田氏歷代人物小傳，至雍正改土歸流時，則詳細記載其源流經過。此種特殊的記載方式，頗便於土司制度與改土歸流的研究，有較高的史料價值。

據《中國地方志聯合目録》，國圖、上海、天津、南京、湖北、湖南、重慶、雲南等館藏有該志。本次據湖北省圖書館藏清道光二年刻本影印，偶見字迹漫漶不清等現象，以同館同版藏本相應頁替補。（彭筱澂）

目録

道光二年壬午新鐫

鶴峯州志

州署藏板

鶴峰州志序

邑之有乘所以徵文獻也若文獻無徵操觚者欲旁搜遠紹求諸荒渺難稽之説則已誕或採風問俗僅得諸父老傳聞則又俚鶴峰故容美地漢唐以前書缺有閒歷宋元明至我
朝始翕然向化改土歸流於雍正十三年

設州牧以治之閱今八十餘年沐
聖澤土田闢學校興教養之深仁已並洽於中土　吉鄉畦刺史家學淵源師承有自凡天文地輿之繁星緯象數之精無不周知慨然以前志為簡略以簿書餘暇重輯成卷而請序於余
懌　於嘉慶二十四年奉
命視學楚北次冬校士宜施二郡即聞刺史治行卓卓勤政愛民有古循吏風茲幸閲其志之成而有以窺其致治之有本矣夫志星野以應乎天文志疆域以詳其地利沿革必衷於史山川必溯其源志賦役輕徭税勸輸將也志風俗尚樸畧禁淫靡也志學

校重師儒崇文教也志兵防預戎備增守衛也至於物産之蕃息人物之閒生秩官祠宇之必詳藝文營建之不廢其所以寓風勵而昭勸懲者悉有深意存乎其閒且志為國史之權輿尤採風使者所當博取而廣輯之以為修史者之一助方今

文教昌明無遠弗屆鶴峯雖巖邑得　賢
刺史以為之撫而敷教興行熙熙然
樂遊太平之世又豈僅為一邑之乘
以文詞見其美備哉

賜進士出身
誥授通奉大夫光祿寺卿提督湖北學政
古六楊懌曾拜譔

敘

史以示百代之勸懲志以誌一方之掌故名異而實亦異也然其體例則同此陳壽三國志與馬班並稱也自是以後惟華陽國志三輔黃圖二書最爲古雅宋元後方志雜出乃亂乃萃矣前明康氏武功志韓氏朝邑志文簡而事該他若王渼陂誌鄠呂涇野誌高陵喬三石誌耀胡可泉誌秦趙浚谷誌平涼劉九經誌郿張光孝誌華率皆秦人誌秦地王阮亭所謂郡縣之志無踰乎秦者以其猶有黃圖決錄之遺也予蒞任鶴峯凡五載地

僻而民樸政簡而刑清暇即與部
君生榕洪君先燾仰登山而俯臨
水出採風而入問俗以考其改土
歸流之美而紀其生材殖物之繁
蓋已八十餘年於茲矣因取前牧
毛公舊志而重加編輯其卷帙較
增於前非欲以誇多而鬬靡覺此

八十餘年中學校興而教化廣沐
日浴月百寶生焉欲問當年之寶
樓琴閣傳樂府而演桃花者已漠
然了無一存蓋天下之太平久矣
顧自古著述之難或失之於濫收
或失之於欲速而欲其完善無疵
則必遲之數年或遲之數十年又
且經諸儒之考訂滙百家之異同
而始折衷以歸於至當今則上不
窺金匱石室之藏下鮮老師宿儒
之指授而紛於簿書限於時日豈
敢自信爲完書哉亦聊以顯微闡
幽不使後來者有文獻無徵之歎
也

道光二年孟秋月中澣
賜進士出身湖北庚午癸酉丙子壬午
四科鄉試同考官知鶴峯州事加
五級紀録五次丹陽吉鍾穎譔

原序

知州 毛峻德

邑有志猶國有史也一邑中沿革異同有必辨疆域山川有必分風俗物產有必載壇廟城署學校有必與田賦戶役職官兵防有必備非近乎史其將安近鶴峯向爲容美土司地因土弁田明如貪殘改

設州治經營伊始百度維新則州志較他邑尤爲急務德不敏初蒙制府邁檄委進司守催田明如進京旋又奉委撫恤殘黎並隨湖北臬憲王荆南觀察姜經理改土善後事宜仰荷百凡指示幸免隕越事未竣卽膺上憲保題授以牧民重任七載於茲土俗民情知之頗悉現設章程皆所創始德又何敢以不文辭因於簿書之暇約舉大端稍加編緝分上下兩卷用捐清俸以授梓人竊謂志同乎史傳信也非以傳疑也愼而毋濫簡而毋繁凡事之因時措置難垂久遠者

概不敢登若夫名宦鄉賢人物選舉因初入版圖無可紀載至於忠孝節義事關倫紀非確有可據者豈容冒濫仙釋古蹟事涉誕妄非見諸史册者未便率錄其餘流寓方技之徒文藝襍記之末旣非所重未暇考求覽是編者其亦見作

志之苦心勿以簡畧是責是則深
幸也夫乾隆六年歲次辛酉仲冬
月

又序　　荆宜施道　屠嘉正

郡邑之有志所以載綱紀一方之
大畧者也志有創有因其因者前
世之陳蹟備於斯其創者一時之
締造備於斯夫前無所憑藉而後
將視是以率由此其事爲倍難而
其文之所關爲更要非其心足以

立事而事足以載於文者其曷能
創之鶴峯故容美地土官世及肆
虐於民民不勝其毒奔走偕來願
沾
聖化我
世宗憲皇帝惻然憫之允廷臣議改設州
邑選良吏以撫斯民毛君覲文爰

自安陸通守移牧鶴峯披荆榛建城郭招流亡安反側設學校列營汎壇廟公廨乘時俱舉生聚教訓因俗以施三年而政成五年而報最七年而毛君膺
簡命晉守宜昌顧念鶴峯新造之區案牘易至散缺不可無所纂集以貽

之後也用輯州志而請序於余蓋其事與文類皆出於創而已無一不可爲後之所因余覽是編而竊有以見毛君之用心也夫天生兆民樹之后王君公承以大夫師長以左右民也何以長民曰仁何以行仁曰政何以舉政曰誠不誠則

無物而政非其政矣毛君之治鶴峯其意主於爲
朝廷綏靖遠民尋以寛徭薄賦之樂而去其獷頑獰劣之習其哀矜惻怛藹然見乎其詞而篤摯懇切之衷復足以貫乎其設施之顛末此所以政通人樂而下爲編戶之所聽

就郎上邀
聖天子之獎擢敷毛君推是心以涖官將所處益高其所及益廣而後之牧是州者以毛君之心爲心相時調劑以求久安此溪峒之衆安在不足以比於中土之民雍雍然揖讓於冠裳禮樂也夫

鶴峯州志目錄

鶴峯州志

主修

鶴峯州知州　吉鍾穎　江蘇丹陽乙丑進士

分修

原任廣東三水縣知縣　洪先燾　州戊申舉人

原署公安縣教諭　部生榕　州己酉拔貢

採訪

附貢劉正性　附貢龔經德　生員龔紹融

生員于世英　監生龔紹緒　生員田士選

生員田興邦　生員田福來　生員李定南

校字

原任漢陽縣訓導部生崧　歲貢

候選訓導何夢芝　歲貢

附貢周必超　生員羅玉麟　生員劉開泰

校刊

生員徐本立　生員徐承爵　童生謝景安

監生田桂斗　工書陳應詔　營書鄧天章

童生陸士志

凡例

一鶴峯於雍正十三年設州至乾隆六年前牧毛峻德創修州志分上下二卷　部咨文告已居其半蓋當時草昧初開無可紀載不過畧具規橅然改土始末及一切建置今得據爲濫觴不得以簡畧訾之

一沿革各州縣志少不列表者鶴峯係土司改設田氏世據茲土自明洪武以來始確鑿有據其謂始自漢唐書缺有間固已無從敘次土人相傳田氏之先有覃姓爲峒長尤荒邈難稽茲考據明史參以容陽田氏世述錄所載并改土源流列於篇亦信以傳信疑以傳疑之義也故不列表

一舊志文告內之所示禁皆土民相沿積習今已改革殆盡故文不載

一守禦爲郡邑要務舊志列關隘一門於邊界三關外當之以塘汛今於山川志內詳載其扼要而塘汛併入兵防

一古蹟舊志未列采訪亦無所得其有境內砦洞與寺觀橋梁之營建於土司時者依類分載

一寓賢舊志所無據世述錄所稱亦無多人故附雜述而不列專門

一衛昌營轄鶴樂二邑營員之分防長樂者應歸長樂縣志今武職官表皆本邑員弁

一州設學未久選舉寥寥文武仕宦爲數無多故概以人物而不列表

一蒐輯舊志所無現今采訪確而有徵者止得數條亦列於雜述

星野志

周禮保章氏以星辨九州之地所封州域各有分星以觀祅祥厥後談天家或以十二州配或以列郡配或以山河兩界配或以北斗九星主九州或以七星主七國或繫以二十八宿或繫以五星蓋星野之說浩杳難稽突然志疆域者必先定分野鶴峯域爲荆州自應星分翼軫前志以爲入翼十度茲亦仍其舊云爾志星野

翼十八度七十七分

丹元子步天歌云翼二十二大難識上五下五横着行中星六箇恰似張更有六星在何處三三相連張畔附五個黑星翼下頭欲知名字是東甌

翼宿考

翼宿二十二星爲朱雀翼土星也距中右第二星去極百四度入翼初度凡十九度上爲中赤道十九度九十分黄道十九度六十五分位在巳次於分爲楚於野爲荆州

按軫星於野爲今湖南諸郡故未詳考

舊志云天文志翼軫荆州史記天官書翼爲羽翮主遠客軫爲車主風星經翼二十二星凡十九度軫四星凡十七度鶴峯分野翼十度

附氣候

地高氣多寒地下氣多煖氣有先後而候之遲早因之鶴峯僻處山林氣候殊於澤國然即一州之中亦有不齊者則高下異也

初春餘寒凜冽無異隆冬俗謂倒春寒夏日霪雨積旬亦或着棉擁絮秋後餘熱或較甚三伏俗謂秋老虎入冬或值晴多蟄蟲率蠕蠕然動間有春花開放者

山高處暑月可著棉衣遇陰雨連綿即可圍爐至陰崖冰雪必俟春盡乃消

諺云清明斷雪穀雨斷霜高下皆然至白露節後高處或已見霜不必待九月也

農家種植高處播種在先收成在後低處播種在後收成在先

晴多則高處成熟低處即雨少亦不十分歉收以氣寒水冷故也

果蓏時蔬有低處已盡而高山猶未嘗新者

低處桃花開於二月末高處開於三月至高山之上四月甫開其他花木多類是

岡巒崇疊時有陰霾然地氣偏寒故民人不受瘴癘惟州治牛馬猪隻較鄉村易染瘟疫說者以爲四面環山廛居輳集烟煤汙垢不能外散故鬱蒸之氣中之理或然也

州治之水南折而經南渡江之下是地低於州治也而穀果成熟在州治之後此又氣候不可以地之高下論者

輿圖

關內山川圖
建始縣界
巴蘂洲
黃花坵
巴東縣界
金雞口
鄔陽關汛
高橋塘
樓角塘
百順橋塘
劉家司
燕子坪塘
清水湄塘
石龍洞塘
平山
涼水井塘
義學
先農壇
茶店子塘
牛陸頭
東抵長樂縣界
三路口塘
大岩關
五里坪汛
白菓坪汛
柘潭坪塘
南渡江
神門格
比水出慈利
慈利鶴峯
懶板橙
交湖南石門縣界

宣恩縣界
界牌
界牌
界牌
韭菜坝
新河
梅菓湾
北佳坪汛
望鄉台
犬岩屋塘
三岔口塘
水沙坪汛
西抵宣恩縣界
州城
奇峯關汛
社壇
三元橋
演武場
福田寺
萬壽宫
關廟
太平鎮塘
交界

關外山川圖

西三保
江口河
千金坪
鉄炉坪
走馬坪
大典河
三

城垣圖

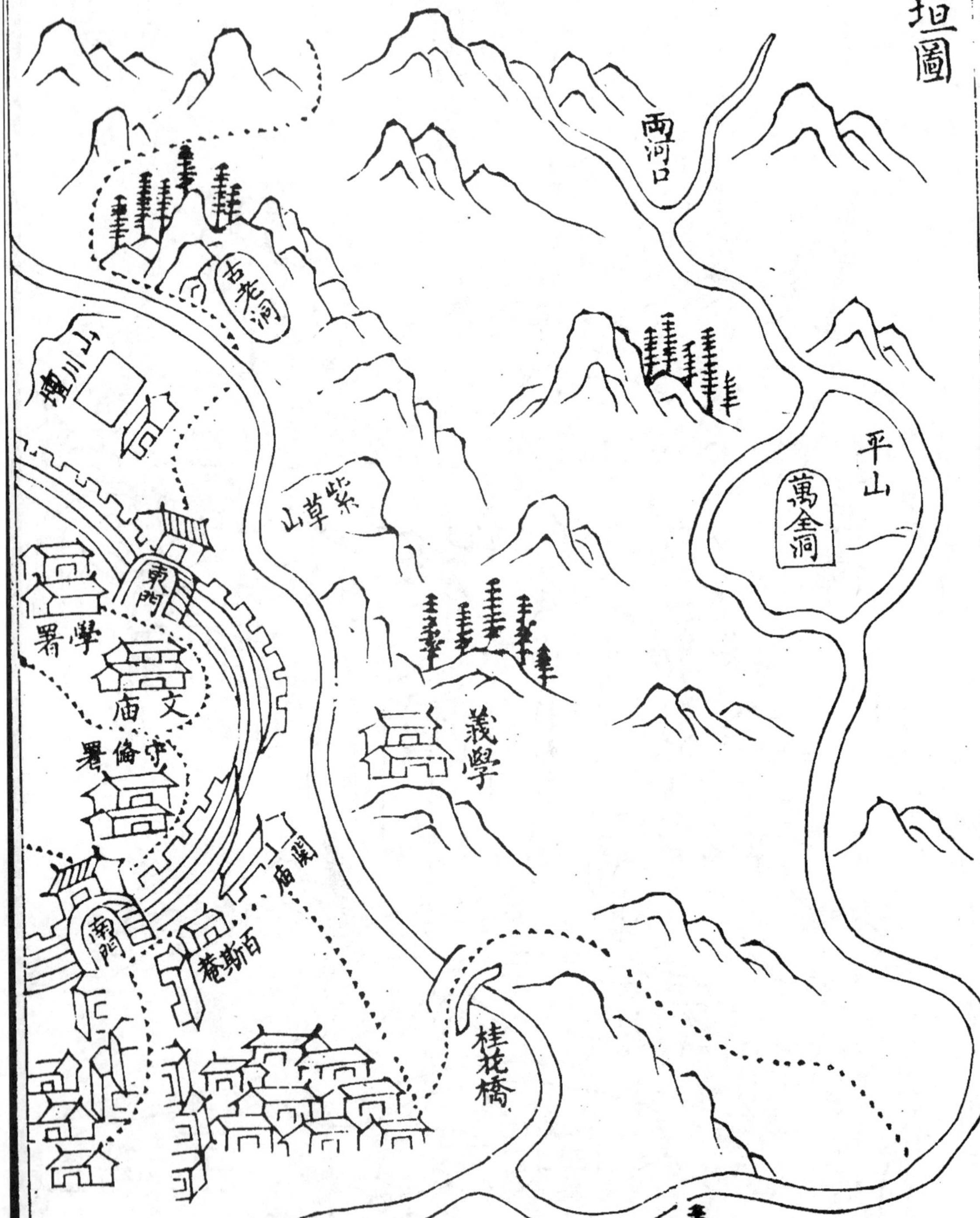

威風台
印石
新關廟
軍裝局
斗姆閣
北門
文昌閣
州署
遊擊署
城隍廟
社稷壇
把總署
三元橋
南門
福田寺
西官廟
教場
八峯山

學宮圖

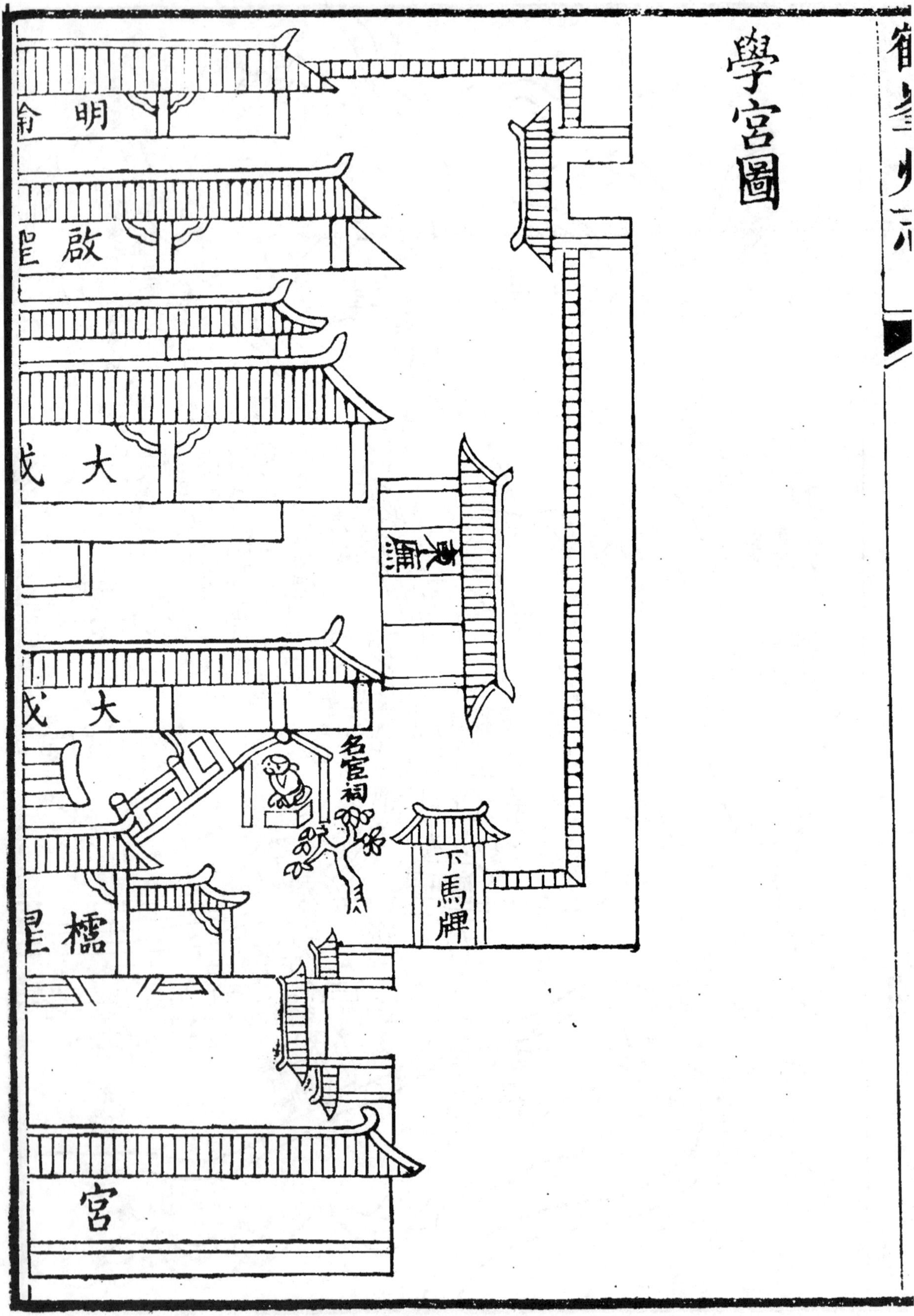

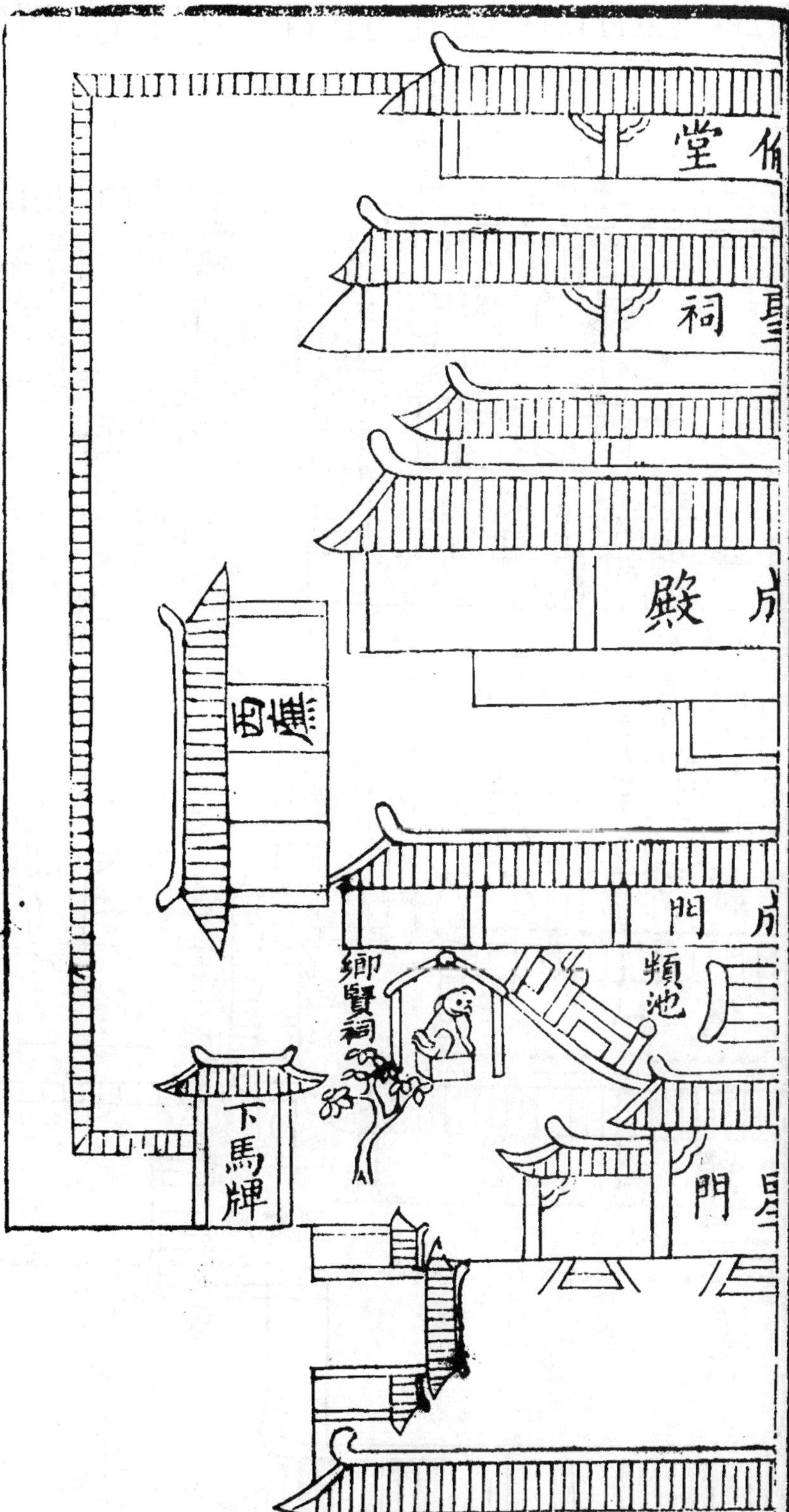
堂
祠
成殿
西廡
成門
頖池
鄉賢祠
下馬牌
門
牆

州廨圖

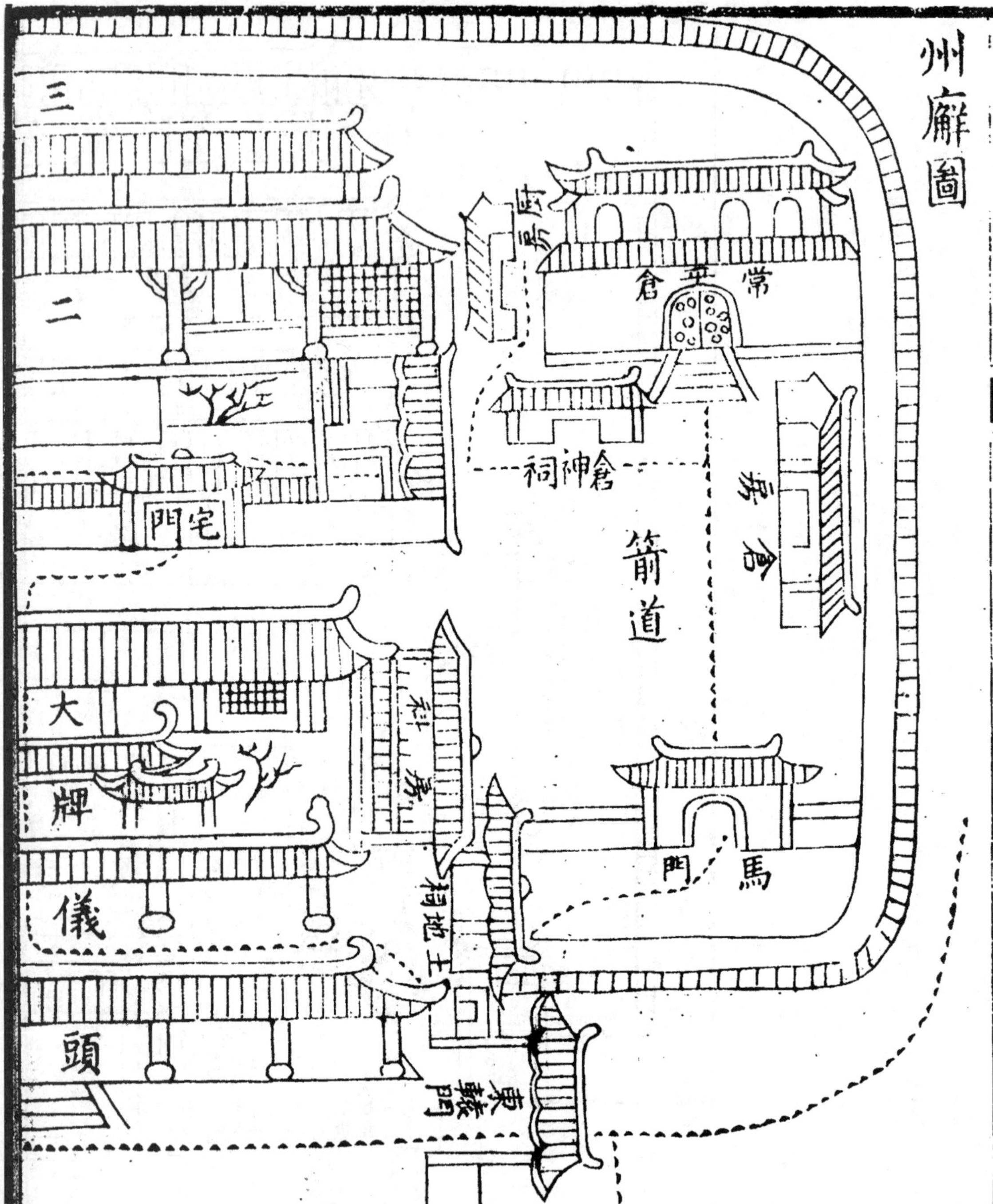

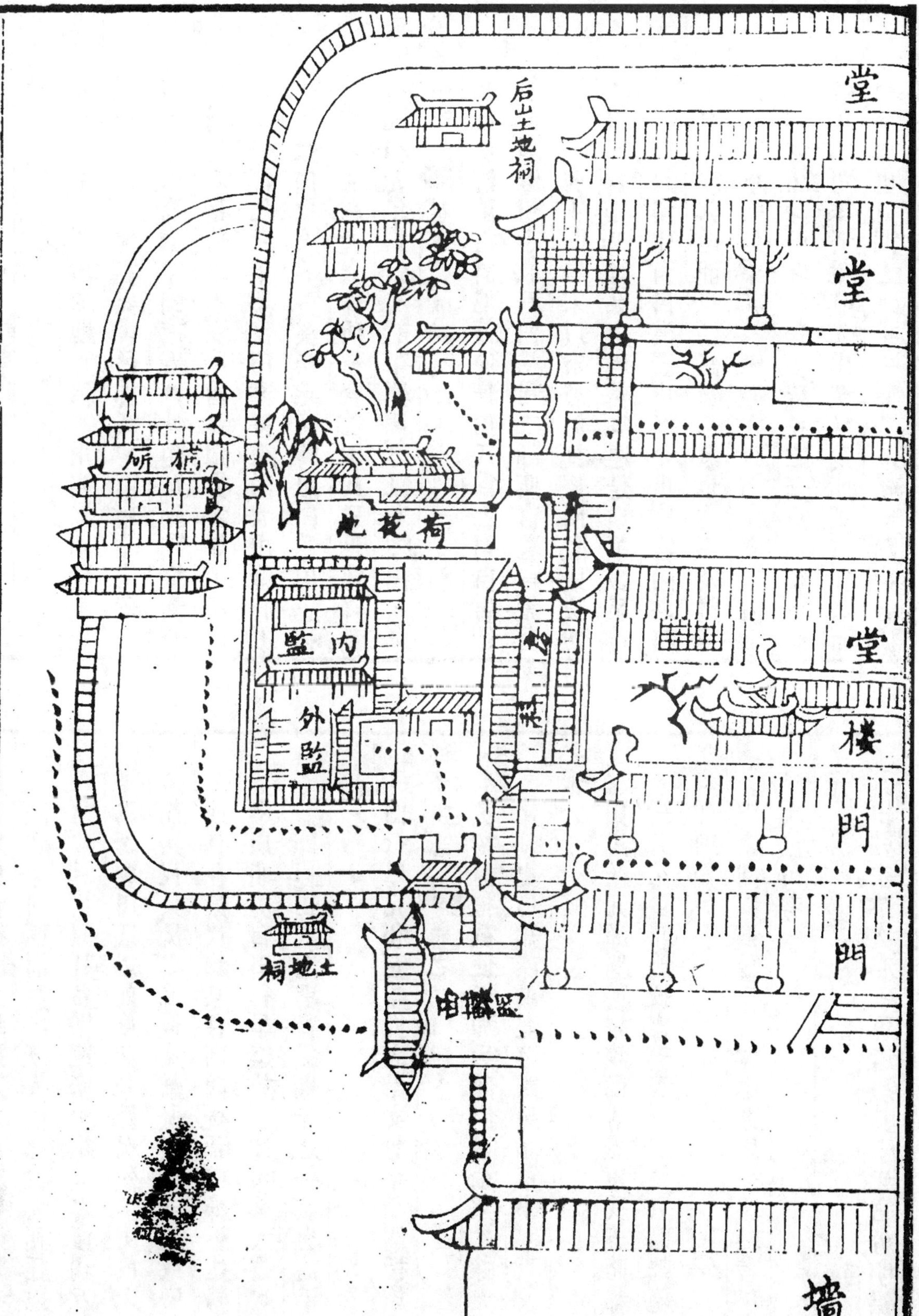
堂
后山土地祠
堂
堂
樓
門
門
墻
荷花池
內監
外監
土地祠

鶴峯州志卷之一

沿革志

州爲容美土司田氏地元隷四川明屬湖廣其先或稱柘谿或稱容美司舊志載楚南徼諸峝蠻叛服不常宋嘉泰中湖南安撫使趙彦勵請擇素有智勇爲峝蠻信服者立爲酋長鎮撫之如土司之類考宋淳化元年溪蠻田漢權來附大中祥符五年峝蠻田仕瓊等貢溪布元祐時以峝酋田思利爲銀青光祿大夫即所傳容美田氏已世述錄稱唐元和元年高崇文討平劉闢之亂奏授田行皐

爲施溱溶萬招討把截使是田氏爲土司自唐始然何璘澧州志載石門慈利二縣所官隘官設自蜀漢建興年間唐宋以來悉仍其舊所隘以防禦土司爲責任二縣又與容美毗連是以華容嚴首昇作田元傳中有自漢歷唐迄今世守容陽之語此其由來久遠而世述錄自叙家世亦不及詳焉夫容美壤接荆梁非若雕題交趾之介處遐域也土司躬膺茅社非若狆苗猺犵之別爲族類也而源流不可深考蓋其先山深林茂所謂狐貍居而豺狼嗥也材武之士乘中原多故斬荆闢萊驅狐貍豺狼而有其土地雖不能如尉佗之制七郡竇融之保河西而竄處既久夜郎自大朝廷以馭蠻當順其情假其名爵羈縻勿絶久之蠻觸互爭遞爲廢興田氏以前度非一姓矣然前史既未詳載而累代兵燹之餘復文獻無徵其或置或廢或析或并在某代爲某名則闕疑焉茲據世述錄所載參以明史自田行皐迄於明如撮其大旨次於篇蓋即以田氏之興替爲斯土之終始也志沿革

唐

田行皐元和元年從高崇文討平劉闢授施溱溶

萬招討把截使後加兵部尚書金紫光祿大夫施州刺史仍知溱萬溪溶四州諸軍事

宋

田思政元祐間襲授鎮南等處軍民五路都總管一云元夏時襲授容美等處軍民五路都總管未知孰是

田崇釗田伯鯨二人皆思政以後襲職者年代輩次無可考

元

田乾宗輩次亦不可考以其子光寶於明洪武初

年授宣慰使故斷爲元時人

明

田光寶乾宗子洪武三年三月遣弟光受等以元所授誥勅印章詣行在請換上命光寶爲四川行省叅政行容美等處軍民宣慰使事仍置安撫元帥治之五年二月遣子答谷朝貢

田勝貴光寶子襲父職以後肖蠻向天富作亂牽連革職永樂三年復下詔招撫授爲宣撫使

田潮美勝貴子襲父職天順元年以老疾請子保富代職詔從之

田保富襲父職成化五年禮部奏容美宣撫司田保富等遣人進貢方物不及數恐使侵盜宜停其賞仍移知所司從之宏治二年保富已致仕與木冊長官田賢各進馬爲土人譚敬保等贖罪刑部言蠻民納馬贖罪輕者可原重者難宥宜下按臣察覈八年貢馬及香禮部以香不及數馬多道斃又無文驗命予半賞保富卒子鎮襲

田鎮事實無考

田秀鎮弟鎮無子秀襲職宏治十八年以子禍卒

田世爵字廷器號龍溪秀第七子秀有庶孽子乳名白俚俾謀篡襲因秀外巡乘間殺其嫡長并弟五人而嗾其黨弒秀於觀音坡之河側世爵尚在襁褓乳母覃氏與其夫賀某後賜姓名田勝富者以己子代而負世爵奔桑植白俚俾覺追弗及時本司舍人名麥翁宗者赴桑植請兵討賊比兵至而白俚俾已赴武昌請襲僅誅其黨數人會土經歷向太保俾告變於撫按而桑植申文亦至乃下白俚俾獄驗治磔死正德二年世爵襲職九年由桑植回司任事嘉靖間因與土官向元楫累世相仇覬元楫幼佯爲講好以女嫁之謀奪其產因誣元楫以奸有司恐激變令自捕元楫下獄論死世爵遂發兵盡俘向氏並籍其土久之撫按詗知責與元楫對狀世爵不出陰與羅肖土舍黃中等謀叛於是湖廣巡按御史周如斗請移荆南道分巡施州衛以便控制調廣西清浪等戍軍以實行伍疏下督臣馮岳等議岳等言施州地勢孤懸不可久居戍軍亦非一時可集當移荆瞿守備於施九永守備於九谿上荆南道備巡歷至世爵驕橫有司不能攝治獨久縶元楫何爲宜假督臣以節制容美之權問世爵抗違罪狀如不悛即繩以法從

之世爵自是歛戢獄得解後以隨總督胡宗憲征倭卒於蕪湖年八十有三

田九霄號後江世爵長子從世爵征倭世爵卒於軍中襲職詔賜紅紵衣一襲以浙江黃宗山之捷也九霄賞罰嚴明與士卒同甘苦所向有功然爲人刻深毛鷙每叱馭出民皆閉戸雞犬無聲嘉靖四十一年卒

田九龍字子雲號八峯九霄同母仲弟九霄忌諸弟才俊九龍深自歛戢耕讀於龍潭坪之後山今俗稱二爺坪是也九霄病知諸子不才遺命九龍

襲職九龍膽識過人喜讀書好義愛客萬歷三十七年卒年八十有三

田楚產字子良號郢陽九龍嫡長孫父名宗愈先是九龍以年老爲宗愈請給冠帶攝事未幾病卒九龍又爲楚產請給冠帶以備承襲而年益髦其庶長子宗元糾弟宗愷等控於上臺誣宗愈庶出楚產非嫡長孫納賄夤緣雖有田楚臯田大玉等不避榜掠力爲爭辯終不能解楚產携妻子出亡忠峒十餘年及九龍卒宗元爲衆憤所戮宗愷亦死上臺乃檄楚產回司襲職爲人言笑不苟多善

政惟攜爭時宵小乘閒攘竊解藏告訐急於賦歛一日飲舍人家爲叛奴所戕年五十有一

田元字太初號墨顛楚產長子愛民卹鄰忠峒田桂芳施南田懋粢東鄉田繩武諸土司皆得其扶持力於桑植向一貫捐宿隙而卹其子人尤偉之闖獻寇起從征助餉晉授宣慰使加太子太保後軍都督府崇禎十二年上疏言六月間穀賊復叛撫按兩臣調用土兵臣即捐行糧戰馬立遣土兵七千令副長官陳一聖等將之前行悍軍鄧維昌等憚於征調遂與譚正賓結七十二村鳩銀萬七

千兩賂巴東知縣蔡文陞以逼民從軍上報阻忠義而啓邊釁朝廷命撫按核其事而時事日非矣元天性忠義燕京失守其甲申除夕詩有矢志終身晉難忘五世韓及何事都門下猶多不罷官等句時

大清正朔未及洪光時元猶以蠟丸奏事一時避寇氛者如龔陵文相國松滋伍計部數十輩多挈眷相從館餐不倦其華陽諸藩及華容孫中丞之避居九永諸衛者不時存問隆武二年卒年六十有五

誥封龍虎將軍賜祭六壇

田霈霖字厚生號雙雲元長子年二十補澧州博士弟子尋改長陽學父元隨征立功霈霖贊襄之力居多晉授容美等處軍民宣慰使加太子太保榮祿大夫後軍左都督賜蟒玉正一品服色後冦氛益熾搢紳之避難者霈霖待之一如元時嘗遣千戸覃應祥間道赴閩粤行在陳方略無何殘冦一隻虎由清江竄入霈霖不及備遂受其蹂躪不一年憂憤以卒年三十有九

國朝

田旣霖字夏雲元次子年十四補長陽博士弟子

以兄霈霖無子襲職時

大清定鼎七八年矣諸殘冦降明者荆侯王光興等十餘家窮蹙竄西山借明朝爲名徵糧索餉施歸長巴之間受其擾害乙未歲旣霖投誠我

朝晉授容美等處軍民宣慰使加少傅兼太子太傅賜蟒玉正一品服色丙申年卒年三十有八

田甘霖字特雲號鋏峯元三子年二十補博士弟子以兄旣霖無子襲職殘明降冦之爲勳鎮者藉容美奉

本朝正朔爲口實阨之於皖國公劉體純營中督部李蔭祖奏

聞奉

世祖章皇帝恩旨有田甘霖能否脫歸星速奏聞之諭後多方解險棲遅澧陽者四年乃歸任事凋殘之餘經營安集並創立學宫康熙間吳逆竊叛脅授僞

命乙卯年卒年六十有三

田舜年字韶初號九峯甘霖子初受吳逆僞敕後繳換襲職屢奉檄從征著有勞績能文章所交多一時名士有廿一史纂容陽世述錄許田射獵傳奇諸書行世康熙四十五年在武昌卒年六十有

七

田明如舜年子初爲通州州同承襲父職康熙五十二年左都御史趙申喬劾奏奉

恩旨原宥令其改過自新雍正十一年湖廣總督邁柱復列款參奏奉

旨令其來京訊問明如托詞支延大府復委員督催明如於是年十一月十一日自縊土目土民遂將部印一十八顆解赴荆州公懇改土歸流雍正十三年改司爲鶴峯州所有原題部文節錄於左

刑部咨開本部會同吏部院寺會看得容美土司田明如不遵法紀濫給劄付私徵錢糧一案據湖廣總督邁柱疏稱田明如世受
國恩又蒙
皇上屢次宥其過愆令其悛改無如非禮越分私給劄付擅用閹人僭造九間五層衙署並建鐘鼓樓上設龍鳳鼓景陽鐘且横徵濫派黨護兩胥經臣列欵糾叅蒙
皇恩優渥令其來京訊問即當星馳
闕廷泥首悔罪乃扶同土目向日芳向虎閹人劉冐

仁壽蘇壽史東東等商謀假揑撫恤水災奏請寛限攜眷齊赴平山寨險處又已因黨護長堉覃楚昭經部議革職復縱次堉覃禹疇涇殺旗長藏匿不容州縣拘審自知悖逆昭著恐致問罪之師於雍正十一年十二月初三日攜眷搬入萬全洞負固不出土目張彤柱首先繳印餘衆漸次投出明如自知負罪深重民心已變於是月十一日畏罪自縊經臣
奏報奉准部覆將田明如子弟及閹人助虐之處行令飭審各犯供認前情不諱應以逃避山澤不服拘換拒敵官兵律擬斬雖經自縊仍開棺戮屍同謀之向日芳等俱擬斬决劉安太擬絞監候向志高等俱擬流等因具奏奉
旨田明如畏罪潛藏投繯自盡尚與抗拒官兵者有間著從寛免其戮屍凡田明如之孽皆由自作其眷屬及脅從牽連之人俱係聽伊指使情有可原此本内所擬斬絞各犯俱從寛免死交與總督邁柱分別安插別省居住田明如之衣飾等物仍賞給田明如之妻子其田產亦不必入官著查明變價亦賞伊妻子以為度日之資所有牽連治罪各犯

著邁柱酌其情罪減等發落其首先繳印之石梁司長官張彤柱著賞給千總職銜支食俸薪以示奬勵欽此

又

刑部咨開本部會同戶部會議得容美土司田明如等不遵法紀一案據湖廣總督邁柱疏稱遵查田明如既蒙
皇仁原宥免其戮屍其眷屬及所擬斬絞各犯俱從寛免死分別安插則田明如之妻妾子女應請照犯斬絞土司之家口安插遠省例與應流徙烏喇之

父母祖孫兄弟免其異處一併解交陝西安插其
向日芳向虎閘人劉肓仁壽史東東俱係擬斬之
犯今蒙
皇上法外施仁從寬免死應將田明如家口解交陝西
安插令其團聚至向日芳等雖免死不便一同安
插應請將向日芳向虎閘人劉肓仁壽史東東解
交廣東安插其向日芳等之眷屬亦當仰體
聖慈與向日芳一同安插再田明如之田產既沐
皇恩賞給伊妻子以爲度日之資其向日芳等田產應
請變價賞給伊等以廣

皇仁除田明如之衣飾等物已給伊妻子收領外其各
田產一時難於變售應請確估定價先動存公銀
兩照數給與分別起解再行歸款先繳印之土弁
張彤柱既蒙
皇恩賞給千總職銜支食俸薪銀兩應於奉文之日爲
始令地方官於地丁銀內支給造報伊弟田琨如
及田召南均無助虐情事原議照律不坐但容美
已經改流不便發回土境應於本省另行安插使
得其所等因俱
題前來除擬徒之麻老丑已經病故不議外應如該
督所題完結等因雍正十三年閏四月二十日奉
旨依議欽此
又
吏部咨開本部會議得湖廣總督邁柱等疏稱容
美地方幅員一千五百餘里非分設一州一縣不
足以資治理今查容美司舊治人烟聚集應於此
處設知州一員吏目一員五里坪距舊司治稍遠
與慈利縣河道相近擬設州同一員北佳坪爲北
路要區擬設州判一員均屬新州管轄五峯司地
勢開敞爲石梁水盡長茅諸司總會應於此處設

知縣一員典史一員東西以金山雲霧村爲界南
北以百順橋爲界約計州境週圍八百餘里縣境
週圍六百餘里又灣潭地方係適中之地應於此
處設分防同知一員就近稽查彈壓查容美舊屬
荆州府轄但荆州遠在東北惟於彝陵則僅隔長
陽一縣且設有重鎮向來容美邊地事原責成彝
陵鎮控制今文武事應畫一應於彝陵建立府治
改彝陵州爲附郭之縣再彝陵既設府治歸州應
改去直隸並長陽興山巴東三縣與容美議設之
一州一縣共二州五縣均隸新府管轄仍以荆州

道爲統轄又容美大崖關外卽湖南慈利縣界其
所屬山羊隘遠距縣城通容美河道應將大崖關
外慈利所轄近關五十里以內之地撥歸新州管
轄設巡檢一員以資巡防其原有土百戶一員應
請革除等語應如該督等所請容美舊司治地方
准其設立云云又疏稱新府州縣如蒙
俞允恭請
欽定佳名等因雍正十三年三月初一日奉
旨依議欽此

鶴峯州志卷之二

疆域志

一州之中官司所莅民籍所繫而財賦於是乎出鶴峯幅員遼廓設流初前牧與鄰邑官吏循行履勘經界旣正矣厥後民人開墾界之犬牙相錯者彼此訟爭三十餘年而後息然後歎申畫郊圻古人所以斤斤致愼也疆域明則綱舉目張而庶事可次第列矣爰爲詳其廣袤四至而鄉里保分鋪遞皆備列焉志疆域

疆界

東西廣一百九十里南北袤三百四十五里周圍八百餘里

東至百順橋九十里抵長樂縣界

西至牛喫水一百零五里抵宣恩縣界

南至山羊隘二百里抵慈利縣界

北至金鷄口一百四十五里抵巴東縣界

東北至上王界一百四十五里抵長樂縣界

西北至虎鷂嶺一百四十五里抵建始縣界

西南至杉木界六十五里抵桑植縣界

東南至西溪河一百六十二里抵石門縣界

鄉里

東興仁鄉

西崇讓鄉

南禮陶鄉

北樂淑鄉

東鄉分爲二里曰博愛曰元長

西鄉分爲二里曰在道曰在田

南鄉分爲五里土司舊治二里曰節文曰儀則慈

利撥歸三里曰崇本曰貴和曰謙吉

北鄉分爲三里曰純化曰和平曰以成

以上共爲四鄉十二里每鄉設鄉約或一人或二人

保分

本城二保

厚生坊　正德坊

元長里四保

張家村　觀音坡　平山　銀硃寨張家村併入正德坊

觀音城併入茅竹山

博愛里四保

溪坪　燕子坪　清水湄　後康

節文里五保

水寨　下平溪　上平溪　墻苔　東鄉坪

三潭井水寨併入正德坊

儀則里五保

螞蟥坡　南府　五里坪　六峯　下洞

崇本里六保

白果坪　官庄坪　千金坪　走馬坪　上陽

河　下陽河

貴和里六保

芭蕉河　升子坪　剛家灣　所坪　後溪坪

三望坡

謙吉里七保

細沙坪　銕鑪坪　大典河　江口　柘坪

七郎坪　紅土坪

在道里三保

龍潭坪　脚踏坪　大水湄

在田里四保

太平鎮　舊建城　黃檗山　三岔口

和平里六保

茅竹山　麻旺村　北佳坪　茅坪　新地

麻水麻旺村併入厚生坊

純化里六保

梅果灣　韮菜壩　下坪　小龍潭　岩門子

劉家司

以成里三保

尋木嶺　鄔陽關　咸盈河

以上原分六十一保除合併四保外現在實共五十七保每保設保正一人或分爲二甲三甲每甲設甲長一人

按保甲之設宋王安石祖周禮大司徒比閭族黨之意以籍鄉村之民二丁取一十家爲保保丁皆授以弓弩教之戰陣其要在於訓練齊民使皆可戰有司奉行不善未收其效明王守仁撫贛檄所屬巖行十家牌法令居城郭者十家爲甲在鄉村者村自爲保各自糾舉甲內有平時習爲盜賊者捕官究治其過惡未稔者報名在官諭令自新由是奸細無由藏匿蔡懋德備兵嘉湖因仿之爲簡便保甲法其要但令各甲止查十家中行徑可疑之人密首捕送尤爲易行至

國朝而制益詳備總之稽查協捕乃保正甲長專責鶴峯山深壤僻尤易藏聚奸匪故承充正長必令紳耆公舉誠實諳練之人責以實力稽查協捕於保民乃爲有裨若但供期會奔走之役甚且與胥吏相緣爲奸不惟於保民無濟而反受其困矣予既備列一邑保分而附論正長之利弊如此

鋪遞

州前總鋪一　鋪兵三名

東路鋪遞五

涼水井　鋪兵二名

石龍洞　鋪兵二名

燕子坪　鋪兵二名

三陡坪　鋪兵二名

百順橋　鋪兵二名

南路鋪遞四

茶店子　鋪兵一名

五里坪　鋪兵一名

白果坪　鋪兵一名

山羊隘　鋪兵一名

北路鋪遞二

水沙坪　鋪兵一名

北佳坪 铺兵一名

路程

自州城至府城五百零五里由府城至省城一千

零八十里由省城至京二千八百八十五里

鶴峯州志卷之三

山川志

鶴峯環邑皆山也舊志僅卽山著名者書之而川則闕而弗詳顧層巒叠嶂中有衝要有險隘概不容畧而州治以河爲襟帶激石揚波亦有一綫溪流足資灌溉均宜析其源委也志山川

山

印山脉來自四川由施南至州北望鄉臺迤邐起伏南趨州治城垣北踞其嶺南蟠其麓東西各隨其支分頂有磐石方如印爲州治後屏

八峯山面河壁立形如筆架爲州治門屏

紫草山自州東北蜿蜒西來下注龍溪爲州治左翼

芙蓉山位西面東形如仰坐山頂峯巒參錯疊出爲州治右翼

城東

九峯山 紫雲山山頂建廟名紫雲宮 老虎坡 觀音坡 銀硃砦 雷打崖 平山頂平周圍可百里嶢石壁立土司舊設城建署於上以禦外寇西面山腰有洞下臨深澗門圓中空澗土司幷

於其內修葺居址以備緩急名爲萬全洞碑記尚存　天台山頂有廟名杉樹觀　牛鹿頭山頂與長樂分界爲往來要路　鯉魚山　龍頭山

城南

五峯山　羊角山　刀脊嶺　紫荆山　龍門山　朱家山　百歲山　屏風山　天仙山　古城山　鐵靈官山　馬王臺山　古老山　桐木山　雁埡與桑植慈利二縣分界　立虎坡　螞蟥坡　紅毛三尖　茅戸坡　大崖闕　小崖口　牛角尖與石門縣分界　神門鬼楄與慈利縣分

界　青猴城　婆婆山　九女砦

城西

撒穀嶺　七架山　青龍山　金龍山　老土界　杉木界與桑植縣分界　觀山土司設砦山頂以備鄰司有警則守者鳴角山頂以次遞傳不逾刻而達司治其石砌砦門今尚存　奇峯山　黃柏山　分水嶺與宣恩分界　火燒嶺　燒巴崖與宣恩縣分界　觀音山　鐘鞘山

城北

茅竹山　銅山　瑪瑙山　天泉山小於平山而險峻過之土司未築平山之先設砦於此　白鹿坡　望鄉臺　上望界與長樂縣分界　雞公山　香爐山　石寶山　天星砦三姊妹山　馬濟嶺　向家山　高木山　唐正山

川

州屬東西北三面之水皆歸州治合而南流入慈利縣境其發源皆係暗泉瀑布溪澗行潦滙而成河所有分合源委備列如左而各溪流之溉田畝者並析載焉

城東水由牛鹿頭蕎陽坪諸溪澗滙於淸水湄與西南徐家莊溪流水合而伏流至九峯橋洞口

乃見與北路水合西流七里而達州治

城北水由望鄉臺以上諸溪澗南流至北佳坪受巴子山以上之水下至兩河口受石寶以上之水又下至紫雲山受狗兒溪之水至九峰橋與東路水合而達州治

城西水由三岔口以上諸溪澗東流經茅坪一帶南折至王家坪受小乾溪之水下至兩河口與州治水合而南出鹿子峽

鹿子峽以下水東南流至青猴城受南渡江之水

下至大治坪始通州楫又下江口受大典河之
水入慈利界大典河下之銕鑪坪亦可行船
江口以上麂子峽以下巉石阻隔疏鑿難施故商
舶不通其尤險之處曰黃牯洞曰神門鬼楄曰
新硐
東西北三路之水有未達州治者東北朝陽坪鄔
陽關等處皆循山曲轉流入長樂巴東二縣境
內西路則分流宣恩桑植二縣
西路奇峯關以上之水流至舊建城之小水湄而
伏洞長灣以上之水流至太坪鎮之大水湄而

伏香溝水出龍潭坪至回水套而伏各水均可
溉田又青龍山底有水伏流合於大水湄之伏
流至麂子峽而見
千金坪溪流下滙枯樹墖溪流至楊家坪滙楸木
坑溪流出龍門幹由高橋入大典河溉田不計
畝
古城寨溪流由獅毛溪至芭蕉河入大典河溉田
不計畝
上陽河溪流至自生橋滙下陽河溪流入水流溪
至大治坪溉田不計畝

官倉坪溪流會八方園溪流出長澳口由小庄坪
至高橋滙龍門幹水入大典河溉田不計畝
白菓坪溪流所坪溪流花橋溪流皆出南道崖會
升子坪溪流下入大典河溉田不計畝
懶板櫈溪流由後溪坪至青剛坡出大典河溉田
不計畝
山寶流泉時伏時見間有澗寬一二尺而獲魚一
尾重至數斤蓋石山戴土底多石罅溪河之水
由罅分流而魚隨之也
按鶴邑山脉發源西蜀既入州境其在東西北三

面者於百里以外忽起忽伏蜿蜒盤折而當乎
州治之南岡巒攢列近州治壁立八峯作屏障
又水亦東西北三面循山曲轉達州治其東北
二面由州治九峯山麓西流七里作襟帶至峽
口與西來水合而南折焉蓋山水之勢若天造
地設成此形勝此容美土司用以建中府而設
流時復仍其地爲州治而不易也若夫雄關四
塞東牛鹿頭西奇峯關南大崖關北鄔陽關皆
衝途扼要之處一夫當關萬夫望而卻步矣然
而層山萬壑峭若削竄若鑿崢嶸突兀類奇鬼

猛獸要皆天然保障當容美時盤踞蝸角固足
雄長諸蠻而十餘年前蓮匪奔竄宜郡七屬凡
遭蹂躪者六而鶴邑獨無烽火之警非由形勝
可恃歟
國家承平日久金湯鞏固官斯土者既萬萬無虞
寇盜而搜奇攬勝之餘如或思患預防披圖以
考當亦瞭然於扼塞之所在也夫

鶴峯州志卷之四

營建志

凡舊疆之營建成於因而新域之營建出於創始
基不善後雖欲踵事增華無由也鶴爲邑八十餘
年自城郭官廨以及津梁街市靡不具焉建在官
者民樂其觀成建在民者官喜其急公雖僻壤荒
陬難侈觀美而有守土之責者爲保障不爲繭絲
更以時修舉廢墜焉斯萬世永賴已志營建

城垣

土司舊無城垣設州後臬司王柔巡道姜邵湘相
度地勢令知州毛峻德鳩工庀材郎建城於土
司舊治所謂中府者是也城負山臨河周圍六
百丈高一丈七尺下廣一丈三尺上廣七尺垜
口五百零三个外砌以石內甃以甎開門四東
永安西太平南迎恩北同樂閘口五一東門右
一南門左一南門右一西門左一西門右閘之
大小因受水之多少爲之

衙署

知州署在東門內原爲土司署雍正十三年知州
毛峻德改建乾隆四十八年至嘉慶十三年修

補三次
頭門三間對面照墻一座東西轅門二栅栅各有
額東曰拊循芸庶西曰保障巖封
儀門三間門外西爲監獄東爲土地祠
戒坊一座東西書吏房各四間
大堂三間東西庫房各一間
二堂五間東西廂房各三間宅門外小偏厦東西
各一間
二堂東廚房三間又東常平倉一座原爲土司田
舜年南藩近日樓至田明如改建寶善樓其刋

墻碑記俱存乾隆元年知州毛峻德改爲倉倉
前爲倉神祠祠前爲射圃祠東又倉厫五間
二堂西書房三間又西書房前後各三間後三間
今廢西書房前爲荷花池池中爲荷花亭
三堂五間東西廂房各三間
三堂後山有六方亭一座名爲鶴亭今廢
三堂西有方亭一座今廢
州同署在五里坪乾隆二年知州毛峻德建乾隆
三十七年州同缺裁四十年奉文以衙署變價
其舊基邑人建立關帝廟

州判署在北佳坪乾隆二年知州毛峻德建
訓導署在明倫堂左乾隆三十五年闔邑士民捐
建
吏目署在州署西乾隆二年知州毛峻德建
巡檢署在白果坪乾隆二年知州毛峻德建
常平倉分貯山羊隘倉厫在巡檢署左
遊擊署在西門內原爲土司舊署紅梅閣地雍正
十三年知州毛峻德改建
守備署在南門內原爲土司舊署雍正十三年知
州毛峻德改建千總署乾隆三十三年移灣潭

守備駐防州城署卽仍之
右司把總署在西門內
左司把總署在奇峯關
前司把總署在五里坪
左哨外委千總署在鄔陽關
左司外委把總署在北佳坪
前司外委把總署在白果坪
演武亭在南門外較場
營房塘房舖舍
州城營房二百三十間

各汛營房共七十七間
各汛塘房共一百二十四間
舖遞一十二處共舖舍三十六間

局

軍裝局在北門內
火藥局在北門

館

奇峰關寅賓館三間在把總署左

院

孤貧院原建西門外大街乾隆四十年間移山川

壇之左
以上俱雍正十三年知州毛峻德建

津梁

尖壩渡城東五里渡船一隻渡夫二名歲支工食
雍正十三年知州毛峻德詳設後改設渡船口
嘉慶十二年邑庠唐艮鳳仝兄艮龍等呈請移
設剌岩潭醵金置田以備每歲修整船隻暨額
外加給渡夫工食之費
按渡田租現在實數龍尾垻水田當價一百千
文中嶺朝山坡旱地二處共當價三十八千文
彭姓旱地價四十千文原渡夫向姓旱地價一
百六十千文戴姓旱地三十千文另趙儒欽交
給首人生息錢二十千文爲屆期修船費用唐
艮龍家不中貲緣此舉搆訟受累得儒欽慨然
解囊人樂爲之助經費稍備然每年僅租穀十
石零尚需將來籌增云

兩河口渡城西三里船隻渡夫暨詳設年分與尖
垻同嘉慶十二年邑人何夢芝王永安等呈請
醵金置田如尖垻渡之例
按是渡義田數目設計灣潭買旱地一處錢四

十四千文聶家垻當劉姓水旱田地錢五十千
文約得穀十餘石渡夫自種修船另歸地方公
捐

南渡江渡城南六十五里船隻渡夫暨詳設同前
嘉慶十二年邑人覃繼遠田光宗等呈請醵金
置田亦如前例

江坪九女河渡城南一百二十里乾隆四年知州
毛峻德捐設渡船一隻并於渡口買置旱地山
場以爲渡夫養贍及修整船隻之費立有普濟
渡石碑碑後鐫勒旱地山場界址并糧銀數目

按租錢每年四千八百文不敷渡夫養贍因索取往來錢文而地經開墾承種者租錢可陞嘉慶　年間民人　等呈請陞租穀二十石以給渡夫而禁止索錢有卷存檔

水砦渡在城外較場下附郭邑人公置渡船一隻渡夫養贍公同捐給

王家坪渡在城西五里附近邑人公置如前例

徐家莊渡在城東七十五里附近邑人公置如前例

唐家渡在慈利交界

五里潭渡在城南四十五里

津梁

龍溪橋在東街口俗呼桂花橋舊有桂花二株今無

百順橋在城東八十里土司時有白鹿堂田舜年嘗集文人著書於此堂久廢

望喜橋在城東

天然橋在城東

通濟橋在城東

閂橋在城西茅埧

高橋在城北劉家司下今廢

高橋在城北水古洞下

允盈橋在關外所坪

花橋在關外杉木場下

回龍橋在千金坪

公安橋在城北白鹿坡傾圮已久嘉慶四年邑人鄧泮田指南等勸捐重建

大星橋在城東土司舊建

新建橋在城東張家村乾隆四年知州毛峻德捐建

三元橋在西街口乾隆五十三年大水冲塌五十八年邑人洪纖周李林安瑜文奇等倡捐重修

街市

城外街市

石龍洞在城東

太平鎮在城西

燒巴崖在城西有市期

五里坪在城南有市期

白果坪在城南

走馬坪在城南有市期

懶板凳在城南
鋏爐坪在城南
三路口在城南
麻水在城北有市期
按邑無異產奇貨肩擔背負以有易無而已一
閧之市有定期趕場者前官設客總場頭以專
責成利之所在爭端起焉而集衆之地尤藏奸
匪當官者宜加稽查也

鶴峯州志卷之五

賦役志

朝廷任土作貢所以贍經費裕積儲也鶴邑莅民
者有州衛民者有營需用孔多矣而正供不及
大縣之耗羨地形磽确物產涼薄故也邑內峻
嶺崇山幅員幾廣千里而掛猿眠鶴之區多帶
牛佩犢之地少我
高宗純皇帝施惠元元輕徭薄賦以視他邑之膏腴饒
沃者輸將尤易此吾民所以沐浴歌詠幸生
聖人之世也志賦役

一戶口

改土案內乾隆二年

勘出人丁壹千玖百貳拾肆丁於奏明事案內詳請

題明照康熙伍拾貳年滋生人丁之例免派丁

銀奉准

部覆在案

又慈利縣乾隆貳年

撥歸隨糧人丁玖丁（每丁派銀貳錢玖分柒釐貳毫柒絲陸忽玖微伍塵叁纖伍渺）

共該徵丁銀貳兩陸錢柒分伍釐肆毫玖絲貳

忽伍微捌塵壹纖伍渺

雍正玖年編審增益滋生人丁叁丁

乾隆元年編審增益滋生人丁叁丁

乾隆陸年編審增益滋生人丁叁丁

乾隆拾壹年編審增益滋生人丁叁丁

乾隆拾陸年編審增益滋生人丁叁丁

乾隆貳拾壹年編審增益滋生人丁叁丁

乾隆貳拾陸年編審增益滋生人丁叁丁

乾隆叁拾壹年編審增益滋生人丁叁丁

捌届共增益滋生人丁貳拾肆丁欽奉

恩詔永不加賦

又改土案內勘出人丁壹千玖百貳拾肆丁於奏明

事案內詳請

題明照康熙伍拾貳年滋生人丁之例免派丁

銀奉准

部覆在案

乾隆六年編審增益滋生人丁壹拾伍丁

乾隆拾壹年編審增益滋生人丁伍丁

乾隆拾陸年編審增益滋生人丁叁丁

乾隆貳拾壹年編審增益滋生人丁伍丁

乾隆貳拾陸年編審增益滋生人丁肆丁

乾隆叁拾壹年編審增益滋生人丁肆丁

陸届共增益滋生人丁叁拾陸丁欽奉

恩詔永不加賦（伍年編審人丁壹次於乾隆叁拾柒年柒月內奏准通政司咨乾隆叁拾柒年陸月內閣抄出）

上諭伍年編審沿襲虛文無裨實政永行停止

又於欽奉

恩詔事乾隆拾壹年編審案內遵照

部文將該州乾隆拾年民賦壓懸糧銀照現

今攤徵之則派徵丁銀玖釐肆毫壹絲柒微

伍塵捌纖叁渺捌漠捌茫自乾隆拾貳年爲

始起徵

又於欽奉
恩詔事乾隆拾陸年編審案內遵照
部文將該州拾貳拾肆拾伍拾陸等年陞墾
糧銀照現今攤徵之則派徵丁銀壹兩伍錢
陸分捌釐玖毫叁絲肆忽壹微玖塵肆渺玖
漠肆茫
又於欽奉
恩詔乾隆貳拾壹年編審案內遵照
部文將該州乾隆拾柒拾捌拾玖貳拾貳拾
壹等年陞墾糧銀照現今攤徵之則派徵丁

銀叁兩貳錢玖分叁釐肆毫玖絲玖微伍塵
伍纖伍渺肆漠貳茫自乾隆貳拾貳年爲始
起徵
又於欽奉
恩詔事乾隆貳拾陸年編審案內遵照
部文將該州乾隆貳拾貳貳拾陸兩年陞墾
糧銀照現今攤徵之則派徵丁銀壹兩陸錢
貳分叁釐捌毫貳絲肆忽伍微柒塵貳纖肆
渺壹漠柒茫自乾隆貳拾柒年爲始起徵
又於欽奉
恩詔事乾隆叁拾壹年編審案內遵照
部文將該州乾隆貳拾柒貳拾玖叁拾壹等
年陞墾糧銀照現今攤徵之則派徵丁銀叁
兩貳錢肆分捌釐五毫柒絲貳微陸塵捌纖
捌渺貳漠陸茫（乾隆叁拾陸年屆當伍年編審適奉文停止造報新墾糧銀應攤丁銀奉准戶部咨覆隨年攤徵嗣奉
上諭丁糧壹事仍悉其舊復經詳請咨准部覆湖北民賦新墾地畝應派丁銀係按陞糧科則派算歸於伍年編審具題其題報伍年編審人丁之例既已停止似可毋庸專案具題至攤派丁銀欽奉
諭旨悉仍其舊亦應仍以伍年壹次彙造攤徵丁册隨同奏銷送部以備查核）

又乾隆肆拾年陞墾糧銀照現今攤徵之則派徵
丁銀伍錢伍分伍釐貳毫叁絲肆忽柒微肆塵
肆纖玖渺壹漠玖茫自乾隆肆拾貳年爲始起
徵
又乾隆伍拾年新墾糧銀照現今攤徵之則派徵
丁銀柒分叁釐柒毫壹絲柒忽陸微柒纖叁渺
柒漠叁茫自乾隆伍拾貳年爲始起徵（查此項丁銀已按數徵收彙造攤征丁册隨同奏銷送部查核在案理合登明）
土田
原畝土并撥歸共田地基園柒百壹頃肆拾柒畝玖

分伍釐壹絲內
改土案內乾隆貳年
勘出成熟田地共陸百伍拾肆頃陸分捌釐玖毫各則不等科糧叁百叁拾玖石叁斗捌升陸合叁勺柒抄陸圭捌粒乾隆元年欽奉
上諭卽以原徵秋糧作爲定額欽遵按則均攤每糧壹石派條銀壹錢伍分伍釐伍毫貳絲玖微五塵捌纖貳渺陸漠叁茫伍沙伍灰伍漂該條銀伍拾貳兩柒錢捌分壹釐陸毫玖絲叁忽伍微捌塵玖纖柒渺肆漠肆茫每糧壹石派餉銀伍分肆釐壹毫捌絲柒忽玖微壹塵柒纖捌渺伍漠陸茫肆沙玖灰伍漂該餉銀壹拾捌兩叁錢玖分陸毫肆絲柒微柒塵陸纖貳漠貳茫

又慈利縣乾隆貳年
撥歸田地基園共肆拾柒頃肆拾柒畝貳分陸釐壹毫壹絲內
上則田玖拾玖畝肆分貳釐陸毫陸絲每畝科糧肆升柒合該糧肆石陸斗柒升叁合伍抄貳圭每畝科條銀叁分陸釐柒毫玖絲肆忽貳微貳塵叁纖伍渺三漠陸茫該條銀叁兩陸錢伍分捌釐叁毫貳絲肆忽伍微肆塵伍纖捌渺壹漠肆茫肆沙伍漂每畝科餉銀壹分叁釐柒毫玖絲壹微肆塵捌纖玖渺肆茫該餉銀壹兩叁錢柒分壹釐壹毫柒忽陸微壹塵玖纖壹漠捌茫肆沙肆漂
中則田貳頃伍畝伍分叁釐壹毫伍絲每畝科糧肆升貳合該糧捌石陸斗叁升貳合叁勺貳抄叁撮每畝科條銀叁分貳釐捌毫柒絲玖忽玖微肆纖肆渺叁漠陸茫貳沙該條銀陸兩柒錢伍分柒釐捌毫陸絲肆忽貳微玖塵玖纖捌渺捌漠捌茫捌沙肆漂每畝科餉銀壹分貳釐叁毫貳絲叁忽壹微壹塵壹纖叁渺肆漠該餉銀貳兩伍錢叁分貳釐柒毫捌絲柒忽伍微伍塵捌纖叁渺柒漠柒茫貳沙壹漂

下則田壹頃玖拾畝伍分叁釐肆毫每畝科糧叁升柒合該糧柒石肆升玖合柒勺伍抄捌撮每畝科條銀貳分捌釐玖毫陸絲伍忽陸微陸塵伍纖叁渺叁漠柒茫該條銀伍兩伍錢壹分捌釐玖毫肆絲肆忽柒塵玖纖叁渺壹漠玖茫玖沙伍漂每畝科餉銀壹分捌毫伍絲陸忽柒塵肆纖貳渺柒漠陸茫該餉銀貳兩陸分捌釐肆毫伍絲壹忽貳微伍塵陸纖壹渺叁茫叁沙捌漂
全墾田叁拾伍頃玖拾畝肆分柒釐貳毫照道州下則每畝科糧壹升柒合壹勺貳抄該糧陸拾壹石肆斗陸升捌合捌勺捌抄陸圭肆粒每畝科條銀壹分柒釐玖毫肆絲叁忽叁

微陸塵肆纖柒渺陸漠陸茫該條銀陸拾肆兩肆錢貳分
伍釐壹毫肆絲捌忽柒微柒塵捌纖壹渺玖
茫伍沙伍漂每畝科餉銀陸釐貳毫伍絲壹忽玖微柒塵柒纖柒渺捌漠肆茫該餉銀貳拾貳兩肆錢肆分柒釐伍毫伍
絲壹忽壹微柒塵捌纖柒漠肆茫肆漂
中則地肆拾柒畝壹分肆釐每畝科糧貳升伍合該糧壹石
壹斗柒升捌合伍勺每畝科條銀壹分玖釐伍毫柒絲壹忽叁微玖塵伍纖肆沙玖漠捌茫該條銀玖錢貳分貳釐伍毫玖
絲伍忽伍微捌塵叁纖柒渺柒漠伍茫柒沙
貳漂每畝科餉銀柒釐叁毫叁絲伍忽壹微捌塵伍纖叁渺貳漠壹茫該餉

銀叁錢肆分伍釐柒毫捌絲陸微叁塵陸纖
叁漠壹茫玖沙肆漂
下則地伍頃貳拾陸畝陸分捌釐柒毫每畝科糧壹升叁合玖勺玖抄伍撮該糧柒石叁斗柒升玖勺捌抄肆撮
伍圭陸粒伍粟每畝科條銀壹分玖毫伍絲陸忽伍微叁塵伍纖柒漠叁茫柒沙陸漂該條銀伍兩柒錢柒分陸毫陸絲肆
忽伍微捌塵捌纖叁渺玖漠叁茫肆沙叁漂每畝科餉銀肆釐壹毫陸忽貳微叁塵陸纖柒渺肆漠叁茫該餉銀貳兩
壹錢陸分貳釐柒毫壹忽伍微壹塵壹纖肆
渺陸漠肆沙肆漂

基園捌拾柒畝肆分柒釐每畝科夏稅麥糧壹升捌合貳勺柒抄該
麥糧壹石伍斗玖升捌合柒抄陸撮玖圭每畝科麥銀壹分壹毫捌絲玖忽叁微伍塵柒纖柒渺玖漠該麥銀捌錢玖
分壹釐貳毫陸絲叁忽壹微貳塵伍纖捌渺
玖漠壹茫叁沙每畝科餉銀伍釐叁毫陸絲伍微叁纖肆渺叁漠叁茫
該餉銀肆錢陸分捌釐捌毫捌絲柒忽陸微
捌纖柒渺捌漠肆茫伍沙壹漂
改土案內勘出成熟田地共陸百伍拾肆頃陸分捌
釐玖毫
科糧叁百叁拾玖石叁斗捌升陸合叁勺柒抄陸

圭捌粒每糧壹石派銀則例已於書前開載
共徵銀伍拾貳兩柒錢捌分壹釐陸毫玖絲叁忽
伍微捌塵玖纖柒渺肆漠肆茫
玖釐餉銀壹拾捌兩叁錢玖分陸毫肆絲柒微柒塵
陸纖貳漠貳茫
慈利縣撥歸田地基園共肆拾柒頃肆拾柒畝貳
分陸釐壹毫壹絲科派糧銀各則俱於書前分晰開載
該糧玖拾壹石玖斗柒升壹合伍勺柒抄叁撮叁
圭伍粟
共徵銀捌拾捌兩壹分伍釐柒毫玖絲伍忽肆微

陸塵壹纖捌渺玖漠玖茫伍沙伍漂內有書後開載
撥歸班匠銀柒分玖毫玖絲肆微陸塵陸渺
玖漠陸茫叁沙壹漂係乾隆貳拾叁年奉
文於奏銷冊內刪除班匠
名色統歸地丁條編造報

該餉銀叁拾壹兩叁錢玖分柒釐貳毫陸絲柒忽
叁微陸塵柒纖捌渺肆漠玖茫玖沙陸漂

以上改土并撥歸田地基園共柒百壹頃肆拾柒畝
玖分伍釐壹絲

共科糧麥肆百叁拾壹石叁斗伍升柒合玖勺肆
抄叁撮玖圭捌粒伍粟各科不等

共該條銀壹百肆拾兩柒錢玖分柒釐肆毫捌絲

玖忽伍塵壹纖陸渺肆漠叁茫伍沙伍漂

共該餉銀肆拾玖兩柒錢捌分柒釐玖毫捌忽壹
微肆塵叁纖捌渺柒漠壹茫玖沙陸漂各科則不
等

乾隆肆年開墾額外田地陸頃伍拾伍畝肆分叁釐
伍毫
科糧貳石捌斗叁升玖勺肆抄壹撮捌圭
該條銀貳兩玖錢陸分柒釐玖絲貳忽叁微陸塵
捌纖伍渺

乾隆伍年開墾額外田地柒頃叁拾肆畝壹分叁釐
科糧叁石壹斗肆升貳合柒抄陸撮肆圭
該條銀叁兩貳錢玖分叁釐壹毫玖絲伍微玖塵
叁纖玖渺壹漠陸茫

乾隆陸年開墾額外田地陸頃玖畝貳分肆釐
科糧貳石陸斗貳升叁勺捌抄柒撮貳圭
該條銀貳兩柒錢肆分陸釐肆毫壹絲壹忽肆微
壹塵壹纖捌漠肆茫

乾隆柒年開墾額外地叁頃貳畝伍分
科糧壹石貳斗玖升肆合柒勺
該條銀壹兩叁錢伍分陸釐玖毫陸絲陸忽玖微

陸塵肆渺貳漠玖茫

乾隆玖年開墾額外地壹頃柒拾貳畝叁分
科糧柒斗叁升柒合肆勺肆抄肆撮
該條銀柒錢柒分貳釐玖毫壹絲肆微叁塵柒纖
貳渺玖漠陸茫

乾隆拾年開墾額外田地玖頃壹拾伍畝陸分
科糧叁石玖斗貳升玖合肆抄
該條銀肆兩壹錢壹分捌釐貳忽貳微壹塵叁纖
柒渺玖漠捌茫

乾隆拾壹年開墾額外地叁頃陸拾肆畝叁分伍釐

科糧壹石伍斗伍升玖合肆勺壹抄捌撮
該條銀壹兩陸錢叁分肆釐肆毫壹絲陸忽貳微
叁塵捌纖壹渺貳漠叁茫肆沙
乾隆拾叁年開墾額外田地壹頃捌拾肆畝
科糧捌斗肆合陸勺肆抄
該條銀捌錢肆分叁釐叁毫叁絲捌忽壹微肆塵
肆纖貳茫
乾隆拾伍年開墾額外田地壹拾玖頃陸畝玖釐玖
毫
科糧捌石貳斗玖升貳合玖勺貳抄叁撮柒圭貳

粟
該條銀捌兩陸錢玖分壹釐柒毫陸絲壹忽叁微
捌塵柒纖玖渺肆漠肆茫伍沙
乾隆拾陸年首墾額外田地貳拾叁頃壹拾壹畝叁
分
科糧壹拾石壹斗柒升伍勺陸抄肆撮
該條銀壹拾兩陸錢伍分玖釐柒毫肆忽肆微貳
塵叁纖叁渺陸漠肆茫
乾隆拾柒年開墾額外田地玖頃貳拾玖畝
科糧肆石壹升叁勺陸抄

該條銀肆兩貳錢叁釐貳毫叁絲叁忽壹微玖塵
陸纖肆渺叁漠陸茫
乾隆拾玖年開墾額外地壹拾伍頃貳拾伍畝伍分
科糧陸石伍斗貳升玖合壹勺肆抄
該條銀陸兩捌錢肆分叁釐壹毫伍絲柒微叁塵
柒纖陸渺叁漠伍茫
乾隆貳拾壹年開墾地壹拾陸頃玖拾伍畝捌分柒
釐
科糧柒石貳斗伍升捌合叁勺貳抄叁撮陸圭
該條銀柒兩陸錢柒釐肆毫叁忽伍微壹纖肆渺
叁漠壹茫

乾隆叁拾年開墾額外地柒頃捌畝
科糧叁石叁升貳勺肆抄
該條銀叁兩壹錢柒分伍釐玖毫柒絲伍忽伍微
陸塵叁纖伍渺捌漠叁茫
乾隆肆伍陸柒玖拾拾壹拾叁拾伍拾陸拾柒拾玖
貳拾壹叁拾等年額外陞墾餉銀貳拾兩伍
錢貳分柒釐壹毫伍絲陸忽壹微陸塵叁纖
肆渺貳漠柒茫陸沙
以上人丁田地基園條餉並額外陞墾及墾帶丁銀

共額銀貳百捌拾叁兩壹釐陸絲捌忽陸微捌纖伍渺柒漠玖沙壹灰壹漂內除乾隆拾年墾帶丁銀玖釐肆毫壹絲柒微伍塵捌纖叁渺捌漠捌茫又除乾隆拾貳拾肆拾伍拾陸等年墾帶丁銀壹兩伍錢陸分捌釐玖毫叁絲肆忽壹微玖塵肆渺玖漠肆茫又除乾隆拾柒拾捌拾玖貳拾貳拾壹等年墾帶丁銀叁兩貳錢玖分叁釐肆毫玖絲玖微伍塵伍纖伍渺肆漠貳茫又除乾隆貳拾貳貳拾陸兩年墾帶丁銀壹兩陸錢貳分叁釐捌毫

貳絲肆忽伍微柒塵貳纖肆渺壹漠柒漠又除乾隆肆拾年墾帶丁銀伍錢伍分伍釐貳毫叁絲肆忽柒微肆塵肆纖玖渺壹漠玖茫查墾帶丁銀　奏銷冊內係另款登收

實起運

戶部項下地丁條餉等銀貳百柒拾貳兩柒錢壹釐陸毫叁忽壹微壹塵柒纖玖渺捌漠肆茫玖沙壹灰壹漂

存留

撥運供支官俸役食祭祀等項原額共銀壹千貳百捌拾捌兩伍分陸釐內係

知州

俸銀捌拾兩

門子貳名工食銀壹拾貳兩

捕役捌名工食銀肆拾捌兩查該州原設快手捌名嗣於乾隆拾陸年內奉　文將快手名色改爲捕役即食本班工食理合登明

皂隸壹拾肆名工食捌拾肆兩

仵作貳名工食銀壹拾貳兩

民壯貳拾名工食銀壹百貳拾兩查此民壯乾隆元年奉　文每名每年加增修理器械銀壹兩共加增銀貳拾兩係司庫各屬完解裁汰民壯工食銀內

支給不在請動地丁之內乾隆拾叁年奉存裁貳名工食加增銀兩併款解司充餉

銀壹百捌兩加增銀壹拾捌兩乾隆肆拾貳年裁減壹半以爲修整軍裝塘房銀玖兩寔給民壯銀玖兩

斗級肆名工食銀貳拾肆兩

禁卒捌名工食銀肆拾捌兩

轎傘扇夫柒名工食銀肆拾貳兩

庫子肆名工食銀貳拾肆兩

州同

俸銀陸拾兩

門子壹名工食銀陸兩

馬夫壹名工食銀陸兩
傘夫壹名工食銀陸兩
皂隸陸名工食銀叁拾陸兩
民壯捌名工食銀肆拾捌兩查此民壯乾隆元年內奉文每名每年加增修理器械銀壹兩共加增銀捌兩係在司庫各屬完解裁汰民壯工食銀內支給不在請動地丁之內乾隆肆拾貳年裁減壹半以爲修整軍裝塘房銀肆兩實給民壯銀肆兩
以上州同俸工於乾隆叁拾陸年奉
文裁汰改設隨州州同仍支舊額銀兩

州判

俸銀肆拾伍兩
門子壹名工食銀陸兩
傘夫壹名工食銀陸兩
馬夫壹名工食銀陸兩
皂隸陸名工食銀叁拾陸兩
民壯捌名工食銀肆拾捌兩查此民壯乾隆元年內奉文每名每年加增修理器械銀壹兩共加增銀捌兩係在司庫各屬完解裁汰民壯工食銀內支給不在請動地丁之內乾隆肆拾貳年裁減壹半以爲修整軍裝塘房銀肆兩實給民壯銀肆兩

吏目

俸銀叁拾壹兩伍錢貳分
門子壹名工食銀陸兩
馬夫壹名工食銀陸兩
皂隸肆名工食銀貳拾肆兩

巡檢駐劄山羊隘地方

俸銀叁拾壹兩伍錢貳分
弓兵捌名工食銀肆拾捌兩
民壯捌名工食銀肆拾捌兩查此民壯乾隆元年內奉文每名每年加增修理器械銀壹兩共加增銀捌兩係在司庫各屬完解裁汰民壯工食銀內支給不在請動地丁之內乾隆肆拾貳年裁減壹半以爲汰整軍裝塘房銀肆兩實給民壯銀肆兩

鋪兵壹拾玖名工食銀壹百壹拾肆兩每名支銀陸兩州前總鋪叁名涼水井石龍洞燕子坪叁陡坪百順橋伍舖各貳名茶店子五里坪山羊隘水沙坪百崖坪白菓坪陸舖各壹名
渡夫陸名工食銀叁拾陸兩尖堘兩河口南渡江各貳名
文廟貳祭銀肆拾兩
崇聖祠貳祭銀柒兩
香燭米折銀壹兩伍分
邑厲壇叁祭銀壹拾壹兩
厲祭米折銀壹兩貳錢貳分

關帝廟叁祭銀叁拾伍兩柒錢肆分陸釐

山川壇貳祭銀壹拾兩 係乾隆玖年添設

社稷壇貳祭銀壹拾兩 乾隆玖年添設

以上共銀壹千貳百捌拾捌兩伍分陸釐 均係司庫地丁銀內動支按年造入奏銷冊內報部核銷並將請撥緣由亦於奏銷冊內開報聽候查核

添設項下

訓導俸銀壹拾伍兩柒錢陸分又加品俸銀貳拾肆兩貳錢肆分共銀肆拾兩

門斗工食銀柒兩貳錢

齋夫三名工食銀壹拾捌兩

以上銀兩係乾隆叁拾叁年奉文將長陽縣訓導改撥仍支舊額銀兩不在該州原設支款之內

文昌廟貳祭銀貳拾叁兩捌錢叁分

先農壇祭祀銀伍兩 乾隆伍年奉文將籍田存穀變價動用有不敷仍於司庫存公銀內湊給復於乾隆拾叁年奉文於耗羨酌定章程案內每年赴司請領銀貳兩捌錢貳分伍釐共不敷銀貳兩壹錢柒分伍釐在於籍田收穫舊存穀石變價湊辦如無舊存穀石該州自行捐湊備辦祭品乾隆貳拾肆年奉文禁用捐墊字樣又經咨准部覆將收穀石儘數易備如有不敷按數找給不必以貳兩捌錢貳分伍釐之數爲定

常雩祭祀銀伍兩 乾隆柒年奉文設立係司庫存公銀內動支

孤貧捌名 每名給口糧布花銀貳兩伍錢貳分 共銀貳拾兩壹錢陸分 乾隆拾柒年設立係司庫存公銀內支給仍照例小建扣除遇閏加增

以上各項共銀伍拾叁兩玖錢玖分 係於司庫存公銀內動支不在原請地丁之內

又慈利縣撥歸鹿皮京揁銀貳釐壹毫貳絲玖忽壹微壹塵肆纖玖渺玖漠捌茫貳沙伍漂

撥歸優免銀壹兩貳錢壹分叁釐柒毫伍絲伍忽壹微壹塵捌纖陸渺玖漠柒茫陸沙

乾隆拾年墾帶丁銀玖釐肆毫壹絲柒微伍塵捌纖叁渺捌漠捌茫

乾隆拾貳拾肆拾伍拾陸等年墾帶丁銀壹兩伍錢陸分捌釐玖毫叁絲肆忽壹微玖塵肆渺玖漠肆茫

乾隆拾柒拾捌拾玖貳拾貳拾壹等年墾帶丁銀叁兩貳錢玖分叁釐肆毫玖絲玖微伍塵伍纖伍渺肆漠貳茫

乾隆貳拾貳貳拾叁兩年墾帶丁銀壹兩陸錢貳分叁釐捌毫貳絲肆忽伍微柒塵貳纖肆渺壹漠柒茫

乾隆貳拾柒貳拾玖叁拾壹等年墾帶丁銀叁兩貳

錢肆分捌釐伍毫柒絲貳微陸塵捌纖捌渺
貳漠陸茫
乾隆肆拾年墾帶丁銀伍錢伍分伍釐貳毫叁絲肆
忽柒微肆塵肆纖玖渺壹漠玖茫
乾隆伍拾年墾帶丁銀柒分叁釐柒毫壹絲柒忽陸
微柒纖叁渺柒漠叁茫
按賦役俱照　部頒全書抄錄外各官養廉因地丁
耗羨內不敷坐支俱應赴司庫請領
一知州養廉壹千兩
一州判養廉壹百兩

一吏目養廉柒拾伍兩
一巡檢養廉柒拾伍兩

雜稅

田房稅契銀兩無定額
黃柏山稅共銀一十四兩四錢（土名五營晒坪馬鹿大拐桃子垻小坪六處承辦民人三十六名每名徵山稅銀四錢乾隆四年定額咨部）

倉儲

常平倉十一厫在州署二堂之東內七厫乾隆元年知
州毛峻德修建又三厫嘉慶伍年知州楊樹本增建
嘉慶十五年署知州劉運浩請領補修
額貯倉穀五千四百四十三石六斗一升三合
州倉實貯稻穀三千九百七十一石一斗三升七合
分貯山羊隘巡檢倉稻穀一千四百七十二石四斗
七升六合
社倉二十八座分建四鄉共貯稻粟龍爪包穀五千五
百一十石零七斗六升

官田

州屬官田係改土以後知州毛峻德奉文將土司之八
官田產置庄招佃領種納租所有土名田畝租額及
開銷欵項列左

新庄二頃七十七畝七分九釐二毫
落龍潭一十六畝八分九釐五毫
張家村五十二畝一分三釐三毫
滿山紅二十八畝八分三釐七毫
覃家庄五十四畝六分三釐八毫
前垻二十八畝二分三釐二毫
潘溪七十三畝二分一釐四毫
銅庄二十六畝七分八釐二毫
哈起坡八十一畝零六釐四毫
王彩垻十六畝八分六釐七毫

陳家灣十四畝五分六釐八毫
龍潭坪十三畝八分六釐二毫
茅坝四十七畝九分
堡子裡二十六畝九分二釐
莫愁庄七畝六分一釐六毫
北佳坪二十畝零五分二釐
九峯橋六十畝零七釐六毫
太平鎮四十七畝二分
唐家村九十二畝二分
馬宗坪三十四畝一分

余家坪三十五畝四分

以上官庄水田二十一處派租多少不等每年共收額稻穀五百七十一石六斗三升二合內除動用五石一斗八升六合八勺每石變銀六錢共變銀三兩一錢一分三釐完納條餉外實穀五百六十六石四斗四升五合二勺碾湊衛昌營秋季兵米

又新添庄水寨前後壩二處官荒山地共八十九畝八分五釐每年除完條餉外實收存包穀一十一石七斗九升五合存貯常平倉隨時易換稻穀以備青黃不接接濟兵民

南米

江陵縣每年閏月解南米二百八十七石不閏月解南米二百三十三石一斗

公安縣每年閏月解南米一百七十八石不閏月解南米一百三十九石八斗

松滋縣每年閏月解南米二百八十八石四斗八升不閏月解南米二百七十一石三斗八升

以上每年閏月收三縣南米七百五十三石四斗八升不閏月收三縣南米六百四十四石二斗八升貯倉支發衛昌營春夏二季兵米

按上載糧米數目係照衛昌營額兵三百六十四名開載至嘉慶二十年減兵二十九名後每年閏月收三縣南米六百九十三石零不閏月收三縣南米五百九十二石零均按大小建扣算又灣潭長樂汛兵米係石首各縣解貯該管衙門支放茲不載

鹽課

容美土司食鹽舊在川省各鹽場零星易換設流後應隨楚省通例請銷淮引但山高嶺峻脚費浩繁價低則商難承辦價昂則民艱措買前牧毛峻德稟請酌奪經署督憲史　咨　部請就近銷川省陸引招商

承辦於乾隆三年爲始嗣因戶口滋繁民不敷食自
乾隆七年以至乾隆三十年陸續請增引額所有歷
年加增引數暨現在鹽斤鹽課數目列左
乾隆三年詳請川鹽每年額行陸引二百一十九張
乾隆七年增陸引一百張水引四十張
乾隆二十三年增陸四百張水引二十四張
乾隆二十四年增水引二十四張
乾隆二十五年增水引一百零六張
乾隆三十年增水引十一張
共水引二百零五張
陸引七百一十九張
水引每張配正鹽五千斤耗鹽七百五十斤
陸引每張配正鹽四百斤耗鹽六十一斤
水引每張徵正稅銀三兩四錢零五厘切角耗羨
銀共五分五釐
陸引每張徵正稅銀二錢七分二釐四毫切角耗
羨銀共四分八釐
總共徵銀玖百四十四兩四錢六分零六毫商人
自行赴州領引運銷完納
按鶴峯長樂二州縣例食川鹽其領發額引及上餉

報銷各事件均歸夔州鹽捕通判辦理商人選土
著殷實承充乾隆五十七年巴東民人楊升茂等
串名冒充並將起運埠頭改設萬戶沱透銷引鹽
南岸行長陽一帶北岸行興歸一帶被人告發漢
商亦以充斤淮綱具控提審得實將楊升茂等按
律治罪着漢商公舉該處商商承辦以杜藉引行
私之獘

鶴峯州志卷之六

風俗志

州民客土雜處習尚不一然無巨奸大猾畏上奉公循爲易治政教成於上風俗淸於下毛志稱歸流之始民習多陋所載文告若干條殷勤誥誡與民更始今則彬彬焉與中土無異於以慶吾民涵濡聖化獲改椎髻之舊後之蒞斯土者太上教化之其次整齊之庶幾益臻於上理也乎志風俗

俗尚儉樸室宇器用衣服飲食無一切奢靡之習

士一衿旣靑多束書不觀故科目寥寥緣地僻途遠艱資斧憚跋涉赴鄉闈者甚少近則風氣日開亦時有淸標令上者出焉且多氣節自好而無武斷健訟諸事

田少山多坡陀磽确之處皆種包穀初墾時不糞自肥閱年旣久浮土爲雨潦洗盡佳壤尚可糞種瘠處終歲辛苦所獲無幾故貧民於農隙肩挑背負乃可贍生

邑不飼蠶亦不產棉婦女鮮紡績俱力農如男子其工匠皆自外來近年亦有習匠作者

廛市皆棉布酒米家常日用之物如需稍珍貴者先向他邑購備

釀酒喂猪糜穀最甚然邑産包穀十居其八其性逾歲必生蟲民食有餘卽不釀酒喂猪亦不可久貯且販猪他邑可市布棉雜貨以有易無於山氓較便故廃熬之禁祇宜行於歉歲

民間樵採最便開墾旣久荆棘入市皆可易錢然煤山所在多有窮民多以挖煤資生

漁人捕魚灘河難施網罟晝用釣竿夜以繩繫鈎於水或於灘上壘石用笱承流取魚名曰梼叉山水

漲發於洄漩處施罾或以小網縛竿頭取之

獵戶不甚多以山林漸少故

冠禮笄禮民間不行然婚嫁先一日告祖男家坐子弟於客位父兄親爲正席延戚友子弟之未娶者陪飲謂之伴郎女家與女修容設席如坐子弟之儀延戚友室女陪飲謂之伴女似倣冠禮笄禮而爲之

婚不論財聘儀稱家貧富無奢侈習至親迎之禮則有行有不行

喪必延僧道作佛事士流間用家禮

葬亦必擇地然不溺於青烏家時日拘忌之說故無
停喪多年者
祭有祖祠者少令節忌辰各薦酒饌於家
俗重祀神每年正月初九日十五日三月三日九月
九日婦女亦間有朝山者然絶無男女混雜惡習
每歲居民按方社醵金延黃冠於寺觀設壇揚旛焚
香誦經三日至七日不等謂之平安清醮散日以
紙糊竹船於曠野焚之曰攝瘟偶值瘟蝗亦延黃
冠誦經或張燈嬉以禳之
喪家作佛事名曰作齋其作於生前者謂作生齋又

有屠刲爲業覺傷生過多或用祈禱悔從前過惡
皆延黃冠誦經禮懺點燭滿堂名曰然諸天燭
小兒出痘自出者謂之天行醫種者曰放苗皆祀痘
神
鋪戶皆祀財神謂之黑虎元壇趙公明元帥每月初
二十六日祭以酒肉名燒牙祭○按干寶搜神記
散騎侍郎王祐疾聞有通賓者曰今年國家有大
事出三將軍分布徵發吾等十餘人爲趙公明府
叅佐等語疑本此至奉爲財神不知所據
各廟神誕輪年頭派首士屆期醵金作會或演戲或

延僧道焚香誦經其祀神餕餘首事倩人鳴鉦邀
捐錢者廟中飲食謂之散福
立春先一日地方官迎春東郊農官隨行鄉村男女
赴城來觀者如堵鋪戶當街結綵跪獻春酒胥吏
插紙花幘側謂之春花
元日夙興盛服祀家神畢始啓門向外行禮曰出天
方子弟拜家長親友互相拜年廛居者難遍造其
室或用紅紙寸餘或用粉土署名於門客至家中
主人有臥者家人應曰挖窖市無列肆室不掃除
禁水瀉地者三日

初三日昏時祀神曰燒門神紙亦曰送年以白蠟樹
葉合楮錢於街際焚燒作聲曰炸蛇蚤鋪戶隨擇
日開張
初九日謂上九始張燈嬉婦女或於夜間迎紫姑神
謂請七姑娘至十五日乃已
十五日團糯米粉爲丸夜食曰喫元宵燈嬉是夕最
盛以後曰完罷燈
二月初二日按方社醵金祀社神曰作土地會卽春
祈秋報意秋以八月初二日、
十五日曰花朝節幼女穿耳時或作風鳶之戲諺云

楊柳青放風筝

清明節澆墓以五色紙幡插壟頭謂插青

四月初八日以紅紙二條書俚語四句交斜相連貼於墻壁謂嫁毛娘因是日僧家浴佛賫佛號以辟蟲毒

五月五日懸艾蒲門外貼僧道所印送張真人馭虎符於室中食角黍鹽蛋飲雄黃酒以雄黃塗小兒耳鼻云辟百毒爗艾蒲暨百草湯浴身又以雄黃酒并蒜汁遍洒戶壁間辟蛇蟲或捕蟾蜍以墨入其腹中倒懸一足俟乾取出治腫毒有驗

六月初六日曬書畫衣物

中元日謂之過月半具酒饌祀祖用紙封楮錢名包袱上塡祖宗考妣姓名祭畢焚化較他時祭奠更虔曰年小月半大或醵金寺觀作盂蘭會

中秋夜家人具酒設餚陳瓜果餡餅賞月或竊入他人園中摘瓜一枚謂摸秋以鼓樂導送戚友爲宜男之兆

重九日士流飲酒賞菊登高覽勝

十一月稱冬月冬至日後以九日爲一九疊至九九謂之數九天

十二月稱臘月初八日爲臘八日幼女亦穿耳用鹽漬脯曰臘肉盎貯水曰臘水經三春不壞

二十四日曰過小年先期掃舍宇二十三日夜具餳果祀竈竈中點燈曰送竈神上天

除日更春帖具酒饌祀神家人團聚共食曰團年飯家中器具用紙錢貼掛晚送紙燈於先人墳壟夜深復祀竈神謂竈神是夕下界飯兼數日之炊曰過年飯浴身曰洗隔年塵亦曰洗邋遢子弟拜家長曰辭年親友饋送曰朝年擊鼓鳴鑼曰鬧年以錢繫小兒身曰壓歲錢徹夜不寐曰守歲

土戶田覃二姓土司時於除日前一日祀神過年今多仍之

按宗懍荆楚歲時記自元日至除日凡二十餘事大抵三戶之俗相類而未盡其詳揚雄懷鉛提槧作方言則盡乎天下矣周處風土記應劭風俗通亦據此成書不出戶而異方殊域皆得以周知此作邑志者所必分載也亦惡可以不文置之哉

鶴峯州志卷之七

物産志

民生在勤勤則不匱邑民勤者多匱者亦多蓋以山峻土瘠物産不饒故也物以能病其生土以珍病其民邑無珍奇異産生其間者服田力穡而外庶免徵取之困焉是其匱也乃吾民所以爲不匱歟志物産

穀類

稻　粳者呼爲黏穀一呼秈穀黏者呼爲粳穀其分種視田之高下爲準又旱稻種旱地亦有秈

粳之別

包穀　一名玉黍又名玉米粟種亦分高低色有黃白二種間有雜紫色者邑人以此爲正糧

大麥　無芒者呼爲米麥

小麥　低處種之不宜高處

燕麥　宜高處種

蕎　有甜蕎苦蕎伏蕎各種

高粱　種來自蜀故一呼蜀黍秸可爲帚

黍　殼色黑米有黃白二種

豆　大者有黃豆黑豆畫眉豆綠豆茶色豆之分小者爲綠豆牗豆一呼滚豆小豆一呼飯豆又有豇豆豌豆剎豇麥豌扁豆蛾眉豆金豆一呼四季豆

芝蔴　有黑白二種又有圓粒者名蘇麻可食亦可榨油不多種

粟　有芒者呼秋穀無芒者呼粟穀亦分秈粳

捼粟　葉莩俱似莧

龍爪粟　穗似龍爪紫色

蔬類

白菜　有黃芽白箭簞白油白各種

青菜　有鐵皮青春不老一名九斤梡

苦菜　一呼苦蕒

莧菜

蘿蔔　有紅白二種

萵蕒　莖粗者呼萵笋

蒝荽

茼蒿　野生者曰甜蒿水邊生者曰蔞蒿不多有

芋　俗呼芋頭有水旱二種又一種磨芋可磨如豆腐

芹　有家芹野芹之分

地蠶　俗呼地牯牛亦呼天螺螄
韭　葱　蒜　薤
蕓薹　欝香菜
芥藍
藤菜　葉可食子有汁紫赤色俗呼染汗子
陽合　葉似薑根似百合色紫味辛
菠菜　俗呼扯根菜
茄　有赤白二種或圓或長
蕹菜　俗呼甕菜
番椒　俗呼海椒一呼辣椒一呼廣椒

瓜類
冬瓜
南瓜　一呼北瓜
苦瓜
黃瓜
瓠　有甘苦二種
壺盧　有甘苦二種
絲瓜
金瓜
銕瓜　有稜宜高處種

果類
梅　桃　杏　梨
胡桃　俗呼核桃
李　有麥李骨李桃李苦李之分
櫻桃　蒲桃　山谷中自生味不佳
銀杏　俗呼白果
柹　小者浸汁可染傘扇
枇杷　石榴
枳椇　俗呼拐棗
柑　大者皮皺俗呼皺皮柑一呼獅頭柑

橙　種來粤東不多有
橘　州城産者味甜於柑有一種小如彈者酸不
可食
柚　味酸種來粤東者可食
香櫞
栗　大者爲板栗小者錐栗猴栗又橡栗可研粲
如豆腐
羊桃　一名獮猴桃野生
木瓜
八月爹　一名八月瓜形似皁角野生

花類

蘭　蕙　梅　蠟梅　牡丹　芍藥
桂　海棠　秋海棠　罌粟　菊
洋菊　萬壽菊　藍菊　石榴　玫瑰
薔薇　荷　水仙　木槿　剪春羅
十姊妹又呼七姊妹　玉簪紫白二種
月季　俗呼月月紅
繡毬　藤本者爲洋繡毬
梔子　鳳仙俗呼指甲草
木香　雞冠　火蝴蝶

老少年　俗呼變葉
蜀葵　俗呼裹梅一呼五月菊一呼龍船花即一丈紅
美人蕉　金銀花　木芙蓉
紫薇　俗誤呼紫荆
山丹　俗呼野百合
夾竹桃　山茶　千日紅
夜合　一名百合
石竹　俗呼剪絨花
洛陽花　俗呼十樣錦

荷包花　一呼荷包牡丹
映山紅　雞蛋黄　金絲柳
蝴蝶花　俗呼扁竹根

草類

茅　有獅茅巴茅二種可蓋屋亦取爲薪
藻　萍
魚腥草　一名狗腥草歉歲可和飯
奶漿菜　可作蔬
虎耳草　車前草
豆瓣菜　歉歲可和飯

夏枯草
蓼　俗呼蓼辣子可造酒麴或毒溪魚
地米菜　野蔬
燈心草　馬鞭草　通草
蕁麻草　有毛螫人
香根　作嘔酒麴
蘭莖薹　枝條略似蕨亦似貫衆初生時莖如蘭故名味肥美可食
芭蕉　階前草　艾
蒿　種類不一歉歲葉可和飯

九里光
打不死　可治痨傷
火靈芝　俗呼伸筋草又呼過山龍
四月黃　一呼黃花菜可和飯
婆婆針　歉歲亦可食
淡竹葉　可作蔬
水麻　可飼猪
土芙蓉　可固垣堤葉可糞田故呼爛泥巴葉
鳳尾　爛草　毛蠟燭
冷草　可飼猪

萬年青　狗尾草
粳米菜　嫩葉可作蔬
野蒜　似薤可作蔬
崖蒜　一呼天蒜又呼老鴉蒜歉歲可食
鷺兒腸　可作蔬亦可飼猪

木類

松　柏　梓
杉　又有洗杉一呼牛尾松
冬青　即萬年青又呼凍青
楠　又一種臭者名雞屎楠

椿芽　香可食又一種臭者皮可入藥
楓　樟　白楊　黃楊　梧桐
槐　邑初無此木前牧吳煥彩自山東攜子植州堂前今成大樹
凍綠皮　可染有銀青樹一種與之相似
桑　邑不飼蠶故不甚多
柘　椶櫚　桐
椰　皮作條香
構　皮可搗爲紙
烏臼　俗呼爲木子其油呼木油

油茶　子可爲油昔人以爲南油俗呼茶油
杪欏　楸　檀　樺　馬鈴光
楊柳　種類不一
漆　又有野生者
皂莢　俗呼皂角厚者呼肥皂瘦者呼柴皂
尖栗　花栗　黃栗
香果　鴨掌木

按草木類不識名者尚多以待博雅採入

竹類

慈竹　俗呼叢竹

斑竹　紫竹　苦竹　筀竹　篁竹

水竹　錡竹

冷竹　可作紙

箬竹　俗呼爲𥳑竹

藥類

黄連　生崖上土司時作貢今不易得

何首烏　有赤白二種白者少

黄精　貝母　獨活

杜衡　又名馬蹄香人呼爲馬蹄細辛

藁本　射干　薄荷

紫蘇　以州署後圃産者爲佳

牛膝　王不留行一名金盞銀臺

石菖蒲　水菖蒲

海金沙　俗名竹園荽

茜草　羊蹄又名牛舌菜

骨碎補　俗呼巴山虎

惡實　石胡荽

枸橘　俗呼銕泥巴果

女貞子　即白蠟樹實

石斛　土名吊蘭花

官桂　大薊小薊　穀精草　香薷

括樓　俗呼瓜蔞一呼燈姑蔞

天花粉　即括樓根所搗

萹蓄　覆盆子

沙參　俗呼奶漿菜

升麻　澤蘭　草烏頭　天南星

赤土茯　黄藥子　白藥子

鱧腸　又名旱蓮草

石葦　又名石皮　白及

崖防風　貫衆　淫羊藿

蓖麻子　五加皮　青箱子

桑寄生　以他木寄生桑上者良

山藥　厚朴

黄柏　邑有山稅開墾日久不多産

蒼耳子　苦楝子

畢澄茄　俗呼山胡椒又呼木薑子

蒲公英　茱萸　枳實　枳殻　地膚

常山　黨參　天麻　三七　威靈仙

續斷　一名屬折一名接骨

豨薟　木賊　鍾乳石　桑白皮

穿山甲　陀僧　青皮　陳皮
蜜蠟　蜂房　蜜
文蛤　即五倍子
土萆薢　俗呼木笋薹一呼龍鬚菜
獺肝　鹿茸　牽牛　百部　紅花
細辛　土人有馬蹄細辛之名其實葉似馬蹄者
爲杜衡
枸杞　香附　芡實
花椒　即川椒
薏苡　俗呼穿骨子

小茴　滑石　硫黃

鳥類

鶏　錦雞　吐綬雞　四兩雞　秧雞
鵪鶉　鴿　雀
杜鵑　俗呼陽雀其聲不如歸去
百舌　即反舌
竹雞　其聲泥滑滑
鶯　俗呼黃歌郎
鸛　俗呼瓦去聲子
鳩　種類不一俗皆呼斑鳩

啄木　俗呼啄木鸛
鸜鵒　一名八哥
鴉　鵲　鷹　鷂
山喜　俗呼山爹子
鷺鷥　俗誤呼白鶴
鴗　俗呼打魚老翅有翠
伯勞　即鵙俗呼苦雀
鴟　俗呼猫兒頭
鸕鷀　捕魚者俗誤呼鷺鷥
布穀　俗呼麥枯鳥

立夏雀　立夏節鳴土人謂其音云蚊蟲捉了就走又云文章做得可好未詳實爲何鳥俗謂之立夏雀
白頭翁　畫眉　燕　點水雀　紅嘴雀
梟　俗呼野鴨
伏翼　即蝙蝠俗呼簷老鼠
鶩　即鴨　鵞　雞

獸類

熊　有猪熊狗熊馬熊無人熊
貛　兎　水獺　旱獺　蝟　麂

麞　麂

猴　懸崖峻壁百十成羣攫食包穀秋成時農人
設法防守或募獵戶除之

一雄　俗呼爲倒鼻猴

武馬　即野馬

豪猪　有重至二三百觔又一種小者呼爲土猪

山猋　俗名古末詳按說文狠似犬銳頭白頰高
前廣後埤雅狠犬如犬青色作聲諸竅皆沸善
逐獸今山猋形狀頗似之

鼠　松鼠　竹鼦

鼬鼠　俗呼黃鼠狼

鼯鼠　俗呼飛生子　猫　豕

犬　羊　牛　馬　騾　驢

鱗類

白甲　一名石鯽魚之佳者

陽魚　冬藏春出新崩以下無

山精　紅翅多刺

鯉　鯽　青魚　鮎

鯇　即草魚堰塘中畜溪河無

線鰱　亦畜堰塘

鯾子　即魴魚

青椰子　多刺

油骨子　多脂質小味腴

刺公頭　多刺無鱗味不佳

岩爬魚　小魚爬石上者

黃岩骨　脊刺一條味腴無大者

鰍　白鱔　黃鱔

哇哇魚　似鮎有四足聲如小兒按本草鯢魚一
名王鮪在山溪中似鮎有四足能上樹天旱則
含水上葉覆身鳥來飲因而取之一名䱱一名
人魚膏然燭不滅疑即此魚俗一呼辣狗

介類

龜　不多有

鱉　俗呼脚魚不多有

蟹　小不中食

蝦　生草澤中小不中食

蚌　質小無採食者

螺螄　生塘澤中無大者

蟲類

蛇　不一種

蝘蜓　俗呼爲四脚蛇

蜈蚣　蜣蜋　螟蛉

螻蛄　俗呼爲土狗

叩頭蟲　俗呼打卦老

蚰蜒　俗呼爲馬黄

乾柴棒　最毒能傷人

竈蟲　一名竈雞其稍大脚長者名竈馬俗言竈有馬爲足食之兆

蟾蜍　居陸地俗呼爲癩蝦蟆

蛙　俗呼田雞

蝦蟆　水陸俱有

崖蚌　生溪澗中然火取之

蚱蜢　螳螂

蟬　俗呼貴牙齒

蜂　蜜蜂外有土蜂黄蜂

飛蛾　蝴蝶　蜻蛉　蜘蛛

蟻　俗呼馬蟻

蠅　俗呼青蠅爲飯蚊蒼蠅爲絲蚊

蚊　俗呼夜蚊

蠹魚　生衣箱及書函中

蟋蟀　俗呼爲區區

螢　俗呼爲亮火蟲

蚿　俗呼爲千脚蟲一呼稱桿蟲

鯽魚蟲　生刺樹幹中狀似僵蠶隨晨昏易其處喉舌緊急風火取塗有效又小兒出痘用爲表藥俗呼其樹爲牛王刺

斑斑蝥　蚯蚓　偷油婆　紅娘子

土蠶　蛀包穀暨烟草根用灰糞點種則無

蝸牛　草鞋板

雜産

礦　銅礦鉛礦曾經試採旋奉封禁銕礦亦未開

茶　世述錄稱神仙園陶溪二處茶爲上品今查各處所産無甚分别

烟草　茶油　桐油　煤

藍　不多有

紵麻　低處歲三刈高處再刈

葛粉

蕨　嫩莖爲蔬根可搗粉歲歉民以代米糧

硝　磺　二種皆由州領價採辦

竹麻紙　出高山産冷竹處

金針　野生

菌　有香菌凍菌黃絲菌獅毛菌重陽菌凉傘菌包穀菌羊肚菌灰包菌雞冠菌各種

木耳　石耳　竹笋　山藕

陽芋　似芋紫色邑高荒土瘠民人多遷徙近十餘年來得此代糧并以飼猪雖遇歉歲可無大虞

紫草

按州屬田土苦窳生殖不饒山林之產惟茶利最厚次則飼猪種烟販出外境藉通泉貨篇內所載如藥材雜糧可遠攜者皆以開墾日久漸就銷耗又地不產棉人弗知織力田作苦外復少習百工之業而生計所需如布購自荆澧鹽運自夔巫道里險遠售價必倍一遇水旱不時則懸罄之嗟十室而九固由物產凉薄所致亦人工之興作有未盡也莅斯土者欲使家樂阜盈人免凍餒其道固非易易矣

鶴峯州志卷八

祠祀志　寺觀附

秩祀之廟與佛老之宮異而
國家馨香至治懷柔百神蓋錯處於山陬海澨矣鶴邑春秋常祭悉如典制固官師之所駿奔而虔祀者也他如墉山塹水舊建新修亦有寺觀所莫敢廢者迹其肸蠁焄蒿之誠若可以庇良善而怵暴橫焉斯亦神道設教之意也志祠祀

社稷壇在州城東門雍正十三年知州毛峻德建每歲春秋仲月上戊日致祭

祭品

帛二黑色　羊一　豕一　鉶一　簠一　簋一

籩四　豆四

乾隆九年奉頒祭文云惟
神奠安九土粒食萬邦分五色以表封圻育三農而蕃稼穡某恭承守土肅展明禋時屆仲春秋敬修祀典庶丸丸松柏鞏磐石於無疆翼翼黍苗佐神倉於不匱

風雲雷雨山川壇在州城南門外雍正十三年知州毛峻德建每歲春秋仲月上戊日與城隍同祭其

位以風雨雷雲居中山川居左城隍居右祭品與
社稷壇同
乾隆九年奉頒祭文云惟
神贊襄天澤福佑蒼黎佐靈化以流形生成永賴秉
氣機而鼓盪溫肅攸宜磅礴高深長保安貞之吉
憑依鞏固實資捍禦之功幸民生之殷盈仰神明
之庇護恭修歲祀正值良辰敬潔豆籩祗陳牲幣
先農壇在州城東門外雍正十三年知州毛峻德建
每歲仲春亥日致祭祭畢舉行耕耤禮文武官吏
穿蟒袍農夫駕牛印官行九推九反禮耆老捧青

箱捕銜播種
祭品與山川社稷同惟用帛一色白
乾隆九年奉頒祭文云惟
神肇興稼穡粒我蒸民頌思文之德克配彼天念率
育之功陳常時夏茲當東作咸服先疇洪惟九五
之尊歲舉三推之典恭膺守土敢忘民勞謹奉彝
章聿修祀事惟願五風十雨嘉祥恆沐於神庥庶
幾九穗雙岐上瑞頻書於大有
常雩始於乾隆九年每歲孟夏遴頒擇日在先農壇
合祭山川社稷與雲致雨之神

祭品與山川社稷同惟用帛五俱白色
乾隆九年奉頒祭文云某恭膺詔命撫育羣黎仰
體 彰廷保赤之誠勸農勸稼俯爲蔀屋資生之
本力稼力田令甲是頒肅舉祈年之典惟寅將事
用昭守土之忱黍稷惟馨尚冀明昭之受賜來牟
率育庶俾豐裕於蓋藏
勾芒神於立春前一日用土牛春花迎春東郊致祭
至本月祭勾芒神畢行鞭春牛禮
厲壇在州城北門外雍正十三年知州毛峻德建每
歲清明日七月望日十月朔日迎請城隍之神至

壇主祭以享無事鬼神先期備牒移告城隍弔祭
孤魂以彰祀典
祭品
羊一 豕一 羹飯 香燭酒紙衣襲隨用
城隍廟在州城西門內雍正十三年知州毛峻德建
嘉慶二十四年知州吉鍾穎重修
龍神祠在州城南門外原爲土司三義祠乾隆五十
年知州楊樹本改建嘉慶二十年邑人徐光表等
倡重修
關帝廟在州城南門外 神像係土司舊奉廟亦原

基歸流後仍之每歲春秋仲月遵頒選擇日期暨
五月十三日誕辰致祭
春秋祭品
帛一色白 牛一 羊一 豕一 籩十 豆十
五月十三日祭品
帛一色白 牛一 羊一 豕一 果五盤
乾隆九年奉頒祭文云惟
帝浩氣凌霄丹心貫日扶正統而彰信義威震九州
完大節以篤忠貞名高三國神明如在徧祠宇於
寰區靈應丕昭薦馨香於歷代屢徵異蹟顯佑羣

生恭值嘉辰遵行祀典筵陳籩豆几奠牲醪
關帝曾祖光昭公祖裕昌公父成忠公祀於後殿殿
原係土司舊建觀音庵三公神主奉於其中嘉慶
四年邑人喻文太等倡首併建觀音庵於百斯庵
而後殿始專奉三公神主每歲祭期與
帝同道光二年知州吉鍾穎修葺
春秋祭品
束帛一色白 羊一 豕一 籩八 豆八
五月十三日祭品
束帛一色白 羊一 豕一 果各五盤

乾隆九年奉頒祭文云惟 公世澤貽庥靈源積
慶德能昌後篤生神武之英善則歸親宜享尊崇
之報列上公之封爵
錫命優隆合三世之羣禋典章明備恭逢諏吉祗事薦
馨
文昌廟在州城西門內 神像係土司舊奉原祀南
門外之百斯庵乾隆四十五年邑人移奉於九峯
書院嘉慶七年奉文致祭而無專廟嘉慶十五年
邑人洪繼周劉正性部生榕洪先裁謝景安于自
貴陸光武等倡首勸捐始建今廟每祭春秋仲月

初三日致祭
祭品與 關廟春秋祭同
嘉慶七年奉頒祭文云惟
神蹟著西垣樞環北極六匡麗曜協昌運之光華累
代垂靈爲人文之主宰扶正久彰夫感召薦馨宜
致其尊崇茲屆仲春秋用昭時祀尚其歆格鑒此精
虔
文昌神先代祀於後殿每歲祭期與神同
祭品與 關廟春秋祭同
嘉慶七年奉頒祭文云祭引先河之義禮崇反本

之思矧夫世德彌光延賞斯及祥鍾累代炯列宿之精靈化被千秋綿人文之主宰是尊後殿用荅前庥兹値仲春秋肅將時祀用伸告潔神其來歆

新關廟在州城北門內原爲馬王廟乾隆三十年闔營官弁兵丁改建

斗姥閣在州北門內土司舊建今廢

福田寺在州城西門外土司舊建乾隆五十年間邑人洪繼周喻文奇李林安等倡首勸捐重修

報恩寺在州城西門外土司舊建原位南面北向乾隆五十三年大水沖塌邑人洪繼周喻文奇等移併於福

田寺東

百斯庵在州城南門外土司舊建嘉慶初年間邑人喻文太洪繼信等倡首勸捐重修

萬壽宫在州城南門外乾隆三十年間江西人公建

四官廟在水寨土司舊建

紫雲宫在紫雲山土司舊建

龍王廟在細柳城

杉樹觀在天台山土司舊建

關帝廟在三路口

朝陽觀在南府

關帝廟在五里坪基地係裁缺州同署舊址

潮水寺在山羊隘

五穀廟在山羊隘

回龍閣在千金坪監生劉正新倡捐重修

眞武廟在五星山

關帝廟在太平鎮土司舊建

萬壽宫在太平鎮江西人公建

關帝廟在奇峯關嘉慶八年由州新關廟移奉

泰山廟在茅壩　大神廟在陽河官屋塲

黑神廟在三叉口　玉皇廟在五等頭

金龍寺在金龍山　潮水寺在上陽河

泰山廟在洞長灣　關帝廟在躲避峽土司舊

建　萬壽宫在鐵爐坪

寶善宫在白鹿坡土司舊建嘉慶　年邑人易顯榮

等移建池塘　玉田寺在北佳坪土司舊

建　靈龍寺在巴焦河

金雞廟在三姊妹山左　觀音寺在大典河

關帝廟在走馬坪　關帝廟在青山坪

眞武廟在古城砦　關帝廟在燒巴岩

五里廟在南渡江西山上

文昌閣在百家坪　眞武廟在五龍山
紫金觀在五里坪　太平寺在鄔陽砦關石龍
牿神廟在麻水　永靈寺在所坪尚有古銅鐘
關帝廟在羊角岩　五谷廟在千金坪
觀音岩在麻水　回龍閣在馬頭山
眞武廟在獅象山　眞武廟在河圖山
關帝廟在喬陽坪　玉皇閣在椿木坪
飛身廟在八十畝

廟田附

本城關廟

石車峽佃戶七租銀玖兩弍錢
南府朝陽洞佃戶廿租錢陸千貳百文
桂花橋佃壹租銀弍兩
和氣山佃陸租銀拾兩
毛垻坪佃壹包穀租每年平分
九官坳菜田坡田地價錢柒拾伍千文租錢貳千
肆百文
水沙坪水田一坵價錢壹百零壹千文租穀叁石

本城百斯庵

水沙坪佃戶肆租六穀叁石
紫草山佃戶壹租銀叁兩

城隍廟

東流水佃戶廿租銀玖兩零五分玖釐
板庄坪佃戶廿七租銀拾捌兩
三峯溪佃戶弍租錢弍千壹百文
瓦場坪旱地當價錢十千文租穀陸斗
丁家坡旱地當價叁拾千零伍百文租穀壹石
把路口旱地當價錢貳拾千文租穀伍斗
太平鎮鋪屋當價叁拾兩租錢貳千文
板倉坪旱地當價錢壹百零壹千文租穀壹石

炭場埡李家屋場價肆千玖百文租錢壹百文
五家灣白虎臺沙灣課地一分
河坪旱地價拾貳千文租穀六斗
彬山旱地當價錢肆拾玖千陸百文租錢貳千伍
百文
陽坡旱地當價錢叁拾伍千文租穀肆斗伍升
胡家灣陰坡旱地當價拾兩租穀叁斗
炭場灣白虎臺沙灣價叁拾壹千肆百文佃戶租
錢叁千貳百文

水寨四官廟

古樹灣東西坑佃戶六租銀拾叁兩零六錢

細栁城

廟前後水田每年額租大石拾石

靑水山旱地一處租錢壹千文

石塲坡旱地一處租包穀壹石貳斗

九峯橋唐艮龍施旱地壹處租壹千陸百文

福田寺

報恩寺

本街鋪基佃戶捌租錢玖千捌百肆十文

三元橋水田壹處壹百零捌坵廟僧自種其餘旱

地水田房基佃戶玖租錢叁千四百四十文

鎗桿坪佃戶玖租錢捌千零七文

官山坡佃戶肆租錢叁千壹百廿文

和氣山佃戶陸租錢貳千貳百叁拾六文

七家山佃戶一租包穀貳大石

茅竹山佃戶二租錢貳百肆拾文

芭蕉灣佃戶捌租錢伍千肆百伍十文

梅東灣佃戶陸租錢

文昌廟本城

廟前佃戶一租錢叁千貳百文

山羊溪太平鎮佃戶拾租錢玖千玖百伍十四文

石龍砦太平寺

廟前後水田貳拾玖坵旱地壹處廟僧自種

按邑之有秩祀也固也然其間名山古刹都都相望邑邑相屬逸流快士過其地者風韻松濤鸛鶴來聽淸磬梵唱心骨俱驚豈盡祈福木居士者哉然而淫祀亦不可使狄梁公見也

鶴峯州志卷之九

學校

自古化民成俗必由於學鶴邑草昧初闢前牧毛倡建學宮而書院學署闕焉閱歲既久以次漸興至乾隆五十年士民重葺學宮幷增名宦鄉賢祠以待奉祀蓋所期於長吏師儒者重矣文翁興教而蜀民從風趙德爲師而潮人知學士林從公庠藻固宜爭自濯磨然而型仁講讓使州人皆有所矜式則良有司之董率與鄉先生之化導又曷可少哉志學校

學宮在州治左乾隆元年知州毛峻德如式創建乾隆五十三年邑人洪繼周部泮劉正性龔經德趙學謨劉祚鳳等倡首勸捐重修並建名宦鄉賢二祠於大成門左右

乾隆五年奉頒

御書與天地參額嘉慶六年奉頒

御書聖集大成額道光元年奉頒

御書聖協時中額頒到日敬摹懸掛

大成殿正位

至聖先師孔子舊司奉祀聖像在今城隍廟左乾隆五十五年重修大成殿知州楊扵本率諸生移祀殿中

東配

復聖顏子　述聖子思子

西配

宗聖曾子　亞聖孟子

東哲

閔子損　冉子雍　端木子賜　仲子由　卜子商

有子若

西哲

冉子耕　宰子予　冉子求　言子偃　顓孫子師

朱子熹

東廡先賢

蘧瑗　澹臺滅明　原憲　南宮适　商瞿　漆雕開　司馬耕　梁鱣　冉孺　伯虔　冉季　漆雕徒父　漆雕哆　公西赤　任不齊　公良孺　公肩定　鄡單　罕父黑　榮旂　左人郢　鄭國　原亢　廉潔　叔仲會　公西輿如　邽巽　陳亢　琴張　步叔乘　秦非　顏噲　顏何　縣亶　樂正克　萬章　周敦頤　程顥　邵雍三十九位

西廡先賢

林放　宓不齊　公冶長　公晳哀　高柴　樊須
商澤　巫馬施　顔辛　曹卹　公孫龍　秦商
顔高　壤駟赤　石作蜀　公夏首　后處　奚容
蒧　顔祖　句井疆　秦祖　縣成　公祖句兹
燕伋　樂欬　狄黑　孔忠　公西蒧　顔之僕
施之常　申棖　左邱明　秦冉　牧皮　公都子
公孫丑　張載　程頤（三十八位）

東廡先儒

穀梁赤　伏勝　后蒼　董仲舒　杜子春　范甯
韓愈　范仲淹　胡瑗　楊時　羅從彦　李侗

張栻　黄幹　真德秀　何基　趙復　吴澄
許謙　王守仁　薛瑄　羅欽順　陸隴其（二十三位）

西廡先儒

公羊高　孔安國　毛萇　高堂生　鄭康成　諸葛亮　王通　司馬光　歐陽修　胡安國　尹焞
吕祖謙　蔡沈　陸九淵　陳淳　魏了翁　王柏　許衡　金履祥　陳澔　陳獻章　胡居仁
蔡清　劉宗周（二十四位。）

崇聖祠

肇聖王木金父公
裕聖王祈父公
詒聖王防叔公
昌聖王伯夏公
啓聖王叔梁公

東配先賢

顔氏無繇　孔氏鯉

西配先賢

曾氏點　孟孫氏

東座先儒

周輔成　朱松　蔡元定

西座先儒

程珦　張迪

按歷代褒崇之禮自漢祀孔子於闕里始隋乃命州縣學皆以春秋仲月釋奠唐宋以來因之廟崇王號（唐元宗封爲文宣王始設座像宋真宗加爲至聖文宣王元武宗又加爲大成至聖文宣王）其弟子及從祀諸儒歷代或封公侯伯等爵（元至順間封顔子兖國復聖公曾子郕國宗聖公子思子沂國述聖公孟子鄒國亞聖公）其廟制始於宋太祖詔於廟門立戟十二徽宗加戟二十四元以殿爲大成殿其冕服始於宋徽宗加冕十二旒服九章金世宗大定閒大

成殿服十二章元因之明永樂八年正文廟聖賢塑像衣冠令合古式其祭器無考其祭樂用六佾唐用宮懸宋景祐間始詔上丁釋奠設登歌之樂然施於堂上不施於堂下又不設舞於庭成化加八佾堂上堂下制始備嘉靖九年允輔臣張璁議詔易王號爲至聖先師孔子四配十哲及先賢俱稱子諸儒稱先儒某氏一切公侯伯不復稱改大成殿曰先師廟戟門曰廟門悉撤座像易木主

國朝因之歲以春秋仲月上丁釋奠牲用太牢樂用六佾

從祀考

漢安帝延光三年始祀孔子及七十二子於闕里

唐太宗貞觀二十一年始以左邱明卜子夏公羊高穀梁赤伏勝高堂生戴聖毛萇孔安國劉向鄭衆杜子春馬融盧植鄭元服虔何休王肅王弼杜預范甯賈逵二十二人從祀

宋神宗元豐七年加荀況楊雄韓愈從祀理宗淳祐二年加周敦頤張載程顥程頤封爵與朱熹並從祀景定二年又加張栻呂祖謙從祀度宗咸淳三年加邵雍司馬光從祀

元皇慶二年以許衡從祀

明洪武二十九年罷楊雄以董仲舒從祀正統二年以胡安國蔡沈眞德秀從祀八年以吳澄從祀宏治九年以楊時從祀嘉靖九年去申黨存申棖以黨即棖也其公伯寮秦冉顔何荀況戴聖劉向賈逵馬融何休王肅王弼杜預吳澄俱罷祀林放蘧瑗鄭衆盧植鄭元服虔范甯俱祀於其鄉以后蒼王通歐陽脩胡瑗增入從祀隆慶五年以薛瑄從祀萬歷十三年以陳獻章胡居仁王守仁從祀四十二年以羅從彥李侗從祀

國朝康熙五十一年以朱熹升祔十哲五十五年以范仲淹從祀雍正二年復以林放蘧瑗秦冉顔何鄭元范甯六人從祀增入縣亶牧皮樂正子公都子萬章公孫丑諸葛亮尹焞魏了翁黃幹陳淳何基王柏趙復金履祥許謙陳澔羅欽順蔡清陸隴其二十人從祀冉雍冉耕顓孫師有若增置博士四人乾隆二年復以吳澄從祀三年以有若升祔十哲六年額定位次道光二年復以劉宗周從祀

嘉靖九年詔天下學宮建啓聖祠祀齊國公叔梁紇稱啓聖公孔氏以顔無繇曾點孔鯉孟孫激公宜

配稱先賢程珦朱松蔡元定從祀稱先儒祭期與
文廟同萬歷二十三年以周輔成從祀
國朝雍正元年崇封孔子五代王爵改啓聖祠爲崇聖
祠二年以張迪增入從祀
祝文乾隆九年新頒
惟
有屬
先師德隆千聖道冠百王麗日月以常行自生民所未
文教昌明之會正樂和禮節之時辟雍鐘鼓咸恪薦於
馨香泮水膠庠益致嚴於籩豆今當仲春秋祇率彝

章肅展微忱聿將祀典以復聖顔子宗聖曾子述
聖子思子亞聖孟子配尚饗
崇聖祠祭文乾隆九年新頒
惟
王奕葉鍾祥光開聖緒盛德之後積久彌昌凡聲教所
覃敷率循源而溯本宜肅明禋之典用申守土之
忱今届仲春秋聿修祀事以先賢顔氏曾氏孔氏孟
孫氏配尚饗
祭期
每歲春秋二仲月上丁日

祭品
帛一白色　牛一　羊一　豕一　登一太羹　鉶二
和羹　簠四黍稷　簋四稻粱　籩十白餅黑餅形鹽藁魚鹿脯棗栗榛菱
芡　豆十脾析豚拍鹿醢兔醢魚醢醓醢韭菁芹筍　白瓷爵三
東配祭品
帛二白色　羊一　豕一　每位鉶一　簠二　簋
二　籩八　豆八　白瓷爵三
西配同
東哲祭品
帛一白色　豕一　鉶一　簠二　簋二　籩四

豆四　每位白瓷爵一
西哲同獻官拜位東西各一壇每壇共獻爵三
東廡祭品
帛一白色　豕一　簠二　簋二　籩四　豆四
每位銅爵一
西廡同獻官拜位每廡三壇每壇共獻爵三
崇聖祠祭品
帛五白色　羊一　豕一　鉶一　簠二　簋二
籩八　豆八　每位白瓷爵一
配位

帛二白色　豕首一　簠一　簋一　籩四　豆四

每位銅爵一

兩廡

帛二白色　豕肉一　簠一　簋一　籩四　豆四

每位銅爵一

樂章

迎神奏昭平之章　大春秋尺六哉凡一孔六上子五尺先尺六覺上凡先五尺知六上與凡一天六上地上凡參五尺萬尺六世上凡之五尺師五尺祥五尺徵上凡麟凡一紱六上韻凡一答上凡金尺六絲上凡日凡一月六上旣尺六揭五尺乾凡一坤六上清凡一夷尺六

初獻奏宣平之章　予尺六懷凡一明六上德五尺玉上凡振凡一金尺六聲上凡生六上民凡一未上凡有五尺展凡一也六上大五尺成六上俎五尺豆上凡千尺六古五凡春六上秋六上上五尺丁六上清尺六酒上凡旣凡一載尺六其凡一香六上始凡一升尺六

亞獻奏秩平之章　式尺六禮凡一莫六上愆五尺升上堂堂五尺再凡一獻尺六饗上凡協五尺鼓凡一鏞六上誠五尺孚上凡罍五尺獻尺六肅五尺肅五尺雍六上雍六上譽凡一髦尺六斯上凡彥尺六禮上尺陶五尺樂凡一淑六上相五尺觀六上而凡一善尺六

終獻奏敘平之章　自尺上古凡一在五上昔六尺先上凡民五尺有凡一作六上皮五尺弁上尺祭凡一菜尺六於上凡論五尺思六上樂凡一惟五尺天上凡牖尺六民五尺惟凡一聖上凡時凡一若六上彝五尺倫五凡攸上凡敘尺六至上凡今五尺木凡一鐸尺六

徹饌奏懿平之章　先尺六師凡一有六上言五尺祭尺六則上凡受尺六福五尺四凡一海尺六黌五尺宮上凡疇凡一敢六上不凡一肅尺六禮五尺成上凡告尺六徹五尺毋凡一疎六上毋凡一瀆尺六樂五尺所上凡自凡一生尺六中五尺原六上有凡一菽尺六

送神奏德平之章　鳧尺六繹凡一峩六上峩五尺洙上尺泗尺六洋凡一洋六上景上凡行五尺行五尺止六凡流凡一澤六上無五尺疆六上聿五尺昭上凡祀凡一事尺六祀尺六事上凡孔凡二明六一化尺六我五尺蒸尺六民上凡育凡一我六上膠凡一庠尺六

禮器

篚　爵　坫　登　鉶　簠　簋　籩　豆　牲

盤　俎　毛血碟　饌盤　供案　香鼎　香几

花瓶　燭臺　燭檠　太尊　山尊　犧尊

象尊　雲雷尊　壺尊　尊羃　龍勺　祝版

福尊　胙盤　罍　洗　燔爐　笋　彝　茅沙

池　執爐　提爐　庭燎　盥盆　帨巾

樂器

鎛鐘一　編鐘十六一架　特磬一　編磬十六一架

琴六張　瑟四張　篪　鳳簫　龍笛

洞簫　雙管　笙　塤
楹鼓一　懸鼓一　鼗鼓一　應鼓一
田鼓　搏拊　柷　敔
舞器
麾旛　旌節　籥　翟
贊禮生
康熙二十五年令府州縣學贊禮生應選在學肄業儀表端莊聲音宏亮者補充大學六名小學四名考試時准爲優等仍行報部
樂舞生

文廟舞佾三十六人乾隆五年部議加取四人以備疾病事故更替之用乾隆七年令樂舞生祭丁用生員藍衫雀頂
學額
乾隆二十八年間節經前牧李林署牧吳世賢據邑人劉世顯李靜安向惠年等呈請設定學額通詳各憲乾隆三十一年學政胡召南檄州屬文童於各州縣試畢後隨棚局試因會同督撫咨部請照小學額數歲科試各取入附學生員八名乾隆三十四年前牧方天葆呈送文童赴郡學政戴第元考取如額乾隆四十年額設武學二名
乾隆四十六年學政吳省欽額定廩生四名增生如之四歲貢一人
學署在明倫堂左乾隆三十五年邑人劉世顯等倡首勸捐新建
書院
九峯書院在南門外龍溪橋東乾隆十九年知州李林籌項二百六十餘兩又邑人向鳳舉捐銀三十兩新建館師修銀每年三十二兩內赴藩庫請領十六兩又十六兩於學租內支送

五里坪書院乾隆十九年知州李林籌項新建館師修銀每年十六兩赴藩庫請領
北佳坪書院乾隆十九年知州李林籌項新建館師修銀與五里坪同原建在劉家司地甚荒僻嘉慶七年屆已傾圯邑人部泮易顯榮田文斗田周南等呈請倡捐重修改移今地
儒學田租
王家坪佃戶二共稻穀六斗八升
學署旁佃戶一租錢四千文
水田與佃戶二租銀二兩五錢

七丈五佃戶二租錢八百五十文
又佃戶一租銀五錢二分五厘
官荒坪佃戶二共租銀二兩八錢七分五厘
落龍潭佃戶一租包穀三斗
黑水潭佃戶二租銀二兩五錢
椿木坪佃戶二租銀九錢六分
鄭家洞佃戶三租銀一兩七錢
百順橋佃戶一租銀九錢二分
田家窩坑佃戶一租銀七錢
舊塘嶺佃戶一租銀二兩

九十九路佃戶一租銀八錢
半邊城佃戶一租銀五兩六錢三分
梓木灣佃戶三租銀一兩五錢五分
踏梁村佃戶三租銀一兩三錢
營房坪佃戶九共包穀一石零一升
又佃戶十共租錢四千五百二十文
車家溝佃戶二租錢五百文
假岩頭佃戶一租錢一千文
又佃戶一租銀三錢
猪圈峪佃戶二租銀九錢五分

又佃戶一租錢六百文
鏰匠營佃戶二租錢七百文
巴子山佃戶二租包穀四升
湘溝佃戶一租包穀五斗
以上共租銀二十五兩二錢一分租錢一十二千一百七十文稻穀六斗八升包穀一石八斗五升

按學租原額租錢七十餘千由州徵收每年撥出錢十五千文爲書院膏火後因田土荒廢缺額前牧吳煥彩移歸儒學經管酌發膏火並看守　文廟門斗飯資茲據現在實數開載內學署旁地一處

係生員劉漢瓚嘗業乾隆五十九年捐歸學署嘗經監生洪繼周部泮提出公項十六千文找給原業主另立賣契繳學

按天下不可一日無政教人不可一日而無學學校之設所以培人材厚風俗也原伯魯不悅學周之所以亂也子產不毁鄉校鄭之所以治也自後世學不務本而專事舉業剽竊雷同殆儒其名而蹠其行者歟

鶴峯州志卷之十

兵防

兵可百年不用不可一日不備方前明嘉靖時嵩長田九霄從胡宗憲征倭屢立戰功何壯也及當崇禎十三年楚撫方孔炤調容美土司兵增當陽遠安戍非其地久尙武功哉顧土司藉民爲兵祗資其獷悍果敢之氣

國家養兵衛民必定其征防守衛之法衛昌營實轄鶴樂二邑而鶴爲川楚扼要故作營治焉厥後兵額遞減而營制如昔蓋以險隘宜防故也州歸流八十餘載而吾民日安耕鑿無烽燧之警有由也

夫志兵防

設營源流

衛昌營原係藝陵鎭右營容美土司歸流後改藝陵鎭爲宜昌鎭并改右營爲衛昌營移設鶴樂二州縣雍正十三年原額兵丁七百名乾隆十六年奉文裁撥六名歸德安營添補塘汛又二十四年奉文裁撥六名歸安陸營添補塘汛又四十七年奉文裁撥養廉六十六名公費二十一名刪除名糧名色改支正項又嘉慶二十年奉文裁減五十名現在兵額五百五十一名內除外委四員額外一員外實兵五百四十六名

營員

遊擊一員駐州城

守備一員原駐防長樂縣之灣潭乾隆三十三年移駐州城以存城千總一員移駐灣潭

把總三員一駐州城一駐奇峯關一駐五里坪

外委四員一駐州城一駐鄔陽關一駐山羊隘一駐北佳坪

額外外委一員駐州城

又千總二員把總一員俱分防長樂

兵額

馬兵五十七名內弓箭五十三名鳥鎗四名戰兵六十二名內弓箭二十六名鳥鎗三十二名籐牌四名守兵四百二十七名內書識二十一名弓箭七十七名鳥鎗二百九十二名籐牌二十一名炮手一十六名

以上總共五百四十六名除分防長樂塘汛兵丁一百七十一名外所有州屬存城暨分防塘汛兵丁名數列左

存城兵丁二百二十六名
東路塘汛兵丁二十三名內涼水井五名石龍洞
五名燕子坪五名三陡坪四名百順橋四名係
存城把總外委分防
西路塘汛兵丁三十二名內太平鎮五名奇峯關
十四名三岔口四名大崖屋四名馬蕉坪五名
係奇峯關把總分防
南路塘汛兵丁四十九名內茶店子四名柘潭坪
五名五里坪十四名三路口五名白果樹五名
牛角尖四名山羊隘十二名係五里坪把總與

山羊隘外委分防
北路塘汛兵丁四十五名內水沙坪五名北佳坪
十名劉家司四名係北佳坪外委分防高橋四
名鄔陽關十四名雲霧村四名樓角四名係鄔
陽關外委分防
以上共兵丁三百七十五名
經費
官兵俸餉每年兩季兼請回營存貯州庫於季初
移取包封會同支放
兵米春夏二季按月赴州倉支領南糧米秋季支
領本色米冬季支折色每石折銀七錢赴糧道
衙門請領再本營稻穀稀少米價昂貴寬給銀
三錢赴藩司衙門請領
營中公費每年額領銀二百六十二兩九錢四分
本營兵丁紅白事件惠濟銀兩每年兩次赴藩司
衙門領銀共二百二十兩存貯白事給銀五兩
紅事給銀三兩
額設操馬六十二匹每年每匹支草乾銀十兩零
二錢每年報倒一十八匹請領馬價銀二百三
十四兩隨倒隨卽買補

軍器局在州城後山北門內內貯花鐵盔甲六十
二副棉鐵盔甲一百七十二副素鐵盔甲三百
二十一副籐牌二十五面牌刀二十五口虎衣
帽褲鞋二十五副劘刀一十九口大銅礮二尊
（一尊重三百八十斤一尊重三百七十八斤係土司舊鑄）馬蹄礮三位（土司舊鑄）
劈山礮一位過山鳥一位子母礮三位金蟒大
旗十二面金蟒小旗十二面紅旗十二面戰箭
六千一百一十支步弓五十八張鳥鎗三百五
十九桿腰刀五百二十六口帳房六十九籠單
堂屋六十九個鑼鍋六十九口鐵鍬鋤各六十

九把鉞斧五百七十五把長矛二十四桿撒袋一百四十七副鐵鑿子二斤九兩大小鐵礟子五百五十斤鉛子七十四斤十兩寬刀劍刀十口號帽四百零六頂號褂五百八十件號袍三百四十八件盈餘劍刀一十一口

葯局在軍器局之上內額貯預備三年火葯五千三百二十八斤操演缺額赴藩司衙門請領硝磺配造又貯預備三年鉛彈五千三百二十八斤打靶後遵照檢七銷三之例核發所有缺額差目赴漢鎮買黑鉛回營製造

州城四門每門設堆卡一處又分布塘房二十五處每處大小木牌二面木架一座木棍四根長矛二桿鈎鐮鎗二桿銅鑼一面又每塘塘旗一面

額設救火激筒一乘號旗一桿號衣二十四件雙鬚火鐵鈎四桿銕鋸二把銕斧二把銕錨一口麻搭四桿雲梯二乘水桶四擔吊桶二個潑桶四個

按善守者藏於九地之下此言兵防不可不深也假如蜀以一旅阨陰平則鄧艾不可以坐縛哉

鶴峯州志卷之十一

職官表

州有簡要官有能否鶴峯設流之初爲要缺後改簡而期於報最績傳循聲則一也州長而外有教職有佐雜有營弁供職則有庸曠官則無濟自來郡邑志皆列職官姓名不專以爲榮也亦寓箴戒意焉當前牧輯志時職官無多今以次續載若干人爰標其班途里居及其大概著於篇其有功德於州者别立名宦傳俾覽者指而目之曰某也賢某也才某也素餐而尸位其亦前事之鏡也夫志

職官

文職官表

	雍正十三年	乾隆二年	六年	七年	八年	九年	十年	十一年
知州	毛峻德 順天良鄉監生 有傳			黃袞 直隸真定舉人 署	鹿聰豫 安徽阜陽貢生		胡式璟 鑲白旗漢軍監生	
州佐	繆鵬起 順天宛平監生 州同；王都 順天大興監生 州判			高和 福建閩縣貢生 州同	王曜 山東濟南監生 州判	林容 福建連城副榜 州判		
訓導								
吏目	胡藩 浙江會稽吏員							沈錦 江蘇
巡檢	呂存芳 順天大興吏員	曹煜 江蘇長洲吏員	姚昜 順天大興吏員		朱縉 江蘇上元吏員			周寅坤 浙江

		十二年	十三年	十七年	十八年	二十一年	二十三年	二十五年	二十七年
				岑映奎 廣西陵雲貢生 署	李林 順天大興監生 有傳		姚丙 江蘇丹徒舉人 署		
			翁光岳 浙江仁和監生 州同			連頤山 安徽阜陽監生 州同；顧夔 江蘇長洲監生 州判	張光垾 湖南湘鄉副榜 州判	馬霖 陝西長安監生 州同	
	元和監生	郭成詩 陝西華州監生		施元愷 安徽青陽監生 恤獄愛民 輿情浹洽 調補隨州吏目					
	仁和吏員								胡國梁 順天

二十八年	二十九年	三十年	三十一年	三十三年	三十五年	三十六年	三十八年
	馬霖 州同署	吳世賢 江蘇奉賢進士有傳	方天葆 浙江奉順拔貢有傳				劉文達 四川南谿舉人署
王豫 山東諸城監生署州判	趙廷璧 順天大興吏員署州同	許青錢 廣東普明監生州判			崔爾堂 鑲紅旗漢軍官學生州同	王承輝 廣東番禺舉人州判	是年州同缺裁以後表內俱係州判故不
				徐在炎 蒲圻舉人由長陽訓導改授邑訓導始此		黃道配 安陸歲貢	
						陳泰 江西金谿吏員有傳	
大興監生					祝崧泰 直隸滄州監生		

三十九年	四十年	四十一年	四十二年	四十三年	四十四年	四十五年
徐堅 江蘇元和貢生	楊大烈 州判署	張介禧 山西浮山監生署	梁植 廣東順德舉人	蔡述譢 湖南華容舉人		蕭先達 廣東
分註 鄭思全 直隸豐潤舉人	楊大烈 陝西咸陽監生		周連元 直隸新河拔貢		王蕙元 鑲白旗漢軍監生	馮體曾 直隸
			張天堉 江夏拔貢署	王大愷 石首歲貢		
李玉衡 浙江海鹽監生署	胡光薰 江西廬陵監生	逯超羣 河南	河內監生署	何剛中 順天宛平監生署	熊達諭 江西石城監生	

始興貢生 署
清豐貢生

四十六年　雷應方 山西 平遠廉貢潔已愛民未期歲以終養乞歸
任安邦

四十七年　徐運彩 河南 光化舉人 署

四十八年　劉元鼎 直隸 高陽舉人 署
吳煥彩 福建 南安進士 有傳
俞　榕 江蘇 鎮江監生

四十九年　劉承銓 江西 長盈監生
萬善傳 安陸 舉人 署

五十年　洪成鼎 應山 舉人

五十一年　劉永華 湖南 益陽舉人 署
舒正載 湖南 溆浦拔貢
王　燾 江蘇 震澤監生 署
王景邕 四川 巴縣拔貢 署

五十二年　楊樹本 浙江 桐鄉副榜
蕭文鉦 福建 尤溪拔貢

五十四年　楊廷煥 江蘇 陽湖監生

五十五年　朱掄芳 直隸 肅寧舉人 署
鄧夢潔 天門 歲貢

五十六年　何學青 廣東 番禺舉人 署
黃　銓 保康 歲貢

五十七年　劉光俊 江西 廬陵監生 署

五十八年　蕭文鉦 再任
張定模 當陽 歲貢 署

程　現 江西 永豐吏員
錢聲達 浙江 會稽吏員

五十九年　茹宗培 順天 密雲拔貢 署
薛名臣 均州 歲貢任未久病故因匪亂路阻櫬不能歸邑紳衿醵資葬於北門外有墓碑

嘉慶二年　楊樹本 回任
沈思銑 浙江 餘姚監生
陳文禧 應城 舉人工制藝課士有方後右臂病痺以左手削改課卷諸生服其精細旋告歸

年					
四年					陳大松 江蘇吳縣監生署
五年			鄧膺垣 松滋廩貢署		
六年		余逵思 湖南平江監生署	胡攀龍 黃梅舉人學業博雅課士諄詳裁取廣西思恩縣知縣	袁道亨 江西	
七年	秦樹松 廣西陽朔舉人署	王惟球 浙江麗水拔貢調補隨州			
九年		州判 彭之材 江西宜春拔貢			李元 順天大興吏員
十年	張增齡 江西新淦舉人署				
十三年	范繼昌 順天宛平吏員	呂師讓 江西豐城監生	司效徽 竹谿拔貢署		
十四年	劉運浩 湖南巴陵舉人署				
十五年	杜如錦 河南原武舉人			鍾城 順天宛平監生署	

年					
十六年	劉運浩 復署			陳錫鎮 福建順昌監生	
十八年	王惟球 由隨州州判調		干廷植 廣濟舉人		余逵思 湖南平江監生
十九年	董惟堉 直隸豐潤吏員署	胡宗李 江蘇常熟監生署			
二十年		林廷翰 浙江鄞縣廩生			
二十二年	吉鍾穎 江蘇丹陽進士		蕭琴 漢陽優貢		
道光二年				張泳孟 四川巴縣監生	葛文鑄 安徽滁州附貢

武職官表

	遊擊	守備	千把
雍正十三年	王鎮維直隸真定人	彭文炤福建人	馬中德東湖人千總 樊超四川人把總 張祥東湖人把總 趙玢穀城人把總 雷戎東湖人把總
乾隆三年	姜啓周湖南芷江人	張文藻蘄州人	馬天祥江夏人千總 姚夫遠東湖人把總
五年			
七年	王烈福建惠安人		
十年			姚夫遠千總 陳大用東湖人把總 魏賡禹東湖人把總 陸君美興山人把總 崔世麒陝西人千總
十一年		劉永中辰州人	
十二年	趙元長江蘇上元人		
十三年		劉啓英武陵人	范汾東湖人把總 張彤標河南人把總
十五年		蔡先杰辰州人	何應基江夏人千總

	遊擊	守備	千把
十七年		沈補佐江夏人	陸君美千總 宋興宗長陽人把總 屈達道陝西人把總
二十一年	王介福山西徐溝人		
二十三年		段義勇河南人	賈應年東湖人把總
二十四年			
二十八年		張世富靖州人	張應槐長陽人把總 張士緒宜都人千總
三十年	劉秉龍直隸定興人		曾錦長陽人把總
三十一年			張廷揚遠安人把總
三十二年		是年以前守備駐防灣潭而州屬係其所轄故備載	李春華興山人千總
三十三年			是年千總移駐灣潭以後表內俱把總故不分註
三十四年			任愷遠安人
三十六年	張攀龍福建上杭人		余燦東湖人
三十七年		雷震蒙貴州人	張兆虎東湖人

三十九年　四十一年　四十三年　四十四年　四十五年　四十六年　四十九年　五十年　五十一年

吳進功甘肅盈朔人

豆霨甘肅固原人

張人鳳監利人

李文治巴陵人

張豹遠安人

熊錫太襄陽人

張如賓恩施人

關必升江陵人

楊洪倫恩施人

袁光宗江陵人

聶永春本邑人

王啓龍東湖人

五十三年

王凱貴州貴陽人

王吉鼎字荆山南漳人嘉慶元年在宜都白田地方征勦教匪衝入賊隊手刃數人中鎗陣亡奏奉恩旨加等議恤賞給全葬致祭立傳入祀昭忠祠給雲騎尉襲次完時恩騎尉世職罔替

陳洪道遠安人

五十四年　五十五年　五十六年

張順湖南宜章人

田繼秀東湖人

嘉慶元年至八年

孫效前

朱槐興山人

田應林

九年　十年

高承耀

三福

以上三員軍前拔補未經到任

呂連桂

以上二員軍前拔補未經到任

王廷桂南漳人以父王吉鼎蔭雲騎尉署任兩年

邵貴

以上二員軍前拔補未經到任

陳連升邑人

楊文光江陵人

十二年

姜元祥山東盈海人

劉明德江夏人

蕭貴安福人

汪應龍東湖人

十六年　十七年　十九年　二十年　二十三年

王之貴江夏人

劉殿魁江夏人

羅永貴東湖人

李洪志東湖人

周文雅華容人

羅應宗東湖人

毛竣德順天良鄉人雍正十二年以安陸別駕奉委提土司田明如進京行抵荆州會容美民變明如縱土民解押從犯投請設流監司委鞫得實率赴容美辦理鎮撫輯黎安捕犯屬各事宜以才幹薦授新開州牧是時民物凋殘建城垣修壇宇官廨倉廒百役具舉竣德擘畫周詳分里出夫計役給直吏無欺隱民無擾累復設條教以變苗風遵軌同文與爲更始六年而政成迺以改土顛末及邑中所應紀載者纂爲志升宜昌守

李林順天大興人慈惠愛民政簡刑清每下鄉召父老咨詢民風課農種桑誥誡諄諄莅任五年清介如一日是時改土未久人文固陋林捐俸修建義

學三所延師訓迪有墾荒田爭訟者撥歸學租公暇親詣館課童子誦讀給紙筆糕餅獎勵之由是邑人始知嚮學

吳世賢江蘇奉賢人進士乾隆三十年署州事嚴毅果斷人不敢撓以私法立令行奸宄斂跡劉世顯等呈請開考世賢召集闔屬生童稿校文藝以糾其紕繆而獎其明通用此文風振興請設學額通詳當路批允邑人至今尸祝焉其爲文雍容精悍詩亦高古署篆期年吟咏成帙邑庠李靜安有抄本存

方天葆浙江泰順人由雲南知縣授鶴牧下車初即召集生童校閱文藝訓迪諄摯如師弟子前署牧吳世賢詳請設學檄下核查葆如世賢指復詳奉

奏准設學額八名乾隆三十四年學使按臨宜郡歲科兩試取士如額外撥府學二名葆所考取前列皆入彀莅政數年政通人和公暇輒飲酒賦詩文雅風流翛然物表後以才幹調補隨州

吳煥彩福建南安人家貧力學中年成進士選范縣令以治行卓異秩滿授鶴峰牧范人不忘遺愛走數千里來鶴省覲彩力止不能絕也始下車見案

牘稽滯尅期集兩造日鞫數起剖決如神踰月獄訟衰息時召鄉老咨訪風俗或畏其嚴毅懾伏不能措一詞慨然歎曰范人於父母官親而不尊鶴民尊而不親自是務爲平易然於莠民必置諸法不少恕以是人懷其德而益畏其威性喜延接士人有投以文卷者雖紕繆必批改面爲訓迪觀風校士得洪生先熹部生生榕召與子裕中共筆硯飲食爲講解經義者三年解組歸士民攀轅泣送

數百里後先燾領鄉薦生榕選拔爲邑舉貢發軔
先燾署大埔縣與閩接壤仵往復書曰道德齊禮
聖訓非迂濶也切勿染官途習氣蓋自道其所得
云年八十餘卒於家榕中中福建鄉榜今任浙江
知縣

陳泰江西金谿人由方略館供事議叙選鶴峰吏目
老成持重事上官無骫骳亦無詭隨慈祥愛人允
尊禮文士俸雖薄延師課諸子讀不計費自奉儉
約茹蘖飲冰怡如也莅官四十年以大計膺保薦
者數矣卒不獲遷擢歿之日篋無餘資士民醵金

白喻孺人卜葬於水寨之高岡次子鶴翔先以幕
遊援例捐未入流分發陝西服闋卒踰年喻孺人
與次媳亦相繼卒皆祔葬近處長子長青撫州府
庠生寓邑中課徒

按史記一書上下數千載而入循吏傳者僅五人
嗚呼何循吏之難也自班范以下則加多焉豈後
人遠勝於前人耶抑或不免於濫收也鶴牧白毛
竣德至吳煥彩共五人或闢草萊或興文學或用
德禮誠近日之良有司哉此與司馬氏所載豈異
也

鶴峯州志卷十二

人物

邑沿千百年溪峒之舊欲其去喬野而敦詩書化
獷悍而作忠義蓋非旦夕可致矣然其間膺選舉
而隸仕版者時不乏人他如疆場捐軀閭閻完貞
與夫敦倫飭行足以表率閭鄉者且後先相望焉
固由山川磅礴之氣鍾毓爲多抑亦
國家太和翔洽遍及荒陬之所致也昔孫子荊論土
地人物之美其山崔巍而嵯峨其水泙渫而揚波
其人磊砢而英多不信然歟木一樹而十穫人一

樹而百穫茲嘉與生長斯土者鴉䴕鳧藻翩然偕
來安知芸夫牧豎不皆爲搢紳先生哉志人物

選舉
舉人
洪先壽乾隆戊申科中式第七名
選拔
部生榕乾隆己酉科
田福康嘉慶癸酉科
恩貢
向廷杰　潘如珍　李先春　游永興
劉漢珂
歲貢
龔傳論　部生崧　何夢芝　劉　美
劉祚鳳　楊盛典　劉正梅　張賜彥
趙正德
廪貢
洪先緒　喻章珩
附貢
劉正性　龔經德　周必超　李洪秀
馬大文
文任進
知縣

洪先壽任廣東三水縣歷署大埔南海
教諭
部生榕署任公安縣學
訓導
龔傳論任蒲圻縣學
部生崧任漢陽縣學
洪先緒歷署江陵枝江縣學
喻章珩歷署安陸府蒲圻縣學
雜職
覃倫純任四川石泉縣典史吏員
聶愈煥任安徽岳山司巡檢附生
武仕進
吳開泰任福建延平協副將
向進才任廣東那扶營都司
張映槐任福建長樂營守備
陳連陞任保康營守備
張兆虎任衛昌營千總
聶永春任興山營千總
張士魁任宜昌鎮中營千總
劉　榮任宜都營把總

袁光宗任衛昌營把總
田繼秀任衛昌營把總
汪廷舉任陝西千總
洪永科任宜昌鎮中營把總
袁　文任宜昌鎮中營把總
周朝相任宜昌鎮中營把總
雷開科任衛昌營外委把總
向升榮任施南協外委把總
袁光先任衛昌營外委把總
陳　元任衛昌營外委把總

胡士雄任宜都營外委把總
張士元任衛昌營外委把總
鄧開榜任衛昌營外委千總
黃登鰲任宜昌鎮中營外委
李輔臣任衛昌營外委

雲騎尉世職

劉朝相以父劉榮廕
向錫爵以父向升榮廕
田大英以父田繼秀廕
雷開位以兄雷開科廕
雷克振以承繼雷開科廕

恩騎尉世職

張士魁以父張兆虎廕

按地不必皆名勝人不必皆高位而海剛峯以瓊州興楊椒山以典史顯彼固有足重者存也一命之士苟存心愛物於人必有所濟徒誇閭里而耀鄉黨甚哉淺之乎爲丈夫也

義行

洪承循城坊人其先世自安慶來山遂家焉清容美時負販爲業家漸裕改土後與弟承源承隆均財分爨友于無間時邑多桀驁子弟橫逆相加笑謝之不與較中年喪偶不復娶子繼文繼武早卒故朝夕經紀家務孫殿選聖時入武庠意弗慊也囑長子繼周延師課子以紹江左書香病革時孫先壽赴鄉試語家人曰吾病已不支而壽孫必中蓋以夢兆卜也不數日殂壽果獲儁

劉世顯于金坪諸生果敢有爲鄉里公舉每身任之遇爭訟者力爲勸解邑改土三十餘年未設學世顯倡首由州上籲各憲得 奏准設學額八名乾隆三十四年開考取士世顯同子正性俱入泮人以爲急公之報正性於邑修理 文武廟慷慨倡捐擘畫周詳工賴以竣世顯孫三庠生二曾孫六庠生一蓋四世青衿焉

部錫侯原籍澧州諸生遷邑和平里以孝友聞前知州李林延爲九峯書院山長來學者先命嫺習禮儀因材訓迪娓娓不倦時邑請設學廩士籍能文者少擬客土分額李謂錫侯掌教有造於邑人將編入土籍爲報雖事未果行而已以土籍存檔矣子四太學生二孫十一拔貢一歲貢一庠生四太學生四

何士敦原籍桃源年八歲而孤弱冠棄舉子業肩家事撫兩弟成立婚娶無間言析居時並出妻奩貲與弟均分里黨咸義之旣遷邑三乂口以詩書課子孫爲急務邑請設學命長子清與焉平生言動不苟家政嚴肅而和平接物人皆樂與之交子四歲貢生一

喻公禮城坊人誠樸簡重與人無競其兄充在城鄉約辨有口得前牧信任左右袒人不敢忤公禮諫弗納遂請析居命諸子各執一業而躬釣於河濱其兄沒後子式微而公禮孫明經一廩庠生三太學生一人咸謂忠厚之報云

李世龍水寨人躬耕自給族中有艱婚娶者嘗捐田畝以助其資爲人剛正不阿交遊有過必面折里中不肖子弟聞其謦欬卽避之子二長名林安性爽直勇於爲義邑城修理及各廟皆賴以蕆事福田寺出力尤多子邦瑛庠生

洪永源城坊人粗涉書史邑設學年已五十餘自恨不能應試喜勸人讀書常置酒食召里中子弟卽其家會課館師評定後列甲選者給以紙筆不合繩墨者正色責之其培植後進類如此子五其季名繼德因軍功得議敘以善醫名孫十一人一候選從九品一庠生

向鳳舉燕子坪人世業農嘗以未讀書爲恨且涕泣前牧李林創建九峯書院自請捐金助之李謂之曰爾不知學而急於興學如此子孫必有食其報者後其子廷杰爲邑恩貢首孫亦廩生

田萬應小蒿坪人性温和尤善處橫逆兄弟析居後弟姪輩以游惰致貧乏常分潤之而不能供其揮霍一日適太平鎮諸弟姪毆之拔其髮辮其子欲訟之官力止之子四孫七庠生一

部泮錫候子太學生性直爽無隱情喜成人美始終力爲之盡尤篤於宗族其在原籍澧州不能婚姻者召之入山爲聘娶邑有公舉皆趨赴嘗重修學宮遍邑勸捐鳩工庀材寢食旁舍至落成始歸子四拔貢一餘皆庠生

李靜安水寨諸生父力田靜安喜讀書父審其能計姓名卽自塾中召歸命之舂靜安手書一卷且舂且讀家人往視則米無完粒矣遂命卒業與劉世顯等請設學額居嘗爲人忠厚木訥無妄言戲語哦詩種花外無他好子三太學生一孫六庠生二

張俊城坊人少孤貧充營中書識以養母母嘗病俊割肱作羹以進尋愈後數年母没俊廬於墓戚鄰憫其羸瘠以毀不傷生乃掖之歸

謝士瑜城坊人與弟士璠同居以家計獨任而命士璠業儒喜排難解紛雖遇橫逆亦反覆開導

或出以詼諧必得其心服乃已弟士璠天資英敏爲諸生歲科試屢冠軍以鄉試卒於途士瑜傷其志未遂抑鬱成疾不數歲亦卒

洪繼周永清子太學生少倜儻不羈稍長折節務醇謹懋遷化居而家益豐自奉淡泊而勇於濟急人借貸不稍吝或貧不能償卽不索凡焚券以數千計邑改土數十年城内外各廟宇日就傾塌周與部泮劉正性冀經德倡修　文武廟文昌廟又與劉冀諸人及喻文奇李林安倡修又與諸人分任福田寺募化一切購料督工及銀錢出入

俱手爲經管不敷則出己財以佐用其踴躍公事如此長子先㦤以孝廉任知縣次子先緒以明經任訓導夫婦年登八十州牧吉鍾頴製文稱祝蓋紀實也

趙士剛原籍慈利三都容美改土後隨父移家走馬坪讀書通大義劉世顯等請設學赴省代籌資斧事得濟子儒珪儒欽力耕善治生季子學謨篤學不倦年四十餘與子政德同入泮學謨伉直耿介於公事有關利害正色直言豁如也課子嚴曰無以一衿自足賁志而殁儒欽有捐

修義渡事詳營建志士剛孫十歲貢一庠生二

周嘉瑛邑諸生下陽河人重然諾不苟取與鄉有爭訟者力勸阻必得解乃己儉自奉遇公事慨然解囊不稍吝教子嚴入泮者三胞弟光武善盧扁爲里人療病不受一錢其子必超附貢生以克家稱超子光勲庠生

龔傳璽字六瑞少由石門遷邑屬之關外與弟傳瑜同居有家事勸瑜力學析爨後移家懶板櫈廢著鬻財命長子監生經緯次子州同經猷持籌握算課季子附貢生經德讀皆有成性爽直

與物無競病革戒諸子曰兒孫非能讀固善不能則力田經商各有恒業舍此去惰游幾何諸子謹識其訓爲家法邑修理　文武廟文昌廟經德與其姻好劉正性皆慨然爲己任關外士民踴躍樂輸以二人爲之倡也孫十一太學生三庠生五曾孫十餘庠生二

胡仁則澧州人弱冠移家後溪坪習白圭計然事數年遷懶板櫈百舍重繭三貪五廉準物而估直以此居積致富先是懶板櫈戸口寥落自仁則懋遷商賈輻輳成市性謙和橫逆唾其面不

與較生平從無搆訟事長次二子皆太學生三子維才州仝銜季子維珍附貢生仁則未殁時子孫林立衣無羅紈出無輿馬其告戒儉約然也至今鄉人猶樂道其軼事以爲治生者法

孟士仁所坪人喜讀書通大義巡檢愛其才召爲攢典士仁端謹自愛財涉非義者輒麾去以致窘乏昆仲五將析箸諸弟以士仁負債百金係爲次兄姻事費用議將公產變還士仁曰券係我名我自有產不以累諸弟其長子起文意不欲次子起武慷慨請父將己應得田產立券出

售債得清鄉人皆以士仁篤友于而起武亦能繼父志云

戴士誠世居上陽河兄弟四人皆善事父母析爨後輪奉甘旨長兄移居兠長溝墾荒每歸省父母輒召與同餐諸弟恐妨父母膳有微言士誠獨以爲兄居深山食包穀以故兩老人憐之我輩治食當益豐諸弟如其言父母益心喜素豪爽喜濟人急癖書工吟詠教子孫悉衷諸道諸生周嘉殷者端方士語同學曰士誠行誼真吾輩師也

向帝書大典河人力農事和平正直鄰有忿爭者必力爲和解身在則里無爭事身沒則鄉人思之

林達古事親以孝聞生母卒事繼母如生母繼母壽至九十二歲未嘗一日違離

劉綸育韭菜壩人性和平與人無競遇橫逆則斂手謝之鄉人皆服其長者子二次名人美太學生

王遂虎芧坪人世忠厚富而仁病革謂諸子曰凡親友借貸者有券在篋多不能償恐爾輩於我歿後追索盡焚其券以釋吾憂子從之至今衣食仍裕孫五人一名相儒太學生

田萬里原籍江西僑居邑太平鎮善醫市藥爲業遇貧乏者不取值人比之宋清先是其父與同姓某夥商權若兄弟後某死子幼萬里承父志遇之如同產

郭易開原籍公安僑居邑蓼紅溪性伉直喜排難解紛善岐黄術不受謝子三人一名傳薪補諸生

田清年龍潭坪人樸實公直重然諾鄉里事無鉅細必倚焉前牧報舉鄉耆

牟昌元三岔口人力農爲業其母病禱於神願以身代一日母索肉食家貧市遠無以應昌元割左肱肉熟而進之母病遂漸愈

田正南五里坪人居近市多強梗或以橫逆相加雖唾其面弗較也善耕作家日以阜子四虎斗桂斗俱監生孫林立有游泮者

洪先緒繼周季子由廩貢授例分發訓導歷署江陵枝江縣學事性廉敏財利無所苟邑有公事必毅然引爲己任分校邑志時已得嘔血疾垂

危猶手檢一冊訂其錯訛送局未及見書成而卒士林惜之

覃祚倫劉家司人醇謹公正前州牧方奉文建修塘坊義學廉其人命作北路督修首領祚倫毫無所侵牟其不敷者捐貲成之後州牧吳命充鄉約數年賜以善良可式額其先世丁單至今子孫繁衍人以爲厚德之報於此益信

龔旦小龍潭人勤儉孝弟里中有相爭者善爲排解或謝以財却不受旦歿後里人多因口角細故搆訟不休僉曰使旦在斷不至是子四人次

子學濱邑庠生

汪惟一父早歿事母極孝中年妻復亡惟一不能再娶躬操井臼以事母母病私取中帬廁牏入子舍身自滌濯

樊恭綱性醇謹言笑不苟卒後鄉鄰訓子弟者皆傳述以爲師法

按五代史一行傳而知歐陽子之取善也寬矣方崗巒據險自雄此與梁唐之壞亂無以異自歸版圖而此風丕變十室之邑必有忠信三人並行厥有我師豈如蠻花犵鳥之無知者哉

烈女

謝國綸妻唐氏居城坊年二十五夫歿子方昇甫三歲氏撫之稍長延師課讀涉書史每道其母苦節輒嗚咽涕泣乾隆十四年知州胡式璟詳請咨部奉
旨旌表

譚文用妻傅氏居燕子坪年二十四寡遺孤方四歲氏堅志撫子迄於有成乾隆十四年知州胡式璟詳請咨部奉
旨旌表

部灝妻張氏年二十夫亡子生林甫六月氏矢事

翁姑撫孤子備極勞瘁兼能經理家計衣食贍給爲子捐從九職銜乾隆五十九年知州何學青詳請咨部奉
旨旌表

鄒龍妻李氏年二十五夫亡子女俱無翁姑竊憐之託鄰媼勸改嫁氏輒正色以拒翁姑知其志堅聽之歷四十餘年粗衣糲食足不踰閾罕有聞其言笑者乾隆五十九年知州何學青詳請咨部奉

旨旌表

覃世相妻田氏年二十六歲寡子甫三歲家甚貧氏矢志撫子未冠而死孤苦終身備茹荼蓼

吳之書妻康氏許字後書病癱兩姓父母患書病不能痊議欲改字氏不從乃成昏調藥餌不避穢惡年二十八歲而夫故氏撫子苦節辛荼備嘗

劉百祥母羅氏年十九歲寡百祥甫一歲家無長物氏冰蘗撫孤門戶皆待以支持命百祥就學鄉塾補諸生

鄒永珍妻徐氏年二十九夫亡家徒壁立而有四子衣食所需皆待氏經營茹荼嘗蓼任兼男女四子皆賴以成立戚鄰憫之

田金南妻翟氏年三十夫故有一子二女氏撫之昏嫁皆畢甫生一孫而子又亡氏復撫孫兩世零丁卒能箕裘不墜迄今衣食饒足並皆粗習書史故鄉人憐其苦而服其能

袁逢春妻田氏年三十夫以征苗匪陣亡而遺腹子始生氏苦節撫孤知州范繼昌旌其門曰蘭心鐵性

覃文翰妻周氏許字後文翰父母相繼歿氏時年十六而文翰甫八歲氏知文翰家撫孤無人請於父母曰郎無所倚女願待字其室以肩家事父母許之遂往任操作碩夥織屑月沒星替並勸文翰附村塾讀書雨濘則背負往還文翰粗識文字衣食亦不缺乏皆氏力也生四子年六十五先文翰卒

王文蔚妻李氏年二十六夫歿一女甫三歲無子氏栢舟自守擬俟夫弟生子爲夫承祧而夫弟復艱子嗣乃招壻爲終老計

周德典妻謝氏年二十七夫亡無子有二女俱幼親鄰憐其貧無所倚諷以再嫁氏不從撫女擇配完潔無疵以針黹度日

雷開科妻戴氏夫爲衞昌營外委征教匪陣亡氏時二十六歲有一子甫二歲逾年夭歿氏母居桑植苦竹壩老而無子氏遂往事奉而以夫弟襲世職後夫弟生子氏爲夫立嗣夫弟歿以嗣子請襲氏遭倫紀之艱而完節守貞慈孝兼盡爲巾幗所罕有

生員鄒生標妻覃氏年二十九夫歿三子皆幼其

姑哭之慟氏諫曰未亡人撫遺孤以事姑猶夫在也姑過於哀傷設有不諱如諸孫何姑爲之節哀氏孝事老姑延師課子以儒業世其家

嚴女許字梅姓梅以移業遷陝西數年遠問不通人傳爲已死嚴父母更字他姓及親迎在途聞梅姓由陝歸娶不敢成昏女兩不欲行遂雉經死以解訟端州判王惟球爲作烈女傳人藝文志

黎家祥母杜氏孝事翁姑嘗值姑病醫藥弗效氏禱於神割股肉奉之病漸愈子家祥家彬皆諸生

覃秀林妻劉氏年十九而夫亡氏撫孤孀守孝事老姑不衰學師蕭矜其志節白於學憲沈旌其門曰松貞秋誨

吳在德妻李氏生員李靜安之長女年二十二歲夫歿家極貧氏孝養翁姑撫遺腹子輿榜成立備極艱苦今抱孫矣年六十餘言笑不苟巾幗中以爲矜式

柳輿舉妻恩貢向廷杰之姑年二十三歲夫歿氏甘守苦節撫二子文煥文炳晝夜力作衣食得以粗給年七十餘諸孫林立擇聰俊者負笈從師前訓導陳文熺道經其宅贈以匾曰節厲熊丸

生員謝士璠妻岳氏年三十歲士璠以鄉試歿於途氏痛不欲生勉撫二子以養以教俾至於成人以一子承夫兄祧

洪繼武妻戴氏年二十八歲夫亡無子氏以夫兄子聖時承祧視如己出聖時應武試爲庠生

李士茂妻于氏生員于吉爻之姪年十九而夫亡子僅一歲氏冰霜自矢依母家度日撫子成人

于淳妻李氏年二十六歲夫歿氏紡績度日養葬

翁姑備盡婦道撫二子可克家

徐南極妻鍾氏年二十八歲夫亡孝事翁姑撫二子引年順年業儒引年弱冠入邑庠氏六十二歲卒

劉國棟妻鄧氏年三十歲夫亡子開泰甫一歲氏孀守撫孤勤儉臻至嚴督開泰誦讀補諸生

周必洸妻趙氏年二十四歲夫亡止一子氏上事翁姑下撫幼子險阻艱難備嘗之矣非松柏爲心曷克臻此

生員余情芳妻李氏夫本安福籍僑居邑劉家司以授讀爲業氏年二十八歲夫亡家無擔石氏矢節匪他紡霜績雪以撫其子卒無忝於所天

唐玉先妻劉氏年二十七歲夫亡三子皆幼氏縮衣嗇食勤紡績而勗詩書命其子屢應學試氏歿時猶以未補諸生爲憾

王世聰妻鄧氏年十八歲于歸三月而夫故姑痛哭屢絕氏泣跪姑前曰氏卽姑子也姑以無子難守氏撫夫兄子承祧家雖貧窘而仰事俯畜皆能經營

龔經文妻皮氏年二十六歲夫亡遺一女氏撫姪爲嗣生一孫而嗣子歿氏撫孤兩世備著苦節

李斌妻江氏年三十夫故氏清操自矢孝養翁姑撫子成立壽至八十一歲

何逢龍妻燕氏歲貢何夢芝之長媳年二十五歲夫亡子甫三歲氏矢志孀守所居三岔口至火燒嶺山路險峻氏請於夫翁捐金修治行旅便之

張天倫妻黃氏年二十九歲夫亡氏守貞苦節恩勤鞠子乾隆三十六年前州牧方天葆旌以匾額曰名烈柏舟

樊尙華妻劉氏生員樊彬之祖母年二十六夫亡氏冰兢自守撫育其子翁姑亦爲之歡顏慈孝交盡閨中之彥

田光輝妻王氏年二十一歲夫亡氏勤儉持家數米稱薪卒能事翁姑而撫孤嗣以完太璞而溫惠淑愼尤爲鄉里所景慕子士選補諸生

朱浩妻高氏年二十七夫亡氏礪節如松堅心似石事翁姑以孝撫孤子以慈而持家嚴謹賢於古之名媛

康士淇妻田氏生員田光普之姑母年三十夫亡氏勵志完貞甘荼如薺現年八十有三

劉民表妻田氏生員田種德之姊年二十六歲夫歿無子家極貧不能繼嗣氏誓不再醮依母家度日現年七十有六

孫學禹妻喻氏年二十四歲夫亡無子氏守口如瓶防身如城撫夫姪爲嗣孝養翁姑備極勤劬

按仁者不以盛衰改節義者不以存亡異心不謂僻陋在鶴乃有婦人而爲烈丈夫者接踵相望彤管未輝豈所以激揚貞風哉悲鏡鸞而孤掩惜釵

鳳以分飛雌磨笄化石茂以加諸固知十八拍未足歌也

從祀昭忠祠營弁

張兆虎任衛昌營千總征大金川陣亡

劉　榮任宜都營把總征勦教匪在來鳳縣旗鼓寨陣亡

田繼秀衛昌營把總征勦教匪在陝西洵陽縣三溪河陣亡

向升榮施南協外委把總征勦教匪在長樂縣四方臺陣亡

雷開科任衛昌營外委把總在房縣一碗泉陣亡

從祀昭忠祠兵丁

袁　龍　袁逢春　金友德　胡方來　辛宏舉

岳宏烈　吳兆富　邵開鼎　高登富　喻得勝

車廷華　劉　貴　洪永升　熊天元　覃　升

袁士雄　田輝斗　羅義開　張　懷　唐得榮

田林受　李天富　洪繼相　張永珍　全　德

趙士忠　王世臣　唐學周　袁士傑　陳開運

孫金得　鄧開元　金　鳳　張大科　桂得科

向升恒　徐國相　魏光廷　曾士魁　孫　順

劉士相　向升元　田義南　黃相忠　田炳斗

王廷輝　吳光太　馬　懷　楊　宏　王作順

周繼武　甄之鳳　田國受　王有義　曾士龍
孟光才　周　華　徐宗先　張正鳳　徐允康
覃繼賢　魏光賢　劉金魁　劉士杰　覃　太
劉　景　唐明魁　向祚華　羅　春　游之倫
桂　連　葉允盛　田光才　田明萬　張廷秀
徐　國　王有臣　李　元　田雲斗　孫開富
唐繼學　羅正開　桂得忠　易顯德　葉永德
羅文華　唐　珍　廖中科　王　貴
王大烈 鄉勇

按屈左徒之哀國殤也出不入兮往不反平原忽兮路超遠帶長劍兮挾秦弓首雖離兮心不懲誠既勇兮又以武終剛強兮不可凌身旣死兮神以靈魂魄毅兮爲鬼雄嗚呼斯言也豈但慰死魂哉亦足以作士氣張國威矣

耆壽 紳耆年歲相符者附列

向子貴年一百零八歲嘉慶十四年詳報有案
龔傳瑜年九十三歲任蒲圻縣訓導告歸曾元十餘人
陳東陽年九十六歲住謙吉里孫曾繁衍嘉慶二十四年詳報有案
田儀如年八十四歲住在田里
田萬選年八十四歲住在田里
嚴玉賢年八十五歲住謙吉里
潘玉美年八十六歲住純化里
饒朝宗年八十八歲住正德坊
以上八十以上五名嘉慶十四年詳准有案
于自貴年八十一歲住正德坊
唐康國年八十五歲住和平里
向士文年八十二歲住在道里
黃允連年八十六歲住在道里
張成周年八十一歲住在道里
姚玉甫年八十三歲住在田里
燕緒承年八十四歲住在田里
譚邦翹年八十七歲住在田里

以上八十以上八名嘉慶二十四年詳准在案

馬　安年八十歲

梅士親年八十七歲

孟仕智年八十六歲

康國禮年八十六歲

王錫爵年八十七歲

田士遇年八十歲

胡大經年八十歲

宿子文年八十九歲

以上八十以上八名現據採訪補報係品行端方者合並列入

按張蒼事秦柱下而至漢孝景思邈生隋開皇而及唐永淳古有其人乃今於向子貴等親見之其可使與編戶齒乎三老李躬五更桓榮邈乎不可及已今據已報未報者並皆錄之於篇庶知絳縣老人不可見役於輿尉也

部生棟性孝友年十七以身肩家事俾其兄弟得專心誦讀分爨後兩弟相繼卒子俱幼皆賴其經理督教排難解紛尤爲鄉里所重其歿也來弔者皆號泣而去

楊世忠奇峯關人充衛昌營兵丁性慷慨人以事相詬誶皆力爲之盡有分爭者反覆開導婉爲調停必事寢乃已在行伍中真鐵中錚錚者

洪先燾乾隆戊申科舉人初任廣東大埔縣事以勤廉稱士民愛戴卸篆後大書民之父母四字於行舟以餞之補三水令調署南海因失查被議解組歸以文章培植後起與部生榕分葺邑乘稿甫定而病卒邑鄉舉暨任民社皆自先燾始未竟其用士林惜之

田應富妻劉氏年二十五夫歿一子甫三歲家無次丁氏內外兼營撫子成立孫三人長輿邦補邑諸生

長樂縣縣丞羅文烋字甫田四川富順人娶邑人彭聯勳之女爲繼室羅卒於官舍彭甫二十六歲官況清苦不能扶櫬回蜀暫殯於漁洋關彭撫一子一女以針黹度日貞白自矢備嘗荼蓼

鶴峯州志卷十三

藝文志

州設學甫四十餘年其文詞不少槪見宜矣然序述時事歌咏風俗或出宦遊所著作或出邑士人之記撰即改土以前其碑刊序記與投贈詩文之類亦時時散見於他說蓋不得以無文少之焉文不尚炳烺詩不侈綺麗義苟繫乎邑雖異地之人弗畧也義不繫乎邑雖鄉賢所著亦弗錄也詞章辨而人才亦歸於正屈原生於秭歸宋玉起於宜城惡可以山陬僻陋槪之哉志藝文

新建文昌廟記

知州　吉鍾穎

州舊有文昌像附祀武廟後又移於書院嘉慶六年頒行文昌祀典　命州縣皆得立廟並祀其先代於後殿禮與武廟埒前署州劉運浩王維球相繼董率其事廟在州西闤內蓋昔土司奉祀至聖像舊址其地狹復買民基而擴之所費益多鍾穎抵任後紳士丕振再接再厲創始於嘉慶十六年告竣於二十五年匪獨新之又從而廣大之匪獨堅之又從而永固之嗚呼何其善也文昌於天官家言爲戴筐六星上將尚武威也次將正左右也貴相理文緒也司祿賞功進士也天垂象聖人則之固已梓潼上直參宿有忠良孝謹之象實掌文昌府事及人間祿籍故天下科名之士皆宜祀之顧鍾穎有欲爲州人士告者士君子自束髮受書知在國爲忠良之臣則必恥貪鄙而尚節義知在家爲孝謹之子則必黜乖戾而進慈和體諸躬爲有本之學見諸文爲有德之言其能如此者雖未見神而禮拜之而神已深契之也其不能如此者雖日向神而禮拜之而神已深惡之也然則神豈關乎祀與不祀哉亦在乎人之賢與不賢而已矣

是役也矢公矢愼庶幾能有始終者八人洪繼周部生榕劉正性龔經德洪先裁謝境安于自貴陸先五於例得並書以誌美也亦以勸善也

重修城隍廟記　吉鍾穎

州城隍廟創建於乾隆三年前州毛峻德備極籌畫重修於乾隆五十五年前州楊樹本雷應芳皆以鄉保董任其事所用物料率雜舊木土塼未及三十年而已有岌岌欲崩之勢鍾穎於嘉慶二十二年抵州任每値朔望瞻拜憂棟宇之將墜欄垣墉而欲傾其何以蔽風雨而妥神靈爲之相度其形勢而經畫其財用自捐可也勸捐不可也夫民者神之主也欲事神而先擾民則百弊生焉因首出俸資鳩工庀材而民之不待勸而樂輸者麕至

於是楹桷之撓折者易之蓋瓦級甎之殘缺者新之丹青之漫漶不鮮者栟之弁置廟田若干以備常供固已有光於前無壞於後矣自古治民之法備則以人道治人事後世治民之法窮則以神道制人心官以掌陽教神以理陰教人有不畏官而未有不畏神者也然則神廟之修惡可以已哉鍾穎司牧茲土樂其地僻而事簡時與山中父老課晴望雨爲之祈晴而晴祈雨而雨者已無不捷於影響即其四方之多罪逋逃亦虔禱於神而時亦弋獲俾此州得以安居樂業而屢獲豐年者吾知

非神力不至於此也

重修州志采訪小引

署知州董惟堉

粤惟九野分星職方氏區物土之產八荒殊氣小行人上民風之書故稽地掌圖蘭臺既典籍宣備而徵文考獻邑乘尤輶軒所資鶴峯舊屬土司嗣成州治版圖初附闢草昧者畧紀源流時序代更覽風教者大異疇昔茀及今重爲蒐輯必歷久益就銷沉本州才愧烹鮮學慚製錦縉紳耆圖此遠舉嘉會適逢念民社任匪他人仔肩莫貸因之欣允所請并囑亟謀厥成惟是八百里樹密雲深勢難諏度遍及千餘年碑殘簡斷能勿見聞異詞谿

峒溯唐宋而遙制雖殊而源不可沒黔黎濡堯舜之化風既周而事多可書劍犢牛刀習俗誰爲潛易風琴雅管人文孰與振興標傑特之峯巒名材非楩楠可罄涉幽深之澗壑佳士當蘭蕙同芳宣力戎行洵多捐軀報國之英俊束身名教亦有爲善於鄉之秀良至於孝著南陔貞完白首或已邀　旌揚於綽楔或猶且汩沒於窮檐斯固風化所關允爲表章難畧若夫居鄰屈宋名人續風騷餘音地廣林泉開士闢仙佛勝境雪泥鴻爪觸懷而留華翰者幾人徑途河梁捐貲以成義舉者

安在値　重熙累洽之盛庥嘉知史不勝登涉五
行百產之精瑞異亦理所時有薦紳稱道固足以
廣流傳閭巷謳揚非無能備紀述彙輿論而成實
錄邑長吏臆見毫無申鄉評以愜羣情都人士偏
私必屏喜文物衣冠之迴異前日庸庶幾乎成章
斐然惟風土人情之咸無闕遺所厚望於是邦賢
者

宣慰土司田九峯二十一史纂序

岳常道　姚淳燾　烏程人

風俗與化移易得善變者數人焉倡之而王道之
行可以四達不悖矣今
天子聲教洋溢萬國賓服日照月臨之下凡有血氣者
皆得曉以禮義導以名分沐以詩書使之蒸蒸嚮
化靡有違心況土司星分楚徼禹貢荆州之域去
王畿纔三千里奉正朔守防禁輸忱報績歷有年
所而拘墟者謂當別其種類羈縻籠絡使不得與
於玉帛冠裳之盛噫何其小也予剖符常岳職在

守邊莅政之初即聞宣慰田子尊賢禮士飽飫詩
書以著述名家私心固已異之既又聞其編輯史
畧二十一朝互有商確芟繁摘要考誤析疑殆類
通儒之所用心非苟焉而已也戊寅夏四月田子
忽遣使載書滿車冒風雨數百里走蘭津投贈索
敘其子應恒款門入謁風流淹雅有吳公子遺意
予益歎田氏之澤再世未艾而
聖天子文教誕敷涵濡浸灌其收效於天下若是其大
且遠也雖然止水鑑形日光體影千秋得失史文
大備矣田子披覽之下見古者山陬海澨有奉職

勤王銘勳天室者有夜郎自大抗天拒命冥冥焉不戢自焚者有世篤忠貞分茅錫土傳之無窮者有叛服不常初終異轍嘗試天威隕其世墮其緒者其間是非禍福一一澄觀而靜驗之於以敦修自好力帥諸司永承帝眷後之人踵其業者學成而升於有司試於鄉舉於春官彬彬乎後先王國與一代名臣並光史冊此誠稽古之榮善變者所宜自效而功先倡導予亦藉手田子報南服之最績焉日夜望之矣

平山萬全洞碑記

土司　田舜年　九峯

平山容陽一大保障也昔文相國錢菴寓此有年稱不容口其山四圍峭壁寬廣縱橫可百里東西南北有四關所謂一夫當關萬夫莫往之地南關保安橋飛虹天半又八峯十景之一也創自先曾祖郢陽公今東關古城是其經始遺堞先祖太初公造廳事數楹於橋之東偏至大伯父雙雲公時值闖獻肆訌不信文相國之謀以致張皇遠避及事後始痛定思痛而大修其城即今東關之新城也雙雲公即世二伯父夏雲公僅遵成事迨先少

傳公乃稍修理之自夏雲伯與先少傅兩任間流賊竄擾歲歲用兵皆以天泉爲根本蓋天泉小而平山大天泉數人可守平山非土軍數百莫能布置而不知平山之下有萬全一洞也洞初名何家洞萬全則予修葺後所名也予爲兒時隨夏雲伯往來天泉道中見洞圓廠如畫竊思一遊未果自乙卯承緒後鑒於先少傅公去天泉而移黃鶯鎮致有閫司入於劉營之變於是一意以天泉爲肯構以九峯爲司治而更葺萬全洞焉始入洞時中皆大石填塞平地僅二丈許爲士民屯守之所予

相其勢可開闢也遂於去洞咫尺之新坪始葺署舍環列四市以定其基舊稱洞中無水僅仰汲山巖上涓滴然非無水也水皆由石中行也蓋起其石築爲城臺而泉流如注矣予自癸亥春移居新坪在洞經理日多至丁卯之冬守禦既固亭閣亦稍稱完備每當日月照耀雲霞捲舒覽山川草木蔚然深秀遊其間者莫不嘆爲物外巨觀而豈知艮工心苦籌所以緩急可恃者非一朝一夕之故耶夫山間之洞不少而萬全有平山爲之表平山得萬全爲之裏表裏相依而前人經始平山之舉可以告成矣予故誌其顛末復爲八韻以記之記萬全即以記平山也

重建虹洞橋碑記（今名花橋）

明 庶吉士 黄燦

澧水東北折剕沂溪稍西上天門抵陵陽距百里許爲添平禦治隣禦舊屬則麻陽麻陽者麻寮守禦也唐氏世職於兹攷麻陽古婁中地西接容美東折出石澧達荆岳南邇九谿慈利慈利在昔爲臨澧國朝割臨澧天門之僻隘建設守禦隸屬九谿俾阻要害闢叢篁備征繕遏宄攘地多懸崖箐林丹障邃谷岏巑瀲灩澗派凜冽雨注泉鳴瀑湍駛迅迴合成溪其兩水環唐氏宅夾抱周旋滙於麓右則虹洞橋是也每當山漲岸裂勢同望洋需藉浮黿續斷航宏治初年戶侯唐公明德就墩架木構亭其上久之頹圮後龍岡公嘉靖年間重輯捲石飛甍磷磷更新舊傳于姑元學者董助甚力歲月浸遠洶濤激石流澌齒齧乙酉徂暑泡雨衝潰裔孫唐侯君秋惻然念之廼出私橐鳩俑工求礪碬斬陰木浹旬告竣亭厦備具橋成仍其故額曰虹洞勿忘祖也時余伏苫塊避寇添平唐君走使告書其事余以時事愴心楮墨久廢辭唐侯復請曰夫再造者艱前經始者勸後某之營此先是得諸祖夢彷彿仙姑丙子同符剏梁成即捧檄出

師矢勤先烈殆有神乎明公何惜一言不以示鼓舞後之人罔聞知余惟周禮司險知川澤之阻而達其道路水涸具舉獨木云榷橫木云彴石杠云倚麻陽雖僻然棘除道通合爲九谿侯之事此視夾彩架天有間比諸榷彴則已懸矣又陽羨似虹謂其橋南北高起有似虹形棘陵垂虹宋紹興中金人犯境衆議焚橋郡守洪遵持不可縣父老亦集哭圯下得不果焚虹之命名厥來有自今者北師南下狡寇星奔所幸長江一帶宛然天塹使得勝兵艮將造舟爲梁斷流可期奚止遏其飛渡耶

夫慈利治西有水沉洞焉發源西水經流曾陽山俗呼爲曾陽溪計虹洞浸流相去不遠異源同派谿臨澧共會湘沅以道於江水之朝宗橋之取義悉與時事合唐君此舉以其治橋節而愛推諸治兵律而臧指侯奏膚公膺上賞貽後昆光祖德端在茲矣詎止修葺一橋之爲功德乎遂走筆書之以示唐君曰其毋忘此志是役也起於某年月日落成某月日唐君名加陞字君秩世襲麻寮守禦所正千戶

江坪普濟渡碑記

知州　方天葆

州南路江坪九女河水迅激舊以獨木槽舟爲濟往來者患之前牧毛公峻德捐俸設渡船一隻並置買地畝山場以爲渡子養贍修船之費立有普濟渡石碑碑陰鐫刊地山界址糧稅數目欲以垂久遠故並載之州乘百姓至今頌之不衰嗣因碑燬於火而接管渡子私賃前置之地船亦朽壞民苦病涉復歷有年所今山羊司胡公國梁重修渡船復召募里民陳乾一爲渡子清查前地爲傢資禁止勒索並於渡口捐置房屋三間給與居住俾

棲身有常不至行人呼渡需時其所以便民至矣事蕆之後詳請立案備考予曰此州牧事而賢司先我爲之予能無愧焉雖賢司莅任以來諸廢俱舉匡我不逮者正多然即此辦理普濟渡一事其心與政蓋亦可與前牧毛公相媲美歟爰爲之記

書唐姓誣控毀墓事　知州 吳煥彩

邑大崖關外舊有所官隘官唐姓其一也設流後所隘缺裁唐姓子孫之處石門慈利者倚世職作護符每朋黨入山指荒土爲祖墓誣人剗毀給以錢則不興訟而其實唐姓祖墓關外止三冢皆經標識有不甘受其誣者互相訐訟事涉疑似不能驟決民多因以廢業失時於是關外荒土爲唐姓奇貨藏有獲焉乾隆四十八年石門世襲千把唐彌盛唐盛業唐運太生員唐業精四人者以監生王炯毀其曾祖唐世順叔祖唐之徵墓控於予予

即其所呈族譜驗之覺其奸詰之曰爾譜内已故者數百人並未載葬某地惟於唐世順唐之徵𤼵標葬白果坪則此數百人皆可隨時𤼵葬地矣毀墓之獄安有窮乎四人者譊譊爭辨固請予往勘蓋關外距州治百四十里山峻路險意予必憚跋涉即往亦必不輕發人冢而彼之奸仍可售也越翼日予召兩造隨出關至則四人者痛哭涕泣詐爲祖墓受毀傷狀予曰王生毀人墓有明法在顧不見墓中棺獄無由具爾等自舉鍤刨之以爲驗四人者有難色予怒而迫之刨至六尺許皆實土當是時環觀之人無慮數百其代王不平者有喜色其助唐詐索者有懼色四人者左右瞻顧赧形於面釋鍤叩首曰公信燭某等之奸矣某等力竭願伏辜不能刨矣先是民人劉士元者亦以唐彌盛等誣其毀墓具控予即於是日往勘仍命自刨則一水坑也四人者益惶恐無詞予取其誣控結狀遣之去邑士民請於予曰關外居人以毀墓受累數十年矣公一日履勘其奸俱露幸何如之然願公更有以警將來也予既爲之示禁并書其事而勒之石

重修　關帝廟碑記　知州　楊樹本

州城之南有
關帝廟衆山拱峙一溪環流地既崇隆勢亦宏敞洵一州巨鎮也攷之舊碑蓋創建於土司田太初其孫田舜年復擴而大之并範銅爲像以奉香火時爲康熙壬申歷今已百有餘年矣顧是時名弗彰改土後列於祀典春秋官僚肅衣冠致祭於是典制攸隆而　神威益著於遐邇嘉慶丁巳春予復來兹土竊見棟宇漸頽門廡盡圮急謀所以新之會軍務不果八月事竣偕州人士載瞻廟宇方以工

鉅弗克任是慮而一時咸起而言曰我儕之得有今日微　神之力不及此曩者隣匪肆擾已入北境之金雞口賴官兵追逼而挺而走險屢迫州疆最後復欲由北境竄入時大軍已移藩籬莫保人心惶惶幾不知身家爲何有乃卒不敢窺伺從間道遁去不啻如見八公山隱隱有所懾伏者豈非
神靈默佑俾我儕罔罹兵燹耶不寕惟是州人卒山愚耳頋數年以來無一人入其黨悉皆應募當役急公趨事又安知非　神之聰明正直有以默牖其衷而邪妄悖逆之輩無從煽惑耶今兹議新廟宇誠我儕所亟宜酬報者願乞一言爲各鄉勸爰議城鄉首事庀材鳩工樂輸者踴躍恐後於戊午八月正殿一新固未有工成如是之速者也由是山門廊廡以次建立且於殿前構亭爲各官肅拜之所兩廂翼其旁鐘鼓亭峙其側歌舞臺臨其前規橅雄壯氣象聿新迥殊舊制眞可扼重一州佑我黎民於百世者矣落成之日偕同官瞻仰殿庭徘徊眺覽不惟巍峩炳煥神志肅清而林巒森秀溪水澄鮮更與畫棟丹楹交相輝映是　神之威靈不且與山之高水之長永昭赫奕乎哉是役也

各勸諭首事及監修諸人靡不各殫心力而不憚勞苦以身率先則里民踰文奇爲最故未及期而工竣余既誌其顛末復列書姓名於後其樂輸工費無論巨細亦各勒於石俾一覽可得并可知州雖山陬固不少急公好義之人也

改建劉家司義學記

州判 王惟球

古之教者家有塾黨有庠州有序化民成俗雖鄉曲不可廢也容陽自改土歸流漸沾文教六十年來鄉舉選貢拘已有人厥後人文蔚起月異而歲不同烏知不於家塾黨庠驗之余自壬戌之夏莅任北佳坪查所屬劉家司向有義學即古黨序意也閱兩月公便過其地見其屋已傾圮且在深山古廟之旁孤僻荒凉人跡罕到匪直獨學寡聞且恐燕朋燕辟或惑於外誘而不覺良可惜矣又閱兩月紳士有部聖堂者余同年父也偕田仰韓易

仁則田紹武諸人來商於予愿勸捐改建於北佳坪余欣然諾之捐俸爲倡並以署右餘地讓作基址前爲講堂後爲坐廳兩旁正室界分四爲生童臥舍右偏廂房爲厨竈暨天井門樓墻垣臺砌落成之日無不楚楚可觀有謁余者曰此座山作伏虎狀易曰大人虎變其文炳也且左倚官衙右連文昌閣翠屏環拱淸溪抱流與夫竹木之陰翳禽鳥之飛鳴滙爲活潑潑地他日文才之盛不卜可知顧所切念者惟以是舉費雖不多成亦匪易亟爲訪通儒主講席離經辨志敬業樂羣以冀有得覩向之僻處劉家司有名無實亦已愈矣其部發館金牒詳州郡每歲仍令照領舊舍即捐彼處廣福寺作爲廟業至若修脯之宜增膏火之應給又在有志諸君另爲籌備茲特喜其成用記顛末云

嚴烈女傳

王惟球

北佳坪保壆湯井民人嚴紹文有女名珊年二十一幼字同里梅氏子士龍梅遷居陝値蓮匪之亂傳言合家遇害女遂改字宜邑之張堯典已親迎矣士龍由陝適回女聞信中道而返背父母縊焉閱日紹文士龍堯典暨各戚黨不赴州控而集訴於余余曰此聰明貞烈女也一死而三家之事俱釋矣蓋女之字梅而改字張者傳聞之謬也梅張互控官必歸過於其父女似可以父命爲辭字梅歸梅字張歸張人盡夫也聽之而已此鄉曲女流

罔知大義惜性命而不顧廉恥者比比然也若烈女則審此至熟以爲故夫既在不得藉口父命猶踐新盟而行已在途亦復恥尋舊約之張不可之梅不能且以區區之身速父於訟何以爲人歿則已矣猶可明無二心以釋憾於梅而慰謝夫張並得全其父非故敗盟而爽約也其處此萬難之勢而能曲盡其情其心之苦雖古節孝之嘖嘖人口者不過是也吾不意窮鄉僻壤風氣衰頹忽有是女而有是事也士龍堯典亦復何言判令紹文收葬亟爲述其事勒石表揚之庶幾貞魂慰而風俗敦不僅士龍三人永息訟端已也

州人洪縠齋封翁八十壽序　知州　吉鍾潁

丙子秋副憲蔣丹林先生聞予補秩鶴峯自京來書云鶴峯雖僻在一隅其間有舊友洪君鳴皋曾任粤東令爲人廉靜誠直足資延訪予即心焉誌之而知其見重於鉅卿者必有自來然猶未悉其世德之若何也丁丑夏予莅斯土洪君鳴皋偕其弟理堂通刺相見得悉其封君縠齋太翁年高德盛好善樂施爲鄉黨所矜式其太孺人亦克相夫子力操井臼辛勤起家長嗣君以孝廉歷官廣東大縣所至卓卓有政聲次嗣君以明經屢任司鐸

訓迪有方今皆歸里承顔養志諸孫頭角嶄然顧而樂之以引天年翁之膺福受祜其亦厚矣哉竊思夫世之以勤儉裕家業者未嘗不課子讀書斬有成立然未必其二難競爽先後皆獲祿仕以顯揚其親即兄弟皆仕矣而未必其親之年登髦耋即父母皆壽矣而未必其身之康疆今乃於人人冀倖而不敢必得者賢伯仲獨能之可不深幸歟繇是里之人咸嘖嘖稱羡以爲翁之受祿於天實有倍於尋常者然徒慕其嘉偶之齊年子孫之逢吉而不知所以致此之由是猶溯流而忘其源也豈知翁者哉翁性純篤家居以孝友聞且材識練達籌畫如燭照數計因是家業日興誼周宗戚惠浹里鄰顧其性甘儉約衣服飲食澹如也州中有大工役惟義所在必力自肩任蓋鶴峯自改土後一切修建事宜前此皆未遑舉行得翁爲之首倡凡黌宫學齋與祠宇之載在春秋祀典者咸鳩工庀材次第告厥成焉其餘如福田寺三元橋復不吝貲財偕衆修整完固以是知天之報施善人固自有由翁之受　褒封享多福所以倍於尋常者其在斯乎其在斯乎吾聞之壽者疇也有壽於世

之行天必疇以大年將見保艾爾後洪氏之興何可量焉夫敬禮高年表彰碩德以維風化以厚人心固有司之責也茲值太翁與其德配先後八十壽辰鳴皋昆季請予一言以爲壽爰摭實以道其梗概如此

及名宦鄉賢祠乃移城隍廟旁　聖像入祀加
藻繪焉共約估費以一千八百金計　武廟建自
容美改土後屢有補葺至嘉慶初漸圮邑人醵金
重修大殿兩廊戲樓并添建拜亭及左右鐘鼓樓
費約數百金廟旁爲百斯庵於嘉慶初重修其前
爲三義祠後移祀神像於　關帝殿後另建廟移
祀細柳城之龍王像併入武廟僧掌管以便香火
亦估費金以數百計福田寺容美古刹也祀大銅
佛三上數百武爲報恩寺係田氏家廟前臨市後
抵校武場邑人以供奉目連大加修葺頗極壯麗

至乾隆五十三年大水二廟漂没殆盡父老以報
恩寺地較低窪遂併歸福田合修亦約費金以一
千數百計此重修各廟之大畧也夫爲善無近名
亦不可没人之善各廟雖吾父與有微勞設非邑
士庶勇於趨公虔於事神烏能於廿年間百堵皆
興釐然就理其必有文以表章之宜也乃爾時
方與部子生榕從事帖括馳驅風塵又以題目重
大名作林立未敢率爾握槧而邑侯之操燕許大
手筆者適値茴匪教匪先後騷動調兵勦戍軍差
旁午更不暇吮墨濡毫爲此不急之務故碑版至

今闕如也茲撮敘梗概依事直述詞不尚華聊補
缺畧庶較没字碑爲差勝也後人可以無議又邑
舊有　文昌像附祀百斯庵後移祀書院嘉慶六
年奉文建廟祀典如　武廟邑人士呈請捐修至
十五年諏吉上樑規模崇閎踰歲竣工爰解組歸
里或以碑記見屬予以荒疎辭竊聞文昌六星在
斗魁前蓋星名也　梓潼帝君之號唐時始見雜
記世所傳文帝化書載七十二代士大夫身姓氏
確鑿拘儒不敢道然在天爲星辰在人爲聖賢在
幽冥中爲神靈貫通一理杳渺非誣　功令既頒

理益顯著邑人士既知奉公修廟虔心禋祀必能
仰體　帝訓父兄相教詔師友相磨厲俾秀異子
弟爭自濯磨湛深經術砥行立名與陰隲相印合
吾知　帝君司命司祿權衡桂籍亦必潛相默佑
焕我山陬發科發甲後先接踵不似前日之朴魯
無文也姑附誌於此以爲券

按前牧楊有重修　關廟碑記稿本付某未勒
石作者亦未見故文內云云茲將楊文採錄
仍錄此文俾後人得識建修各廟梗概

邑少府陳楫川六十壽序　洪先燾

吏能備清愼勤三者循吏也其能得之下佐末吏乎而我邑少府楫川公實兼備之公以庚寅來鶴於今二十八年矣五斗俸外非分所應得者不乾沒民間一錢食蔬茹筍廚傳蕭然廐無馬囊無金不畜僮僕家有負郭之田不百畝可不謂清乎民以私訟質焉據理以平其曲直而冤抑不一聞也剖情以發其愧恥而笞箠不輕加也上以公事委焉職所當爲者詢諸衆庶而務爲力贊也義所不得爲者復以婉詞而不求希合也可不謂愼乎昔

鶴峯州志　卷十三　藝文　三二

崔斯立爲藍田丞無所施用孟郊尉溧陽以吟哦廢事名士無實世以爲譏公職在司獄巡視之惟嚴職在弭盜鈎鉅之惟謹簡書可畏不辭鞅掌案牘可省不滯期會曰吾以盡吾心耳可不謂勤乎然則公信循吏也哉使有爲之薦揚於上者焉一歲九遷其官可也胡爲看驗者四考績者九尙居蕞茲土也或曰圭璧其心者拙於求進廉隅其躬者短於趨時或曰位卑而地僻無殊尤之績可稱無萑苻之功可藉資格所限大憲亦無由以不次待之然公嘗爲燾言吾初筮仕時功名事業雅不欲居人後今老矣回憶當日同事諸人有超擢飛騰者有獲譴落職者我雖不得顯處亦未履畏途不可謂非厚幸焉且我吏是邑也久其於人民風俗也習往往與邑老者課晴問雨不啻故園父老也與邑少者言孝言弟不啻故園子弟也與邑文士把酒論文不啻故園朋友故舊也一旦遷擢之他能免思用趙人之嘆乎蓋其胸中浩然以義命自安如此而於鶴人鍾情之深又如此歲十月八日爲公六秩弧辰邑士庶謀躋堂介觴而屬燾以睱詞燾食公德者三世喜邑人之有同心也因以

鶴峯州志　卷十三　藝文　三三

芻蕘之言代士庶祝曰洪範之五福首壽公年居指使髮尙未宣期頤可以徵已惟是吾儕小人之愛戴君子者不惟於其身猶望其多賢子孫公諸郎濟濟適符燕山竇氏之數長者能文章少者學吚喔瑤環瑜珥蘭茁其芽天其以此酬公與以公居官能於其職其子孫之象賢可知也則請歌小宛焉曰教誨爾子式穀似之以公積德未食其報其必發祥於子孫又可知也則又請歌南山焉曰樂只君子保艾爾後諸郎皆生長於斯異日聯翩蔚起翱翔雲逵邑人士炫耀而侈談之曰我公之

盛德不虚也豈不美歟抑燾猶有私祝焉公不鄙夷吾民大槪如前所稱矣俟再周一甲癸公解組歸田乎燾當纘述治績告於邑侯祀公於名宦他日續修邑乘得備載之以永其澤焉

三里荒修路引

洪先燾

三里荒大路離州三十餘里高峻爲諸峯最北出者由痴虎坪而上南來者由東鄉坪而上梯級百仞始躋其巔循巔而下山麓亦約百仞人汗喘馬虺隤矣山腰舊有樵徑險狹不可行乾隆五十年間附近田文龍等鳩工剔鑿成新路坦迤而近省攀崖陟磴之勞一嶺横過上視向所經歷之天梯雲棧乃在空際行人以爲便顧路半皆石砌狹處祗二尺許左倚峭崖斧鑿難施右臨溪澗刻絶萬仞其上下有土處砂石夾雜間爲畬田耕種土旣鬆動石易傾頹路顧屢修屢圮燾每過此下輿馬傴僂行目眩心悸不敢旁睨并聞土人言時有負重顛隕下澗立斃者心爲加悚焉因思鞭山塡海人則無術若但棄此磽确片壤勿耕種以搖土脉又環路廣栽樹木以作扞蔽而固根柢此固吾輩力所能爲謀諸同志皆曰善願各解囊助買地貿地主覃志全等欣茲義舉憑衆估價若干金歸地於公燾喜此路之險可平狹可拓屢修屢圮之功可永固也爰志其顛末如此俟立券後覓工栽樹白諸當路禁止耕種採樵者勒文貞珉以垂永久

黑龍洞修路引

喻章珩州人廩貢

環鶴皆崇山峻嶺徑險阻少坦行處州南黑龍洞一帶尤爲崎嶇輿馬罕通而路當阨要前通西三保關外之咽喉也後抵八峯山州城之襟帶也肩者背者行旅之往來者不能舍是而他途之從焉沿溪數里皆羊腸鳥道一綫屈曲有罩崖一段尤逼仄人倚石壁行旁臨深淵心恒惴惴此五丁所未嘗開巨靈所不能擘也人視茲路爲畏途也久矣年來路益圮茲有附近耆民諶嫣王修理磽确者剗削之傾欹者培補之窄仄者砌石而展拓之

顧以工鉅費繁商及下走珩曰道茀不可行覘國者以爲譏修橋補路亦陰隲文中要條也諸君以濟物利人爲心人之欲善誰不如我必有解囊以相助者易曰履道坦坦書曰王道蕩蕩行爲此險徑歌砥矢矣爰書顛末以爲發大歡喜心者勸

請重修州志公呈

部生榕州人拔貢

竊惟風土攸分圖書資輶軒之采世年遞嬗邑乘備文獻之徵故必博覽旁參載筆不遺夫既往因之居今證古成冊永著於將來鶴峯舊屬土司嗣成山邑歷唐宋元明之久隸要荒者千餘年值

文武成康之隆設官吏者八十載服疇食德幸沐　熙朝深仁一道同風允稱　盛世樂土矣伏思宣猷布化司牧歷著循良釋耒橫經學校咸推翹秀疆場敵愾頗多効忠之武夫閨閫完貞不乏型俗之列女攬著作於秇苑固可問俗考風表善

艮於茅檐亦足振衰式靡雖山川城郭舊志已梗概之粗存而文物聲名今時覺規橅之小異倘其閱人閱世竟爾紀纂無聞從此傳信傳疑爾將荒蕪莫考恭惟老父師緜牽僻壤澤遍巖封守正無私江都相之家風未沫持平不撓雒陽令之政績猶存敷化理於鳴絃允矣民懷吏畏發幽潛於蝎管定堪激濁揚清某等世處山陬身棠樾蔭亨桑麻之樂利敢歷幸逢龔黃憶父老所流傳文章思託班馬伏乞簿書餘暇俯賜丹墨沾濡改土以來之民俗土宜盈數寸之牘以不朽歸流而後之善

教卓行附如椽之筆而彌彰不惟宇下士民快同慶雲爭睹亦且山中瓦石咸藉珠玉生輝矣

重修奇峯關橋梁記

部生榕

奇峯關祀　關帝神像於土司舊建戍樓樓砌以石瀕於溪溪闊幾三丈當衝路架木橋以通行旅年來溪水泛漲岸日潰樓勢𨉷硊里人稍徙橋上流廟祀葛叟處廟之遂以頹也鳩里人議遷他阜予曰遷廟避水策誠善然由此岸益潰樓莫保橋難架樓不保則古蹟湮橋不架則行人病得其一失其二矣且遷廟他阜剗山鑿石費不貲若用其費以修堤架橋廟既不患傾圮古蹟長存行人利賴是一舉而三善備也於諸君意若何僉曰然

爰議量力捐金分途募輸而推予董其事予鳩工庀材堤成橋架并建屋以覆橋上蓋閱歲而事乃蕆焉夫溪之有橋久矣溪岸之被衝突亦非一日矣今之修堤架橋緣葛叟議遷廟而牽連相及也設使葛叟不倡此議則堤終不修而橋終不架且使予不身肩其事葛叟雖倡此議仍無異築室道謀也豈鄉鄰貧乏者多憚於重役之興歟抑因循苟安急於義舉者之難其人與吾聞一介之士存心利物於世必有所濟自茲以往堤雖築不能禁溪潦之不衝突也橋雖架不能保風雨之不剝落

也里之人若以爲事不係乎一身一家坐視其漸就坍塌而不爲之所欲求古蹟長存而行人利賴也不可得矣予故記其顛末而復以隨時補葺望於後之踴躍急公者

蓮花石賦以砥柱中流形似蓮花爲韻　　部生榕

兩岸青山一泓碧水瀏其清矣何緣滾沸成花激而行之幾見川平如砥鼋春草於河畔彌望葱蘢湧霜楓於灘頭亂浮紅紫誰爲之拒傍崖盡洪水湯湯是不可磯盈瀨皆白石齒齒爾其郭繞西流峽横南浦雙溪逼合颷若雲捲電馳附壁對懸束成龍躍蛟舞方瀬渤以飛騰倏漩澴而濆怒堆非如馬漫擬江到瞿塘勢忽迴瀾恰同河流砥柱則見石紋劃蔦花影漾紅轉移無時殊泗濱之浮磬雕飾盡去異華露之凌風乍燙下有驪珠竟日精

光四射不道中無泥玉長年深色一叢偶臨流以攄懷如遊池上倘涉波而言采宛在水中於焉魚戲東西南北蕊曆冬夏春秋驚艷匪遥擷來思同澧浦褰芬殊杳望去空憶芬洲或者天補媧皇遺片石而鏡光難掩不然機支織女付清流而錦段猶浮漫云郎面同妍丰姿近若壁立可是女身倏化幻相逾添風流爰乃放情巖壑躡屐郊坰陟岡巒兮徘徊彷彿佛座湧現瞻極浦兮縣眇依稀仙舟艤停證山海經之名葩光驚四照分西王母之異種開閲千齡倘遇好奇坡公中宵定亦瑘椊如

逢善畫王宰五日可能繪形彼夫鑿池精舍規入社於遠公作說濂溪比不淄於君子旣涛殊錦城芙蓉亦韻勝河陽桃李然而英標曲沼迎初日以嫣然迨至芳萎淤泥彌寒潭其何似則雖足遠超凡葩孰若兹常對彼美至若硬鍾雲夢珉產藍田靈壁新奇寶玩米顛之袖鬱林磊砢裝載廉守之船美縱比天上三品秀終輸波中一卷曾說客遊湖心花堪作壁爭知頭點水面舌亦生蓮觀夫嚮激硿硔猶是硨砚之石根磐㕎窟居然燦爛之花清露濯姿蕩搖曾無纖蓋碧波漾采掩映不借朱霞若箇搴芳製裳應思清徹肌骨何人枕流漱石可有香盈齒牙漁父問津當年羨桃花夾岸畸人探勝此地學斗牛泛楂

鶴峯八景

八峯聳翠　紫草輝霞　龍溪夜月

印石承基　果老仙洞　蓮石砥柱

龍潭古鼎　天泉保障

以上八景爲土司所標列故舊志有容美八景之語溯其舊也嗣後咏八景者皆改題容美爲鶴峯焉

州署八景

鶴亭遠眺　射圃歸鴉　古梅殘雪

荷亭避暑　竹院聽風　雙桂排衙

雙柏插雲　西山夕照

以上八景前牧方天葆標列

黃象洞在瓦屋臺洞水浸滴成崖筍其形如象齒鼻皆具色黃故以名洞

三潮水懸崖壁立有泉按寅午戌三時飛流瀑布過期止一綫涓滴故名

日月崖在黑門兩旁石壁上懸二圓岩一赤色一白色故名

夜珠池在玉溪峯頂有寺寺前有池名夜珠

包穀　知州　毛峻德

山田多犖确惟黍實生之吳下呼雞豆秋深老玉蕤白抄雲子碎青怕沐猴窺粗糲思艱苦窮檐足療飢

咂酒

板屋團圞坐歡呼挈一瓶白波捲細管紅友吸仙醽戶小郫筩醉魂招楚澤醒底須杯在手麴部未圖形

鶴峯州九日 用杜韻　知州　李林

高倚山樓腰帶寬客中佳節強爲歡三杯白酒辜

新蠏一徑黃花笑破冠候雁影分重嶺斷丹楓錦碎隔溪寒租符底似催詩急爲寫煙雲作畫看

鶴峯懷古　署知州　蔡本崧

才子工愁懷宋玉 在巴東 美人遠嫁惜明妃 在歸州 騷壇月冷荒青塚獨對空山雲影飛

夜郎相近瀼西東流落天涯尊酒同一自共開詩世界至今巒嶂盡凌空

先主荒祠配武侯空山俎豆獨千秋幽魂長抱三分恨風雨靈旗戰古楸

白雲深處接巫山暮雨江城客夢還多事仙才工作賦高唐神女有無間

荅宣慰土司田九峯兼送令嗣應恒歸里　岳常道　姚淳燾

蘭津峽路未全遥鎖鑰同心荅
聖朝三代風流歸洞口懷春詩草碎芭蕉

其二

幾年史署費删除投贈牙籖載滿車二十一朝披覽盡可知荒徼故同書

其三

鵷雛春暖向蘭臯還往翩翩試羽毛棃甕欲傾千

石綠爲清邊氣荅賢勞

其四

漢家明月共迢遥有意重過莫待招料得南州歸夢曉錦雞啼處憶吹簫

鶴峯八景　署知州　吳世賢

八峯聳翠

猛虎恃負嵎化蜀傳飛檄羅列刀劍形時平同面壁八峯峯無名蒼翠空欲滴

紫草輝霞

返照石壁紫綺散繞餘霞此中茁似草四時不斷

花莫問商山叟或者葛洪家

龍溪夜月

我出城南門亂山凹更凸下有一線溪瀠洄貯明月相戒勿輕探俯恐驚龍窟

印石承基

臣心清於水臣節介如石放衙閒鎖印蒼苔纈一碧寵辱兩不驚一片留青白

果老仙洞

白雲與之俱仙靈洞中宿粒粒濟衆生何用監門哭爲問辟穀方倒騎驢尾禿

龍潭古鼎

古鼎垂雙耳下有毒龍藏酌泉泉不竭搗藥水雲將豈必享大烹霖雨溥羣蒼

蓮石抵柱

靡靡厥卑喧蓮花凌空結一柱抵中流衆魚潛其穴亭亭開十丈舌在還能說

天泉保障

雞公連石賓去天儼尺咫泉聲石上流楚氛淨足喜在德不在險保障固如此

運米行　吳世賢

萬山積雪雙足洗一步一跌運兵米兵鼓腹兮民忍飢有時飢飢謌轉笑聲聲高唱邊關調邊關烽淨月如銀年年歲歲鐲租詔況復將軍羊峴山旌旗細柳鎮南蠻軍中粒粒念辛苦力役何辭行路艱君不見昭君村接鶴峯樹萬里蒙塵輕故土

包穀行　吳世賢

萬峯簇簇人似烟鳴鉦擊鼓謌徹天小婦赤脚男尻肩相呼相喚來種田田中青青惟包穀粒粒圓勻珠十斛十斛量來賣街頭青錢只堪腰一束今

年處處樂年豐換得錢歸室罄空室空還仗明年種那顧飛蹯兩脚腫衣不没骭骨如柴包飯搏咸走斷崖年年雪棧冰坑裏帖耳低首莫抗差差來側目冷一笑喝取包穀作馬料

州署八景　知州 方天葆

鶴亭遠眺

八百延袤萬疊山斗州天塹四雄關桑麻雞犬風猶古文物衣冠俗不蠻洞裏笙歌聲寂寂溪邊鱗石水潺潺可憐故土歸流後荒塚空餘夕照間

射圃歸鴉

觀德亭前噪暮鴉羣飛金翅碧天涯無心出岫雲多態有意還巢夢正賒帆帶夕陽歸極浦雁驚歲晚落平沙分明識得棲藏處射圃何妨任爾家

古梅殘雪

長將瘦骨倚墻邊閒守名園半是仙魂斷雪餘拋玉珮夢驚風過落珠鈿林昏有霧籠綃帳月淨無塵染素娟此地寂寥君莫怨耐寒誰復占春先

荷亭避暑

水繞荷亭花滿池小橋南畔暑氛稀凉生翠蓋搖紈扇風弄銀波沁葛衣長日正愁午夢短幽窗却

喜晚香微爲憐此地眞清寂斜倚朱欄待月輝

竹院聽風

庭院浮筠似渭川烟梢裊裊晚風前漫將屈態迎人笑好瀉寒聲却自憐簾外恍聞飛玉粟月中疑聽步嬋娟客來野飯休燒笋留得竿長譜管絃

官衙排柱

堂前列種木樨花爲愛天香不放衙霜薄瓊枝清徹骨雨肥金粟碧於霞端排雁序分班第好整鵷行作爪牙正是衆芳搖落盡貪看獨秀占秋華

雙柏插雲

古柏蒼茫望轉迷生來兩美一般齊參天黛色雲爲髻溜雨霜皮月可梯斗柄正垂高幹北山形低向嫩條西不愁歲晚驚寒雨長有祥鸞待汝棲

西山夕照

爽氣徐來日已斜西山憑眺極天涯碧峯叠作重重錦斷岸流成片片霞怨女罷粧還繡閣征人攬轡趁晴沙徘徊不盡登臨興回首名園待月華

細柳城觀刈稻與農民問答作　知州　雷應方

隴畝高低黃雲平南阡北陌耞板聲長吏奄觀有喜色老叱不覺嗟嘆生問言秋成非不好八口仍

無半歲飽今年淫雨緜仲夏富室扃倉長穀價手中無錢腹中飢不是倍償不能借可憐青青田中穀未熟已入飢人腹此日禾場索逋去婦子歸來吞聲哭貧家有年還如荒出門何處逢酒漿安得富室無債券有穀不上他人倉

登署後鶴亭　知州　吳煥彩

四面擁烟鬟人行步步艱峽吞兩河水草占半城山竹樹圍村小魚蝦入市慳荒陬樂訟簡好共白雲閒

望鄉臺

盤折到絕頂危亭片刻涼雲邊山萬點巖際樹千行綿邈通巴蜀巍峩過紫蒼海濱何處是東望憶吾鄉

容陽詞七首　知州楊樹本

陟岡種包穀履險乃如夷豈不畏蹉跌相期免調飢

深山多棄材採伐任枯槁山中木綿不易得榾柮滿爐代布襖

大米珍如珠高粱亦罕有祭祀及燕飲一味包穀

酒

高荒多苦寒五月蕎未熟何以給饔飧猪草和稀粥

背版山嵯峨任重取值多只願有力大如虎不辭身作牛馬馱呼嗟何人不努力山民力食勞如何

黃豆漿包米飯秋稼初登適所願山農一飽勝珍羞日食萬錢猶貪怨

生長深山中不見山外事蚩蚩者何爲惄焉懟撫字

留別鶴峯諸紳士　署知州何學青

瀟灑風雨兩忘年彈指瓜期忽惘然自分少香留去座他時高會憶尋仙雲依碧落三珠樹雁拂清霜九月天醉我醇醪無限意問君何以贈韋絃

咂酒二首　何學青

屏除杯琖對陶罌主客遞將雙管擎吸去香先迎沫上注來水屢挹壺傾不須漉滓煩元亮倘勸餔糟誤屈平最是少陵知此味無多酌我醉難成

釀成貯到經年美試飲尤於夏日宜莫惜我須低首就可知人處入喉遲暢懷頗勝傳荷柄勸醉爭禁唱竹枝蘆酒鈎藤名號舊漫因苗俗錯題詩

容陽雜詠　署知州王惟球

九峯南聳正當衙七里西流繞落花此是舊司中府地每逢遺老說田家

紫霧天高倣四關地雄原許壓尋蠻世傳十八時方泰蠢爾無端欲作奸

盟心枉欲渙尋疑江左何曾有應師愧煞苗人麻老丑倘知順逆靜邊陲

煉藥燒丹總自誣道人妖術豈良圖關城未築民先散不用王師勢已孤

恃險何曾得萬全平山深洞枉相傳至今鐵鎖空

橋影惟見蒼藤起暮烟
何處南藩近日樓却將寶善舊名留署衙左畔豐
宮右今日倉儲似昔謀
勝遊此日更如何高嶂危崖處處多可惜雲來莊
已毀野田惟得聽薅歌
祖墓松杉浸碧暉崇碑曾策武功巍我今重憩雙
鳧舄華表依然鶴未歸

司鐸三載得風病告歸留別同學諸子　訓導　陳文熺

桃李欣初植琴書忍驟還隻身千里客老病萬重

山編訂空留恨（曾與蔭軒刺史商修邑乘故云）文詞孰待删祗餘
歸里後遊夢繞岩關

官軍屯鄔陽關堵禦教匪紀事　吏目　陳泰

畢竟鄔陽險隘全么麽底事竄嚴關書符分鼎蕪
明效滴水開鎗有秘傳吉甫戎車來六月尋皐練
卒出西川官家軍胬流星運計日鐃歌唱凱旋

包穀吟　訓導　蕭琴

包穀亦黍屬種植滿陵阜山農無他糧惟藉此餬
口幹高五尺餘葉與蕉蘆偶節間孕瓊津狀若笋
初剖緑鐔裹爲衣紫絲纏若帚展或如鳳冠擘或
如佛手結實臨深秋年年欣大有吾聞玉山禾樹
大徒遮畝重思米似榴此物卽是否攜筐紛採摘
歌響答林藪落日御遥山黄雲覆査籆么姑好肩
背奔趨忘路陡健兒莫逞强腰弓已却走歸家各
磨礱一石米八斗精以供餅糜粗以釀咂酒旣可
娛嘉賓復可介眉壽貧民得有此厥利亦良厚愼
勿多費靡餘三猶待九吾願山中人常飽此粱糗

印山石　吏目　陳錫鎮

一印從天降山頭屹屹盤孤城資重鎮巨石得奇

觀士戴文誰覩雲籠角不刓斗州同景仰珍重凜
躬桓

鶴峯二首　州判　林廷翰

昨日神仙降玉京翩翩化鶴到容城八峯山聳昂
藏骨兩口河傳嘹唳聲赤壁飛來原是夢白雲乘
去尚留名層巒擬向丹霄舞莫訝三年竟不鳴
尋山盤繞出城西幻作蹁躚羽翅齊白綴三分殘
雪淺丹流一點夕陽低偕鳴漫道坡無鹿獨立鄉
知洞有雞只恐夜深湛露至驚飛欲與鳳凰棲

北佳坪　林廷翰

容陽風景瀾當年何事佳名北也傳未許西方徙
植美肯教南國並爭妍千林夕翠由街日萬壑晴
光雨過天爲問春秋多勝賞錦囊添得幾詩篇

望鄉臺　林廷翰

仄徑危崖路幾環望鄉臺上望鄉關舉頭明月三
千里極目歸雲八字山異地風光悲楚客故園花
信訪梅灣隔年未得音書至時見天邊雁陣還

廨前白果樹一株不知植於何時然建廨處舊名白果坪則由來久矣乾隆中前巡司胡君砌石護持樹日益盛而砌漸壘坼寻重爲修治既成賦此　巡檢余達思平江人

道左紛披穩結根孤標那礙植當門不同岸栁攀
還折切近庭槐曉遠昏培墢我非惜花果花夜開難見而此樹亦從未實摩挲客亦歷公孫樹一名公孫謂公種至孫始得食低徊
鴨腳勝鳧舄濃蔭幾人堪並論

萬全洞　浙江知縣吳裕中南安舉人

疊巘崚嶒一洞開懸空四阻絶塵埃窟成未必非
全策巢破終然付刼灰危磴久無樵牧至荒天曾
載管絃來藤花爛漫荆榛古連臂清猿日往回

鶴峯竹枝詞　吳裕中

禾黍高低亂石間高低收成不一般高處要晴低
要雨天到山中做天難
栽秧薅草鳴鼓鑼男男女女滿田坡背上兒放陰
涼地男叫歌來女接歌

過大岩關　舉人鄭謙安鄉人

全楚分南北雄關亘古今徑斜人百折岩峭樹千
尋傳檄通荒道飛鴉慕好音當年防戍地弦誦滿
平林

鶴峯道上　王震松江人

秋風吹上嶺雲巔路入椒園可著仙一綫天開山

罅裏千株楓冷日斜邊高風霜早飄黃葉巉石雨
餘傾碧泉最愛靈花香滿路馬頭過處幾留連
雨霽空山暮色蒼忽然山谿見平岡零星烟火連
村社如水官衙對野塘把酒孤吟懷自遣擁衾入
夢夜偏長明朝又踏雲邊路細檢行裝待曙光

紫雲宫　李靜安州人庠生

紫雲繚繞是仙宫滿目烟霞四望通矗立丹楹界
天上横鋪鐵鎖鍊山中北臨諸洞禪心寂南挹羣
峯道法崇早晚鐘聲林外徹可能說法似生公

小溪霧行　李靜安

款段徐行溪復溪望中何處辨東西似嫌寫景詩人過牢鎖雲山不許題

容陽八景

八峯聳翠　謝士璠 州人庠生

聚五連三聳碧空排成奇嶺亦奇峯斗然拔地屏開陗儼若朝天笏執恭但覺眼前青八面更忘雲外翠千重晴嵐霽色都堪玩暇日城頭一盪留

紫草輝霞　丁達模 州人庠生

城東好是夕輝斜爛漫疑開四照花幾日燒痕青作黛終年草色紫於霞氣聽寒谷仙應近芝滿商

山我欲家長似楓林秋老後征人指點路三叉

龍潭古鼎　徐本立 州人庠生

陂澤天成數畝涵曾傳古鼎此中嵌水心誰遣神工鑄碕岸難同象罔探蝌蚪無因摹大篆風雷會待起澄潭龍蟠屏伏徒能說數典何人證籍談

印石承基　張賜彥 州人歲貢

石方如印不煩劖城郭因依駐蓋麾天上頒來承重鎮山頭磐處壯邊陲烟雲環繞緘封古苔蘚縱橫篆刻奇應是恒星化非偶斗州長藉作丕基

龍溪夜月　徐承爵 州人庠生

繞郭潺潺水向西蜿蜒折赴是龍溪每當月夜金波漾常恐中天月影低可有漁人吟在留若逢鮫客欲探驪清暉似勝千潭印遊侶歸遲聽唱雞

果老仙洞　徐承義 州人庠生

境異桃源別有天豁開一洞近城邊騎驢無復遐蹤至貸米猶從俚耳傳藥竈丹鑪成往蹟異花靈草自長年能來此處求仙否不作飛仙亦地仙

蓮石砥柱　丁達謨 州人庠生

芙蕖一朶四時妍峽口中流望眇緜出水何須香馥馥臨風只欠葉田田狂瀾砥柱莖寧弱頑質凌

波品亦仙即石即花空色相奇觀漫詡火生蓮

天泉保障　龔祖曜 州人庠生

蠻觸紛爭策萬全所憑地險在天泉雄關以外狻焉啓峻嶺無多危則跧自昔鳥烏驚鼓角秖今禾黍長風烟樵歌牧唱

熙時樂保障還資守土賢

讀楊蔭軒刺史容陽詞呈詩八首 錄三　洪先燾

山陬風景入吟哦事事都堪喚奈何一片獅毛彌磴确幾行龍爪刈坡陀蕨根葛葉饔飧慣女背男

肩痛痍多辛苦萬千民氣靜使君爲政本寬和

妖氛蜂起遍荆襄守禦頻年費糗糧賽社更無三宿酒犂雲偶有數家莊勤披案牘防多訟減派夫徭抵救荒老杜胸懷次山句艱難曲繪出琴堂

落花廳事滿青莎筆墨工夫得不磨野老新傳栽藷譜士人初換插秧歌萬千山匿奸頑少十六條添講解多更把新詞抄萬本後來良牧奉金科

鄖陽關軍中聞賊營歌聲　洪先燾

尙有投誠路冥頑奈爾何釜遊能幾日猶自起高歌

容陽竹枝詞　洪先緒 州人廩貢

春山桃李爛如霞女伴相招笑語譁今日晴和天氣好陽坡去摘雨前茶

薅歌六月滿山岡鑼鼓聲中抑復揚莫道山中無禮數男男女女各分行

礐确坡陀歲易荒山崽半賴蕨爲糧冬來但得晴無雪也似耕人一例忙

薪盡荒山挖洞煤蒙頭垢面入城來不辭早晚頻肩苦猶有負鹽人未回

繞城一帶水流西壓市人多傍柳堤何處搗衣礁石磬沿河直聽到龍溪

隔宵相約赴城闉揀出蒙頭格子巾明日笙歌迎綵仗聽郎說是隔年春

郡城逢新授兆佳坪別駕蕭梅菴問鶴峯景象詩以答之　部生崧 州人歲貢

宦遊來鶴峯人言如謫戍鶴峯萬山裏別駕當兆路憶我總角時兹路未停屨官廨雖幽僻尙有米鹽鋪轉瞬三十載惟餘別駕署變遷匪自今請爲君言故此邦初隸□□□多流寓燒畬墾礐确包穀徧栽樹壤藉廢□□民慶豐年屢坡陀經雨洗

歲久山骨露地廣盡不毛旣棄無回顧舊時井竈場今日荆榛布戶口十二三蕨薇供朝暮州堂可羅雀別駕若懸瓠夜停銜山月曉看毭溪霧廨旁有崇岡是我先祖墓寒食澆麥飯我來歲一度軒階如許立芒鞋當少駐古人林泉典多爲圭組誤君去撫鳴琴定得靜中趣莫厭入山深此是吏隱處

蘭莖薹　喻章琳 州人廩生

枝條略似蕨初生時莖如蘭有白絮戴其頂味脆美用東坡元脩菜韻賦之

青青山中蕨春日敷蒙茸拳芽佐匕節頗較園蔬
豐草彼蘭莖臺並起莽蒼中出土戴白絮蘭甕裏
絲蟲紫莖排戢戢綠野抽忽忽摘趁蓊方嫩盈飧
咏有饞甘脆敵薇筍辛烈異韭葱味美人共嗜捋
掇數日空宿根自蘊藉潛滋蔓草叢來歲匪萌時
烟雨散冲融無勞施灌溉擢秀仍從同我家深山
裏甘此自見童頻年旅食久蓴思每縈胸今來薄
世味息壤卜蟻封且勿剪早韭且勿蓄晚菘先時
具筠籃薄菜出蒿蓬此腹殊不負竊擬傲萬鍾不
似元脩菜夢想勞坡翁

禾蟲嘆 壬申歲 何夢芝 州人歲貢

食葉蟲爲螣食節蟲爲賊一蟲二者兼肆毒更無
敵初以葉作巢葉盡根是宅日出下藏身日入上
薦食迅若蠶齧桑多勝馬齕櫪能令信宿間委地
稻狼藉粒粒田中珠農人和淚滴古來捕蟲法唯
有焚埋力蠢茲蠕蠕醜奮飛少兩翼勢成附骨蛆
醫治竟無策我聞蟲之生匪天不驗德螣由吏乞
貸賊由吏貪墨感召不一端總歸吏失職方今刺
史堂劉龍共潔白耕也餒在中厥故頗難測莫漫
論禨祥使人輿議愿

蟲災後久雨 何夢芝

與蟲爭稻蟲可搊半墮田中半歸屋青黃錯雜易
霉腐禾場亟平轉碌碡豈意舊雨招新雨崇墉此
櫛不得暴眼看又去一半穀前日禾苗需雨潤晝
夜呼龍龍潛伏此日穀粒愁雨黮龍公故故來不
速龍兮龍兮苦與螟螣厚餘毒稽首方社前訴帝
將龍逐好晴十日無片雲再荷蓑笠叱黃犢

遊晴田崗 李先春 州人恩貢

歲大淵獻秋相月往尋古崗戴笠出披榛躡厓迤
邐上冠者五六童六七崗名題處蹊難逼旁儆大
厂穿徑巃嵸來徑隔萬仞陗削眩目蹲虬龍未
入且先覓石碣碣不特琹依壁鍥撰記洋洋千餘
言風霜剝蝕半殘缺捫壁摹畫推縱橫畧云修崗
緣藏兵人情爲田民有奧康熙庚申九峯營振衣
同向崗中遊寒析毛髮風颼颼靈草異花歷落長
土壘石牀無可求谽谺豁閜參錯開人持油炬并
楮煤蝙蝠飛鶩蟾蜍哭少年譁呼鬼物來耳畔忽
聞鞳鞳聲下有伏流穿崗行試投巨石響砰磕鏬
隙微露天光青溜巖玲瓏懸亂窟搜牢敲擊競勃
勃賞勝故應還吾輩往時夢來殊荒忽袖雲崗口

行仍留禾黍高低原野秋蠻觸戰場底處是極目
日落古梁州

田九峯宣慰墓　　龔傳瑜 州人 歲貢

往代英雄多奇特破碎山河自成國豈知中原割
據時更有餘人闢草澤夜郎自大膺專城蝸角蠻
觸皆簪纓田氏累葉雄容美九峯將軍尤錚錚將
軍制作藏內府舊事翻成新曲譜紅梅白鹿風雅
留惜哉再傳失疆土阡碣矗立溪橋邊苔封碣字
紛不全石馬縱橫臥榛莽松風蕭槮搖蒼烟陌上
過客行行止太息冢中人不起有兒高建歌舞樓
曾擬仲謀與亞子歌殘舞謝空悠悠深山杜宇春
歸愁欲訪遺跡故老盡溪聲日夜西向流

望鄉臺　　部生標 州人 庠生

蜀山趨入曩陵止鶴峯山附蜀山尾勢如江流欲
出峽盤折奔騰逞奇詭就中望鄉臺最高巍巍峩
峩入青霄斗州廣袤八百里挺拔居然羣山豪此
山正當我門牖終日瞻眺卯至酉今來躡足峯頂
上始見羣山下界走林風颼颼振長空呼吸之間
通蒼穹極目天低鳥沒處中隔雲烟千萬重峭壁
老樹欹不折怪禽飛出虎豹穴暗泉澌瀝晴如雨

陰岩猶留太古雪我行至止方清晨我室人語猶
可聞獨立蒼茫百端集嗟爾東西南北人

辛未歲劉邑侯編審戶口作長句上之　　部生榕 州人 拔貢

柘溪歸流隸版籍坡陀延袤里八百編氓多從鼎
澧來依厂結茅此與宅是時老林初燒墾草木腐
化即糞澤春日鋤翻烟雲叢包穀播處行歷歷蕉
實旁挺大逾把笋簳密封長盈尺纍如貫珠粒在
房熟驗垂綫白轉黑實堅炊飯飽充腸一夫耕足
八口食雞鳴狗吠山谷應往來行旅羨樂國數十

年來雨潦洗磷确空餘鑿鑿石間有土山多不毛
和糞播種終嫌瘠流寓紛紛復他徙貧者難遷腌
徙搤可憐荒舍破釜中常雜蕨薇供朝夕可憐鶉
衣鵠面人常棄耒耜應徭役我聞民生勤不匱柘
谿勤亦生理窄力農既苦壤無膏逐末偏值地太
僻頳肩負茶復荷鹽辛苦傭保濡餘瀝豐歲難贍
俯仰資若逢荒歉更過仄召父杜母今何人殷勤
編審戶口册請問此州男女數較量盈絀何如昔

州堂槐樹四株閩中吳叱來夫子刺州時所
手植也十閱春秋大逾拱把對之有作一

部生榕

殷勤樹木種踰淮留取甘棠覆滿階惆悵公門桃
李老成陰不得比疎槐

州城建修　文昌廟亍赴鄉勸捐頗形踴躍
喜而有作　　部生榕

文治烝烝秩祀新醵金作廟遍鄉鄰故交驚看鬢
眉改初識咨嗟姓字陳富肯破慳緣信我貧嘗徹
骨未欺人衆擎計日經營就好潔蘋蘩共禮神

過奇峯關作呈部晴峯　劉紹純 州人 廩生

峯巒犬牙錯一綫少坡陀土瘠穀頭短山空泉眼

多成無鳴柝警野習插秧歌好待新醪熟澆花處
處過

重修　文廟落成恭賦八韻　部生椿 州人 庠生

奕奕先師廟何緣底再成告竣資代狙經始自
專城工閱頻年集梁諏吉日迎飛甍依舊址溜泿
颬新閎以殳崇遺像於昭奠兩楹更增良牧位還
待哲人生嘉樹吾翁植鳴絃闔邑賡儒林同釋奠
竊喜厠羣英

山羊司　龔經德 州人 附貢

層山疊嶂擁周遭禾黍芃芃土壤膏佇盼雄關盤

百仞翻嗟闢署勝三刀當年蠻觸分蝸角此地熊
羆戍虎牢　聖代人安耕鑿樂絃歌聲出菁爐崗

重過韮菜壩　田玉疇 州人 庠生

不見山家老圃勤重來春韮綠如芹朝經宿雨人
初剪晚值新炊客欲分虎跡縱橫穿嶺過鳥聲喝
哳隔溪聞荒榛一帶鳴鞭急無數騾駝亂撲雲

挖蕨　田士選 州人 庠生

斸根搗粉濟年荒共說入山勝土倉得飽不須天
雨粟積勞勝獲禹餘糧䴴團𩟔雪下溪月杵發輕
雷萬谷霜只待新畬蕎麥熟農歌又聽遍巒岡

迴龍閣懷古　趙顯廷 慈利 生員

芳林日落訪遺蹤畫閣臨橋瑞靄濃漢土當年曾
走馬貉山此日尚迴龍團圞十畝開金地平逭千
家人翠峯防隘營前空炬壘風清眾界夜聞鐘

江口即景　于世超 州人 庠生

崖迴路轉小橋低夾岸人烟古渡迷林抹數峰界
南北水流雙派會東西白榆山對紅花近靑佛雲
連赤石齊明月洲前憑晚棹恍疑身在武陵溪 白榆紅花靑佛赤石明月洲皆附近地名

登州城望舊司祖塋宰木伐盡感書二絕

劉開泰 州人庠生

無復風烟助慘悽縱橫翁仲臥塗泥誤他杜宇春
來血盡日哀哀何處啼
量圍解帶徃時情此日城頭望眼驚寄語故家住
子弟須防抔土也耕平

上塈界　劉紹寬 州人庠生

望去渾疑天可接到來眞覺足離羣陰陽坡得日
光牛乾濕路從山頂分巖積三冬新舊雪樹穿四
野往還雲一聲長嘯隨風起上界下方聞不聞

溪坪道上　龔紹崧 州人庠生

細雨霏微欲釀泥霧籠馬首望中迷空山響答丁
丁斧知有樵人在隔溪

辛未七月龍潭坪雨雹殺稻　田興邦 州人庠生

築場旁錢待攢珠硬雨偏教數里無傾耳初聞催
揭鼓舉頭旋訝碎冰壺穗空成帚迎風埽種播如
春貼水鋪天物仍愁天暴殄謀生底事是艮圖

咸盈河道上　宋大松 州人庠生

潦洄溪為路羊腸曲曲圍猿循石梯下燕撲水簾
飛遲轉天臨窄崖高日到稀前山雞犬見好去款
雲扉

龍潭古鼎歌　拔貢田裕康 州人

青龍山脉寸雲起倏忽蜿蜒幾千里潛流滙作桃
花潭風雨時噴老龍水但見波底雲鬱葱爭說寶
鼎藏龍宮瓊樓貝闕在何許鱗甲照耀森玲瓏我
聞黃帝迎日推策逢己酉冶金鑄鼎文從斗又聞
神禹貢金九牧河光榮縷形刻狀輸精誠龍潭之
鼎鑄何年光芒閃爍千人傳披圖載考地輿志溱
溪溶蕩孳畫成山川如何龍頭豕腹有光怪不與
高陵深谷同推遷自是化工鼓鑄多神力爐錘天
地生雲烟及今精靈那可掩吐吞日月寒芒閃雷

車殷殷推九霄一鞭獨掣金蛇高四圍霹靂如潑
墨潭水返照雲欲裂鼎在虛無縹渺間不知赤山
之銅苕山鐵又或蟾魄懸天中金波下與銀河通
珍珠燦爛貫星宿百靈呵護蒸霞紅昌黎當日歌
石鼓大筆淋漓灑飛雨彭蠡湖邊尋石鐘髯公逸
興爭千古龍潭之水何其深杳溝淼淼流清音噌
吰鏜鞳石與金不襲不汲留寄邃古物應響東西
潯聽我匣中雙劍如龍吟

水砦即景　李定才 州人庠生

老圃寒花作意黃丹楓烏桕逗斜陽秋山不讓春山好紅葉叢中蛺蝶忙

容陽雜咏和韻　李定南 州人廪生

深山累葉擁蜂衙俗不彫題面不花拋却前人金紫貴忍伸螳臂抗　天家

蝸角紛紛已敂關如何輸款後諸蠻遺民太息東東事從古貂璫總一般

寶善樓連寶善宮宮傾樓圮化秋風容陽舊蹟銷磨盡惟有西流水不東

風雲旂旆馬鳴嘶霜降公然出柘谿荆府羊裘盧想望　皇輿直到夜郎西

脣齒相依理不誣可憑狡詐逞狂圖青麻索繫鄰酋日爭料巖封注已孤

鑿窟謀成喜萬全坐街苦把崗民傳顛當不遇蠮螉冠亦有豺梟颺烈烟

無復當時著作樓名登四庫簡編留九峯應抱千年恨不道生兒擬仲謀

子夜簫聲喚奈何桃花扇惹客愁多只今菊部長消歇留得端公下里歌

橋頭墓碣頗生輝紫誥褒嘉世閥巍宰樹春深啼杜宇聲聲猶道不如歸

澗泉雲壑自清音往事悠悠歲月深琴閣艷傳新樂府馬鈴爭似雨淋淋

脚踏坪道上暑行　羅玉麟 州人庠生

去郭二十里無風自在涼馬頭出林外時有野花香

秋晚水沙坪道上　龔紹杰 州人庠生

泉聲瀧瀧飛山色蒼蒼接秋樹驚鴉起蕭蕭下黃葉

石龍洞早行　徐承禮 州人庠生

曉霧迷離曙色微露珠顆顆洒征衣橋頭立馬塵心淨石上流泉學雨飛

神壇坪巖流細若檐溜每日寅午戌三時大如傾盆逾時復細晴雨皆然人呼爲三潮水　周光勳 州人庠生

巉巖多是碧流懸幻出靈奇獨此泉涓滴頻驚飛匹練海潮不信到山巔應時消長眞堪異隨月盈虧却未然一勺也教難蠡測惟餘三疊聽潺湲

紫雲宮　洪先爽 州人庠生

紫峯矗立望亭亭仄徑蛇盤入杳冥杖底雲連平野白門前樹界半天青斷橋歲久鐵如繡陰洞夜深螢似星太息岣嶁遺蹟邈惟餘鐘磬答山靈

印山石　　田純德 州人庠生

鶴峯山裏山山多峭石誰削方以平纍纍山以擲奇哉此石鈕盈丈自天剸如匣函綠紋啓則耀金赤秦漢有印統王侯異品格梁代忠孝侯金印石胎孽大造生偉人精英竅山澤兹石眞石材天肯爲剞劂轟雷攫其礦疾風刷其塽篆成天雨粟堅光發地脉莎靨亘於前握之擁棨戟山靈叶休

徵勝蹟留竹帛

登鶴亭　　龔紹嶟 州人庠生

鶴亭留勝蹟登眺藉餘閒繞郭都成障憑欄飽看山遙青昏雨脚濃翠溼煙鬟刺史風流杳芳蹤不可攀

登平山　　龔紹融 州人庠生

高壓香爐勢倒懸眞如螺黛白雲邊危峯傑立疑無地峭壁橫開別有天萬疊附庸晴後見四時眞面雨餘傳土人猶說當年事指點城濠盡宿烟

郡城聞部晴峯采輯邑乘寄詩奉問　　洪先緒

平生懶不學稽康驛使來逢問必詳共道說詩匡鼎樂更聞握槧子雲忙如椽筆掇山川秀附驥人欣姓字香草創遙知思急就少微星色漸成黃

課徒暇采輯邑乘洪理堂自郡城以詩寄問次韻荅之　　部生榕

清時無處不平康風土先從里閈詳載筆難憑愛斯錄臨文仍恐錯因忙肯教泉下人多恨爭得山中草亦香搔首茅檐佇君至西窻細與共丹黃

按自來修邑乘者列藝文一門祇載某人著某書

凡若干卷經史子集皆以類編固未暇盡錄其詩文者而不可以此例鶴邑也鶴邑僻處一隅代無聞人惟田元頗事詩書有金潭吟意筆草田舜年多勞績而能文章所著廿一史纂容陽世述錄亦可謂鐵中錚錚矣下此則唐世英以能詩名而他無聞焉欲求如經史子集之以類編不誠戛戛乎其難哉操觚者於此廣蒐博採以歸一爐而成五鯖亦良苦矣乃世猶謂其求益選肥則何也

鶴峯州志卷十四

雜述志

唐段成式之諸臯宋洪邁之夷堅大抵近稗史小說姑妄言之姑聽之蘇長公以此資談鋒則可矣不然若王喬鳧飛左慈羊鳴可入後漢書幽明錄搜神記可入晉書抑或不免於失之誣乎吾恐范蔚宗房喬諸人尚未足比功董狐也志雜述

容美司一稱柘谿按土司多以谿峒為名如來鳳曰蕉谿桑植曰柿谿永順為古溪洲溪即谿也淮南子俶眞訓登千仞之谿註谿蠻夷也以柘

桑為弓柘谿之稱或取義於此稱柘雜者誤

土司之班宣慰為上宣撫次之安撫又次之長官又次之然宣慰與宣撫不相統屬

土司承襲 國初猶屬吏部後改歸兵部

土司部勒土民分風雲龍虎等字為旗旗有長又其下有大頭目分管若干戸現在州民猶有存其祖先大頭目執照者

桑植縣志云永順保靖桑植容美為四大土司而容美最强桑植亦能敵之後乃結好

容美宣撫司領長官司四曰椒山瑪瑙曰五峯石寶曰石梁下峒曰水盡源通塔平椒山瑪瑙卽今劉家司地石梁司今屬長樂縣地

土民稱峒長曰都爺其妻曰夫人妾曰某姑娘幼子曰官兒女曰官姐子弟之任事者曰總爺其次曰舍人

土司世崇武功至田世爵以後頗事詩書故田元有金潭吟意筆草等刻而田旣霖兄弟三人未承襲時皆補澧州長陽諸生又田舜年所著廿一史纂載入省志

桑植中峒各土司嘗合兵圍田舜年於情田峒土目有羅文虎者素驍勇率土兵突圍赴中府調

援敵斷其一臂猶格殺數十人乃斃解圍後舜年斬先退土民二人以殉羅葬羅突圍三次因名其戰處曰送三埡

情田峒在太平鎮東里許高三四丈濶可容數百人門二在左者八分書情田峒三字在右者題記於側字跡多模糊大畧言藏兵事尾署康熙庚申年田舜年譔相傳舜年被桑植各司圍峒閱數日於峒中伏流內捕魚數尾擲以與敵敵相顧謂曰彼尚有魚可餐我等糗糒已盡援師

至將何以職因解圍去去之日大雨如注舜年詗知敵來時車東河苦竹壩二處皆繫繩兩岸緣繩而渡山水驟漲必難速濟遽發土兵分頭尾追盛殺無算遂於太平鎮關廟鑄鐘銘功有以數百人殲賊數萬等語今其鐘猶存

平山萬全洞田舜年所營有碑記在山上今尙存但洞須緣溪而上其舊砌磴級多爲崩石擊碎罕有遊者

紫雲山下有鐵鎖橋歸流後橋已傾圮而鐵鎖猶橫繫兩岸後亦爲人攫去

城北五里曰果老洞俗傳土司時有仙居洞中歲飢土民貸米於仙先一夕禱之明晨往取則米在洞門如所求之數後因貸者不償禱不復應語頗怪誕然果老仙洞爲容美八景之一或土司神道設教假此以愚土民歟

桑植縣志云縣西北一百二十里有大崖屋寬布數十席石壁上有墨書山高水長億萬斯年八大字相傳容美桑植二土司尋盟於此

土司曾受吳三桂僞封故其時給土目執照尾署周二年印鐫承恩伯印四字

土民皆不受學有唐世英者能吟詩邑士人曾見其遺稿百餘首今已散佚

湖南石門慈利所屬有世襲所官隘官以防禦土司爲責任據澧州志稱肇自蜀漢建興年間下及唐宋以來皆仍其舊至明洪武後乃確鑿有徵其制所官世襲千戶隘官世襲百戶所官地丁銀徵三免七隘官地丁銀徵七免三自行團練不請糧餉亦不給兵仗雍正十三年各土司俱已設流部議各所隘既無防禦之責又無管束軍民之任請將原缺裁汰我

世宗憲皇帝俯念該祖父等著有勞績不忍令其廢置分別賞給千把總職銜准其子孫永遠世襲乾隆三年慈利所屬山羊隘五十里以內之地撥歸鶴峯各世職有歸州屬管轄者遇有承襲事件仍歸湖南州縣核辦

相傳桑陵鎮總兵冶大雄微時販馬至容美司爲司主所窘辱後鎮桑陵數構之制府以致列款糾參然閱桑植縣志當雍正五年桑植改土時前制府傅敏密摺奏稱鄰司田明如桀驁狙詐或恐各傷其類相煽爲變請調兵預防是明如

之不執素著不待他人媒蘖也且雍正七年以前各土司以次歸流明如苟達時務自行歸誠改土必可仰邀
恩眷不此之圖而負嵎自固已經糾衆尚謀抗拒其身死不致戮屍妻子復獲安插猶爲幸耳

相傳土司時老林未墾猴類之最多者俗呼爲十萬猴一日西路斥堠守者鳴角報警土目屬衆拒敵比至則鄰司並未犯境詢之守者對以遙見車東河敵兵涉水人數彌漫無算土目轉告峝主議治以虛報軍情之罪峝主曰是必有故

使人往探則是日十萬猴過河也乃更賞守者

土司女優最工桃花扇漫述云楚地之容美在萬山中阻絕人境卽古桃源也其峝主田舜年頗嗜詩書予友顧天石有劉子驥之願竟入洞訪之盤桓數月甚被崇禮每食必命伎奏桃花扇亦復旖旎可賞蓋不知何人傳入或有雞林之賈耶

明史載正德四年容美宣撫椒山瑪瑙長官司所遣劉思朝等赴京進貢沿途驛傳多需索爲偵事所發自曾橋以北計千餘金部臣以聞帝以遠蠻宥之又嘉靖七年容美宣撫司龍潭安撫司每朝貢率領千人所過擾害鳳陽巡撫唐龍以聞部札按舊制進貢不過百人赴京不上二十人命所司申飭可見田氏恃險與遠恣意妄爲自明已然

故老言土司謂民以箸則能飯者至以帚則掃境而出又言明如請中峝司過境奏伎歡飲密遣人往襲掠所獲民人繫以青麻索

州設流以後常德澧州及外府之人入山承墾者甚衆老林初開包穀不糞而獲每市斗價值四

十文較官斗僅值二十文迨耕種日久肥土爲雨潦洗淨糞種亦有不能多獲者往時人烟輳集之處今皆荒廢然聞方開墾時深山箐林中掘土數尺每有殘缺鼎鐺與一切農器故知陵谷變遷由來已久異時必可再墾也

州無十分歉歲以宜晴宜雨高下之收成不齊也民遇歲歉則挖蕨搗粉并採可食野草和飯充腹然亦辛苦備嘗矣

飛蝗邑之所無食稻之蟲卽生葉上狀如蠶頭有黑紋似山字生於秋前盛於秋後大約地高而

成熟遲者生蟲之歲間被其災
盛夏大雨往往山崩地裂甚至冲塌民舍人畜俱有損傷說者以爲蛟起所致蛟之有無人未目睹然當山水泛漲雖時值白晝亦晦暝異常且必有雷聲隱隱似鎮蛟潛行慮其爲害者則蛟起之說信不誣也
山水泛漲無歲無之惟乾隆五十三年五月二十二日郭外西街冲去民舍數十間歷來未有
山林既墾野獸久稀近十年來有獸稍大於犬頭與耳畧似驢或黃色或黃白斑駁攫食村民雞犬猪隻夜間或入城中同行或二三或十餘人逐之似不甚畏邑人呼爲山猋
教匪滋事宜郡七屬惟鶴邑未遭蹂躪蓋崇山峻嶺賊雖有險可據而無食可搏也惟與建始連界之冷草塘游賊來擾被鄉兵禦却及林之華一股竄踞芭葉洲大師駐札鄔陽關數月城市鄉村俱皆安堵
文昌神像原祀於百斯庵乾隆四十三四年間有外來學究自言姓方名曰士訓掌庵中退然如不勝衣至四十五年春杪忽詣九峯書院言我遠

安武生遊黌堂也以避訟入山故詭今名自寓庵中以來朝夕見
文昌神像奉祀他神之側殊爲褻越而隱忍未言今屆行矣故告之諸君卽移祀書院徐議爲廟言談之間形狀迥殊平日諸生異之遂設座移祀越數日往問則茫然無以應有告以自道其姓名者頹發於面未幾辭館去
城中印山爲州治後戾城垣半跨其上若開墾耕種不惟形家所忌且水潦衝洗勢必馴致崩裂故歷來任其閒曠嘉慶十四年忽有兵丁耕種於西民人耕種於東幷由州治後築墻直抵城根以爲疆界州屬士民呈請署知州劉運浩移查禁止永以爲例
邑諸生艾家鑑赴乾隆庚子科鄉試闈中卽卷上條陳本邑利獘以犯規戍烏魯木齊後遇赦歸艾生爲人謙恭重義輕財非素以武斷挾制爲能者緣以田土細故訟之官爲胥徒所窘辱故憤而爲此然不控切己之害於有司而陳一邑之獘於場屋其受譴宜矣志之以爲冒昧妄舉者戒

州人趙士琨作傭於諸生田志壽家志壽夫妻病瘵將死時子𤔡珩甫四歲以屬士琨曰吾有弟四人皆非可託孤者汝爲我撫之琨泣諾志壽命子以叔呼之未幾相繼卒士琨內外摒擋一無所私雛珩諸父亦心折珩弱冠入州學不數歲亦死士琨復爲經紀其家可謂傭中佼佼矣琨年六十有餘操觚者不欲自亂其例故不入義行傳

嘉慶十六年四月走馬坪民人某妻病見牀帳外有人長三寸餘時下衣冠老少男婦自窓孔中出者絡繹不絕家人初謂病者譫語視之如所言然隔帳則見揭帳則無覩也鄰里聞其事者往覘之所見皆同三日後乃滅病者無恙亦無他異

水沙坪有舊開煤洞附近民人某兄弟三人往取煤長者入洞甫丈餘疾呼救命其次入視亦仆而呻吟幼者急歸邀妹夫某曳次入者出氣已絕矣而曳者暈而復甦以爲可無害也次日二人借人曳長者之屍皆死洞中里人遂不敢復入以鐵鉤縛長竹竿曳三屍出七竅流血遍身青色無他損傷嘉慶二十年夏月事

世述錄稱巴東世譜載田思全先代累世同居其家共牢之犬有一不至則羣犬不食宋哲宗旌爲義門思全即田思政之兄弟

又稱爨陵文相國鐵菴黃太史中含明末避難來容美司按明史文安之崇禎末年由南大司成罷歸至永明時乃起爲相其間十餘年賊氛正熾又按東湖縣志黃爕傳有明命既革遁跡山中語則所稱二公避難容美之說信矣

又稱土司田甘霖臨終時有大星隕聲如雷又山石行數十步等異似因諸葛武侯暨韓魏公臨終事而附會之存而不論可也

土俗尚咂酒按杜詩蘆酒多還醉註云糜穀釀成不醉也楊升庵曰以蘆爲管吸而飲之一名鈎藤酒即今之咂酒

雍正初慈利唐姓隘官將千金坪一帶山場田土南至告箭坡北至杉木場週圍約三十里用印契賣與容美土司價銀一千零五兩經上憲訪察隨有民人以土估漢產俱控勘實以隘官貧工之飭原控民人照繳價值給容美司業付民人

耕管價係合夥湊集故有十大股六大股之分比時林深木茂收成歉薄迄今開墾成墊田土膏腴爲一邑最價值較前不啻百倍固由人事興修亦地氣轉移使之然也

改土時慈利撥歸人民畏新邑役賦繁重紛紛具呈奉督憲邁　批示修建城垣衙署及運江公松三縣兵米俱撥土民應役客民免派故至今關外除軍需外並無夫差

周化定大典河人年十六父病篤私禱於神割股肉煎湯以飲父病愈現業儒

分水嶺下陽河路旁有溜石一段於嘉慶年間白日石裂聲震如雷往視之約寬寸許長丈餘裂縫中深黑莫測如有星光飛舞遠近觀者旬日乃止

巫者謂之端公病者延之於家懸神像祝禱又有祈保平安或一年或二三年延巫祀神並其祖先曰完鑼鼓醮一曰解祖錢此爲土戶習俗今漸稀矣

又有祀羅神者爲木面具二其像一黑一白每歲於夜間祀之名爲完羅愿此湖南客戶習俗〇按遂林李如石蜀語云壇神名主壇羅公黑面手持斧吹角設像於室西北隅去土尺許歲暮割牲延巫賽之考炎徼紀聞曰羅羅本盧鹿而訛爲羅羅有二種居水西十二營林谷馬場漕溪者爲黑羅羅曰烏蠻居幕後者爲白羅羅曰白蠻俗尚鬼故曰羅鬼今市井及田舍間有祀之紳士家否杜子美詩曰家家養烏鬼卽此也養去聲言供養也註杜詩者以烏鬼爲鸕鷀或云猪皆非又元稹江陵詩有病賽烏稱鬼句則烏鬼乃神名也按據以上所稱是羅神爲蜀人

所祀而流傳於楚其來已久

按田舜年廿一史纂載入湖北省志非荒陋無文比也惜哉金潭吟意筆草不可見矣迹其風雲龍虎頗尚武功銘鐘勒碑非夜郎自大哉然又工演桃花扇宜顧天石歎其旖旎可賞也他如所載鬼神事不必辨要其中風俗物産等類亦足以補所未備後之君子得以覽焉

嘉慶丁丑歲生榕從邑紳耆後以重修邑乘請於
前署州事董明府議甫興而篆已卸今
吉郡畦牧伯莅任之初即召諭紳耆曰邑舊志修
於毛公孚具梗概今已八十餘年矣宜謀重輯邑
中士執司采訪予其執筆以俟命下之餘覺經費
惟艱不能專設志局命生榕廣爲蒐采偕洪君先
壽商摧草創稿初定呈請
牧伯編輯
牧伯簿書餘暇逐類修飾勒成卷帙并捐清俸命
首事謀登梨棗雖山陬僻陋無可表揚然自官府

章程以及閭閻物產風俗梨然畢具且又志切激
揚於往時循良政績與邑之孝子節婦義士文人
足以興起頑懦者有善必錄無微不彰蓋所以昭
舉世一道同風之盛而有造於是邦也大矣生榕幸與
從事不揣固陋敬綴數語簡末以志欣喜之意云

州人部生榕謹跋

荆楚文库

〔同治〕鹤峯州志

〔清〕徐澍楷 修
〔清〕雷春沼 纂

《荆楚文庫·方志編》編纂組

組　　長：賀定安　陽海清（執行）

副 組 長：劉傑民（執行）　王　濤　謝春枝　范志毅（執行）

參編人員（以姓氏筆畫爲序）：

王　濤　李云超　宋澤宇　范志毅　馬盛南　柳　巍　陳建勛

梅　琳　張　晨　張雅俐　陽海清　彭余焕　彭筱溦　賀定安

楊愛華　劉傑民　謝春枝　嚴繼東

編　　審：周　榮

顧　　問：沈乃文　李國慶　吴　格

前言

《〔同治〕鶴峯州志》十四卷首一卷，清徐澍楷修，清雷春沼纂，清同治六年（一八六七）刻本。

徐澍楷，字静溪，陕西蒲城人，廪貢，同治四年（一八六五）任鶴峯知州。雷春沼，湖北黄岡人，舉人，鶴峯州訓導。

鶴峯古稱柘溪、容美，又稱容陽，清雍正十三年（一七三五）改土歸流，其沿革請參《〔乾隆〕鶴峯州志》影印前言。明以前州志無考。清乾隆六年（一七四一）州牧毛峻德創修州志，清道光二年（一八二二）知州吉鍾穎續修，各有版本流傳。澍楷涖任，念州志近四十年未有續修，事以時異，人以勢殊，亟待重輯，又恰逢大憲札飭增修，遂取吉志舊稿潛心研讀，力避訛誤，與州諸君子旁搜博采，彙成一帙，另請春沼襄理考訂，付之剞劂。

志分十四卷，内容囊括沿革、疆域、山川、營建、賦役、風俗、物産、祠宇、學校、兵防、秩官、人物、藝文、雜述，卷首另收徐澍楷、雷春沼自序、修志姓氏、星野、輿圖，全書總約三萬四千字。

是志續道光吉志而修，記事從道光元年（一八二一）迄同治六年，多卷衹刻增入部分，故各卷篇幅較小，綱目多沿襲前志。沿革、疆域、山川等内容仍舊；前志營建所載津梁，未列龍溪橋、集福橋、公安橋、金福橋，約當時未建，此編補入；前志學校置書院三所，道光二年以後，又置鶴唳書院，規模宏大，文教事業蒸蒸日上，從祀學宫者漸增，故學校一門重加編修；藝文志，緣州治地界荒僻，名作不易得，而宦游撰記，遷客吟咏，與事實有關者俱采録。

據《中國地方志聯合目録》，是志多地有藏，本次影印所據底本爲湖北省圖書館藏本，該藏本版刻雋永，字迹工整，無漫漶、無破損。一九七〇年臺北成文出版社影印彙入《中國方志叢書》，二〇〇一年江蘇古籍出版社影印彙入《中國地方志集成·湖北府縣志輯》，二〇一四年《重慶圖書館藏稀見方志叢刊》影印收録。另有清光緒十一年（一八八五）刻本，天津、湖北、武大有藏。（彭余焕）

目録

彭南[illegible]志

續修鶴峯州志序

環鶴皆山也其東南諸峯參差犖确而羅列者八峯山也左曰紫芝山右曰芙蓉山北則印石山亘下東西北三面谿水循山曲轉遶州

城如襟帶旋折而南蓋巖邑也夫古者邑有志猶國有史所以徵文獻而傳久遠鶴邑為容美田土司舊址自雍正十三年改土歸流設州治始以鶴峯名彼時前州牧毛君經營伊始至乾隆六年創修州志道光二年前州牧吉君重修州志上而天文星野下而地輿廣濶以及風土人情忠孝節義并一切祠宇橋梁草

木鳥獸諸類固已綱舉目張詳細備載從先輝耀矣志又何待修乎雖然有以時異人以勢殊數十年來奇節義行足以起頑懦光邑乘者實繁有徒使不急為

修輯則潛德幽光縈紆不與草木同腐朽楷乙丑清和月捧檄蒞鶴峯 各大憲札飭增修州志自問学疎識淺難免固陋貽譏第責不容辭惟日與州人士旁搜博採訪諸耆老參以輿論不敢逞言亦不敢疎略祗即所確見確聞並付諸棗梨載在簡末用垂不朽聊以作紀事敍事云爾

同治六年歲次丁卯仲春中澣知鶴峯州事閩中

靜溪徐澍楷謹誌

續修鶴峯州志序

天下責最重而勢最難者牧令是也受地不過百里揆輿情審時尚因革損益必咨而後行其治事也如庖人之烹飪察諸甘苦辛酸而後調和得其宜其撫民也如父母之育嬰伺其笑啼喜怒而後保赤

得其當況容陽地方遼濶尤不易治自雍正十三年設州以來毛君創教化風俗爲之丕變迄今相沿日久時殊勢異而獷頑狙詐之習漸浸淫而莫知警善良者受强梁害阨冀拯其沉溺每馨香祝之盼民有司至以副蒼生望孰意遂來

得賢令尹履任氣象煥然一新蠲元惡寬脅從化凶悍安愚頑立月課而育人材創賓興而勵科舉二者悉捐廉俸以培植是時型仁講讓政簡刑清蒸蒸日上幾近武城弦歌之風噫非得人而治何其德盛化神未三年而報最也與此所

謂莫爲之前雖美弗彰莫爲之後雖盛弗傳而令尹一創一繼後先輝映誠與容美地光日月而壽山河矣沼自咸豐七年忝膺此州司鐸迄今九載愧無作育至乙丑歲

乃恭逢

討典渥荷

殊恩以卓異擢用每懷戰兢恆懼無以稱
職適州牧伯徐刺史選授來鶴慨
然任修續志而爲之倡甫下車徧
稽舊籍得前牧吉蘇畦先生所輯
志乘潛心展讀綱舉目張無不悉
備考其改土歸流之迹紀其生材
殖物之繁條分縷析包括靡遺所

尤幸者蠻徼之氓沐日浴月皆能
說禮樂敦詩書漸臻乎聲明文物
之盛閱百二年於茲矣時則登奉
大府檄修州志與同學諸君子蒐
輯恭考彙成一帙藁付郵筒寄沼
自維謭陋不免貽譏雖襄理考訂
猶虞失墜故凡官秩之迭更汛防

之屢易戶口之日增田墾之漸廓
並山溪變遷倉庫改撥人文蔚起
物產滋生及名宦鄉賢忠孝節義
其潛德幽光可以闡揚而昭懲勸
者無不分類編輯以永垂不朽未
始非後之修史者之一助耳
同治六年丁卯仲春湖北癸卯科

舉人庚戌科揀選知縣癸卯科大
挑二等
大計保薦卓異候陞
特授鶴峯州訓導齊安雷春沼譔

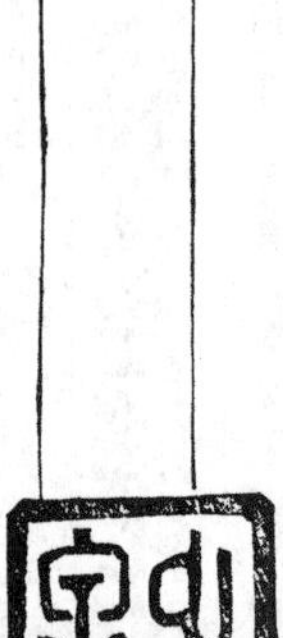

鶴峯州志續修姓氏卷之一

主修

特授鶴峯州知州徐澍楷

協修

鶴峯州訓導雷春沼

監修

鶴峯州州判王承玉

鶴峯州山羊隘巡檢童熙漳

鶴峯州吏目馬暉吉

採訪

候選訓導李國華　候選縣丞陳九崧

候選府經劉祖燊　拔貢楊毓瑞

貢生徐秉元　貢生吳紀雲

廪生陳鴻漸　廪生陳興祥

廪生朱大鴻　增生鄭福星

生員徐承壽　生員徐德元

生員謝祖彥　生員李樹馨

監生鄭福元　生員汪文縉

勸捐修志經費姓名

候補訓導李寶恬

候選訓導李國華

生員徐德元

武生六品銜徐德潤

生員劉均理

生員陳九疇

生員張從禮

生員洪應耀

生員龔學煥

鶴峯州志續修卷之一

星野志

按象星爲經五星爲緯周天纏度次舍轉運不同而分野則終古無異故星野志仍舊

鶴峯州志續修

輿圖志

按容陽形勝多山少水若城郭官廨寺觀稍有補葺悉遵陳式故輿圖志仍舊

鶴峯州志續修

沿革志

按田氏世據此地逮

國朝定鼎以後始一車書而奉正朔其前之沿襲僅見容陽世述録并若他邑有足旁徵博引者故沿革志仍舊

鶴峯州志續修

疆域志

按柘溪幅幀歸流時設爲鶴長二邑又撥慈利五十里之地以附州治畫井分疆釐定保甲至今開然無紊故疆域志仍舊

鶴峯州志續修

山川志

按雄關要隘改土後置塘汛防守百餘年烽燧不警者地利使之然也故山川志仍舊

鶴峯州志〈卷首山川〉　一

鶴峯州志續修

營建志

按九月除道十月成梁營室之中土功其始邑經無大興舉而關津渡口時加繕葺故營建志續修

鶴峯州志續〈卷首營建〉　一

鶴峯州志續修卷之四

營建志

津梁

龍溪橋在東街口即前云桂花橋有桂花二株今無橋係土司舊建惟屋宇係監生鄭安智生員徐承壽同建

集福橋在城西經水衝塌庠生龔學煥鄧開宏監修

公安橋在城北即前云邑人部泮田指南等勸捐重建後復傾又經易光柱捐修

金福橋在城東之燕子坪係附貢生向心培捐修

鶴峯州志續修

賦役志

按邑無珍奇物產殷商大賈

朝廷正供而外別無斂取徭役亦簡要不煩故賦役志仍舊

鶴峯州志續修

風俗志

按風俗與化移易然瘠土之民覘沃土之民殊總之不離乎樸質者近是故風俗志仍舊

鶴峯州志續修

物產志

按地有高下燥濕物之生因之邑土多磽薄桑麻絲棉諸種仍屬未興故物產志仍舊惟葛仙米茶生殖頗饒

鶴峯州志續修卷之七

物產志

容美茶

容美貢茗遍地生植惟州署後數株所產最佳署前有七井相去半里許汲一井而諸井皆動其水清冽甘美異常離城五十里土司分守留駕司神仙茶園二處所產者味極清腴取泉水烹服驅火除瘴清心散氣去脹止煩並解一切雜症現生產更饒咸豐甲寅年高炳之同衆公議遂創首請示設棧多方經營由是遠客鱗集城鄉悉食其利而

財源漸開矣錄之以爲興利者勸

葛仙米

此米出產距州城百餘里大岩關外水田內遍地皆生色綠顆圓頗稱嘉品

鶴峯州志續修

祠宇志

妥神德馘大

皇上懷柔祀典之設愈加尊崇推之窮鄉僻壤亦皆修

建故祠宇志續修

鶴峯州志續修卷之八

祠祀

斗姆閣在州城内武廟右毀塌日久州牧程捐廉重建職員陳應韶李相臣監修閣後附建

玉皇樓一所

奎星樓在八峯山麓鶴鳴書院環繞其下係貢生徐承義捐修

蒼聖祠在州城對面四官廟之前襟帶大河係李相臣捐修

四官廟在水寨前塡朽腐傾欹經陸光武捐資改建

鶴鳴樓在城西門外三里許兩河滙流諸峯疊赴係監生鄭安智捐修

復威宮在城北之池塘坪係監生易光柱捐修

文昌宮在城西之太平鎮土司故址經郡庠生田建斗監修

三星觀在城北之劉家司係唐宏科監修

五龍觀在城北之巴字山住持沁和貞監修

廟田補附

本城關帝廟

撒谷嶺旱地一塊價銀叁拾兩租錢一千二百文

城隍廟

廟後旱地一塊價叁拾弍千文

廟左旱地一塊價弍拾柒千文

茅竹山宋家窩坑旱地一塊價一拾叁千陸百文

租谷壹石陸斗

丁家坡四坵田水田十三坵價叁拾叁千六百文租

谷捌斗

楠木園旱地二處價肆拾千租錢伍百文

望馬山旱地一處價陸拾陸千文租谷四斗

東流水旱地一處租錢玖百陸拾文

福田寺

報恩寺

八峯山陽坡柳樹坪旱地二處租谷二斗

官渡口小河邊山旱地二處租谷三斗

斗姆閣

關外貴和里田一處價肆拾弍千文

鶴峯州志續修

學校志

按舊置書院三所遞經重建道光間又置鶴鳴書院規模較宏斂文教有烝烝日上之勢其學宮
御書匾額及從祀者亦漸增焉故學校志續修

鶴峯州志續修卷之九

學校

自古化民成俗必由於學鶴邑草昧初闢前牧毛倡建學宮而書院學署闕焉閱歲既久以次漸興至乾隆五十年士民重葺學宮并增名宦鄉賢祠以待春祀蓋所期於長吏師儒者重矣文翁興教而蜀民從風趙德爲師而潮人知學士林從公片藻固宜爭自濯磨然而型仁講讓使州人皆有所矜式則良有司之董率與鄉先生之化道又曷可少哉志學校

學宮在州治左乾隆元年知州毛峻德如式創建乾隆五十三年邑人洪繼周部泮劉正性龔經德趙學謨劉祚鳳等倡首勸捐重修並建名宦鄉賢二祠於大成門左右

文廟祀位

大成殿正位

至聖先師孔子

木主高二尺三寸七分濶四寸厚七分座高四寸長七寸厚三寸四分朱地金書

按自漢至元歷朝或加謚或封爵或稱先師或稱

先聖或稱元聖或改至聖或加大成尊崇不一至
明嘉靖九年定木主制題至聖先師
國朝康熙二十三年
御書萬世師表匾額康熙二十五年
御製至聖先師孔子贊序刊碑
雍正三年
御書生民未有匾額雍正四年
上諭避孔子聖諱
乾隆三年
御書與天地參匾額

嘉慶五年
御書聖集大成匾額
道光元年
御書聖協時中匾額
咸豐元年
御書德齊幬載匾額
同治三年
御書聖神天縱匾額
東配
復聖顏子

述聖子思子
西配
宗聖曾子
亞聖孟子
木主高一尺五寸濶三寸分厚六分赤地墨字
按宋以前皆稱封爵元至順元年贈顏子兗國復
聖公曾子郕國宗聖公子思子沂國述聖公孟子
鄒國亞聖公明嘉靖九年去其爵改今稱
東哲
先賢閔子

先賢冉子
先賢端木子
先賢仲子
先賢卜子
先賢有子原祀兩廡乾隆元年升列哲位
西哲
先賢冉子
先賢宰子
先賢冉子
先賢言子

先賢顓孫子

先賢朱子原祀兩廡康熙五十一年升列哲位列哲位

木主高一尺四寸濶二寸六分厚五分赤地墨字

按宋以前皆稱封爵明嘉靖九年改今稱

東廡先賢

先賢公孫僑咸豐七年從祀

先賢林放

先賢原憲

先賢南宮适

先賢商瞿

先賢漆雕開

先賢司馬耕

先賢梁鱣

先賢冉孺

先賢伯虔

先賢冉季

先賢漆雕徒父

先賢漆雕哆

先賢公西赤

先賢任不齊

先賢公良孺

先賢公肩定

先賢鄡單

先賢罕父黑

先賢榮旂

先賢左人郢

先賢鄭國

先賢原亢

先賢廉潔

先賢叔仲會

先賢公孫輿如

先賢邽巽

先賢陳亢

先賢琴張

先賢步叔乘

先賢秦非

先賢顏噲

先賢顏何

先賢縣亶

先賢牧皮

先賢樂正克雍正二年從祀
先賢萬章雍正二年從祀
先賢周敦頤
先賢程顥
先賢邵雍
西廡先賢
先賢蘧瑗雍正二年復祀
先賢澹臺滅明
先賢宓不齊
先賢公冶長

先賢公皙哀
先賢高柴
先賢樊須
先賢商澤
先賢巫馬期
先賢顔辛
先賢曹卹
先賢公孫龍
先賢秦商
先賢顔高

先賢壤駟赤
先賢石作蜀
先賢公夏首
先賢后處
先賢奚容蒧
先賢顔祖
先賢句井疆
先賢秦祖
先賢縣成
先賢公祖句兹

先賢燕伋
先賢樂欬
先賢狄黑
先賢孔忠
先賢公西蒧
先賢顔之僕
先賢施之常
先賢申棖
先賢左邱明
先賢秦冉雍正二年復祀

先賢公明儀咸豐三年從祀
先賢公都子雍正二年從祀
先賢公孫丑雍正二年從祀
先賢張載
先賢程頤

木主規制與十哲同

以上先賢位宋以前皆稱封爵明嘉靖九年改稱先賢某子周張程邵五子嘉靖時稱先儒崇禎十五年改稱先賢位在七十子之下漢唐諸儒之上國朝俱稱先賢不稱子

東廡先儒

先儒公羊高
先儒伏勝
先儒毛亨同治二年從祀
先儒孔安國
先儒后蒼
先儒鄭康成雍正二年復祀
先儒范甯雍正二年復祀
先儒陸贄道光六年從祀
先儒范仲淹康熙五十四年從祀
先儒歐陽修
先儒司馬光
先儒謝良佐道光二十九年從祀
先儒羅從彥
先儒李綱咸豐元年從祀
先儒張栻
先儒陸九淵
先儒陳淳雍正二年從祀
先儒真德秀
先儒何基雍正二年從祀

先儒文天祥道光二十三年從祀
先儒趙復雍正二年從祀
先儒金履祥雍正二年從祀
先儒陳澔雍正二年從祀
先儒方孝孺同治二年從祀
先儒薛瑄
先儒胡居仁
先儒羅欽順雍正二年從祀
先儒呂枏同治二年從祀
先儒劉宗周道光二年從祀

先儒孫奇逢道光八年從祀
先儒陸隴其雍正二年從祀
西廡先儒
先儒穀梁赤
先儒高堂生
先儒董仲舒
先儒毛萇
先儒杜子春
先儒諸葛亮雍正二年從祀
先儒王通

先儒韓愈
先儒胡瑗
先儒韓琦咸豐二年從祀
先儒楊時
先儒尹焞雍正二年從祀
先儒胡安國
先儒李侗
先儒呂祖謙
先儒黃榦雍正二年從祀
先儒蔡沈

先儒魏了翁雍正二年從祀
先儒王柏雍正二年從祀
先儒陸秀夫咸豐九年從祀
先儒許衡
先儒吳澄乾隆二年復祀
先儒許謙雍正二年從祀
先儒曹端咸豐十年從祀
先儒陳獻章
先儒蔡清雍正二年從祀
先儒王守仁

先儒呂坤道光六年從祀
先儒黃道周道光五年從祀
先儒湯斌道光三年從祀
以上先儒位明嘉靖以前皆稱封爵嘉靖九年改
稱先儒某子
國朝稱先儒不稱子
崇聖祠正位
肇聖王木金父公
裕聖王祈父公
詒聖王防叔公

昌聖王伯夏公
啟聖王叔梁公
木主規制與四配同
以上正位明嘉靖九年於　大成殿後立　啟聖
祠祀　叔梁公雍正元年
詔封孔子先世王爵合祀五代更名　啟聖爲　崇聖
祠其木主與四配同
東配
先賢孔氏孟皮咸豐七年配饗
先賢顏氏

先賢孔氏
西配
先賢曾氏
先賢孟孫氏
東廡先儒
先儒周氏
先儒程氏
先儒蔡氏
西廡先儒
先儒張氏雍正二年從祀

先儒宋氏
以上先賢先儒位明嘉靖時稱先賢某氏先儒某氏
國朝因之
木主規制與十哲同
以上皆遵照同治三年新頒祀位序次
文廟祀典
每月朔釋菜望日行香知州以下官均詣廟行禮
歲春秋仲月上丁日致祭前二日致齋分列正獻分獻
官執事生並樂舞姓名張榜前一日潔掃殿廡主祭
官公服詣神厨視宰各官率執事生入學習儀於

文廟階下行一跪三叩首禮教官率樂舞生入學習樂
用六佾屆期五鼓齊集陳牲帛豆籩省視各儀主祭
官正獻
先師暨四配其東西十哲暨兩廡皆分獻官分獻武職官
陪祭
祭品
乾隆三年奉　部頒定祭品
先師正位
帛一白色爵三白磁牛一　羊一　豕一
登一太羹鉶二和羹簠二黍稷簋三稻粱籩十形鹽槀魚

鹿脯榛栗黑餅 棗菱芡白餅 豆十 韭菹菁菹 芹菹筍菹 鹿醢兔醢
魚醢醓醢 脾析豚拍 罇一

樂器 雍正二年頒

編鐘一 十六枚 編磬一 十六枚 琴六 瑟六 簫六

笛六 排簫二架 塤二 篪四 笙六

應鼓一 搏拊鼓二 柷一 敔一

木笏六

舞器 乾隆五年定樂用六佾樂舞生四十名免歲縣試

麾幡二 羽籥三十六 旌節二

樂歌樂六奏 佾舞生三十六名 樂工五十二名

樂章 乾隆九年頒

迎神 咸平之章 無舞

大太四哉南工

至林尺聖仲上道太四德仲上尊林尺崇仲上維南工持林尺王仲上化太四斯

林尺民仲上是黃合宗太四典黃合祀太四有仲上常林尺精南工純林尺並

太四隆仲上神黃合其南工來林尺格仲上於林尺昭仲上聖黃合容太四

初獻 寧平之章 有舞

自太四生仲上民林尺來仲上誰太四底黃合其仲上盛太四惟南工師林尺

神仲上明太四度黃合越仲上前仲上聖太四粢仲上帛太四具仲上成林尺

禮黃合容太四斯林尺稱仲上黍太四稷南工非黃合馨林尺維南工神林尺

之仲上聽太四

亞獻 安平之章 有舞

大太四哉仲上

聖黃合師太四實南工天林尺生仲上德太四作仲上樂太四以仲上崇林尺時

仲上祀太四無林尺斁仲上清黃合酤南工惟仲上馨仲上嘉林尺牲仲上孔

黃合碩太四薦太四羞南工神黃合明林尺庶南工幾林尺昭仲上格太四

終獻 景平之章 有舞

百仲上王南工宗林尺師仲上生林尺民仲上物太四軌黃合瞻黃合之南工

洋林尺洋仲上神林尺其仲上寧太四止黃合酌太四彼黃合金林尺罍仲上

惟南工清林尺且太四旨仲上登仲上獻太四惟林尺三仲上於黃合嘻南工

成林尺禮仲上

徹饌 宣平之章 無舞

犧仲上牲太四在仲上前林尺豆太四籩仲上在黃合列太四以太四享南工

以林尺薦仲上既仲上芬林尺既太四潔仲上禮黃合成太四樂仲上備太四

人南工和林尺神仲上悅太四祭黃合則太四受仲上福林尺率黃合遵南工

無林尺越仲上

送神 祥平之章 無舞

有太四嚴南工學林尺宮仲上四黃合方太四來仲上崇太四恪黃合恭南工

祀林尺事仲上威南工儀林尺雝仲上雝太四歆仲上茲林尺惟南工馨林尺

神仲上馭太四還林尺復仲上明黃合禋南工斯林尺畢仲上咸南工膺林尺

百仲上福太四

舞譜

初獻 寧平

自稍前向外開籥舞生蹈向裏開籥舞民合手蹲朝上來起轉身向外高舉籥面朝誰

兩兩相對蹲東西相向底合手蹲朝上其正揖盛起平身出左手立惟兩兩相對自下

而上東西相向

師稍前舞舉籥垂翟神中班轉身東西相向立惟兩中班十二人轉身俱東西相向明舉翟三合

籥度稍前向外垂手舞越蹈向裏合手舞前向前合手謙進步雙手合籥聖回身再謙

退步側身向外高手回面向上粢正蹲朝上帛稍舞躬身挽手側身向外呈籥耳邊面朝上具

正揖成起辭身挽手復籥舞正立禮兩兩相對交籥兩班俱東西手持籥容正揖斯向外退挽

手舉籥向外面朝上稱回身正立黍稍前舞稷正蹲朝上非左右垂手兩班上下俱躬垂手

東西相向馨起合手相向立惟左右側身垂手向外開籥垂手舞神右側身垂手向裏垂手舞

之正揖朝上聽躬而受之躬身朝上拱籥而受之三鼓舉起

亞獻 安平

大左右進步向外垂手舞哉右向裏垂手舞

聖向西落籥面朝上師退回身正立實正蹲天起身向前舞向外舞生向裏舞德合手

謙退步向前雙手合籥存謙作兩兩相對自上而下兩班相對舉籥東西樂上下俱垂手惟兩中

班上下十二人俱垂手蹲身東西相向以轉身東西相向立崇相向立兩班上下以翟相籥

時稍前舞蹈兩班上下俱垂手向外舞祀向裏垂手舞無合手謙進步向前雙手合籥翟

斁回身再謙兩班上下東西相向合籥立清稍前舞向外開籥舞酤向裏舞惟雙手平執

籥翟開籥翟馨合籥翟朝上正立嘉側身垂左手兩班俱垂手向外舞牲躬身正揖孔

雙手舞籥翟躬身碩躬而受之躬身朝上拱籥受之一鼓而起薦二叩頭舉右手叩頭羞舉左

手叩頭神復舉右手叩頭明拜一鼓舉躬起躬身三鼓平身庶三舞蹈舉籥向左躬身舞幾

舉籥向躬身舞昭舉籥復向左手躬身格拱籥躬身而受之

三獻 景平

百向外籥舞王向裏開籥舞宗側身向外面朝上師朝上正立生兩班上下兩兩

相對交舞民合手朝上正蹲物側身向裏合籥軌合籥向上正立瞻向外開籥舞之向裏

開籥舞洋開籥朝上正立洋合籥神向外開籥舞其向裏開籥舞寧進步向前雙手

合舞止回身東西相向手謙酌向外籥舞彼向裏開籥舞金開籥朝上正立罍合籥

朝上正立惟向外垂手舞清向裏垂手舞且朝上正揖旨躬身而受之登躬身向左

合籥舞獻躬身向右合籥舞惟躬身復向左合籥舞三合籥朝上拜一鼓便起身於側身

向外垂手舞嘻側身向裏垂手舞成朝上正揖禮躬身朝南受之二鼓舉起身

祝文

惟

先師德隆千聖道冠百王揭日月以常行自生民所未有

屬

文教昌明之會正禮和樂節之時辟雍鐘鼓咸恪薦於

馨香泮水膠庠益致嚴於籩豆茲當仲春秋祇率彝章

肅展微忱聿將祀典以

復聖顏子

宗聖曾子
述聖子思子
亞聖孟子配尚饗

儀注

主祭官分獻官陪祭官各朝服由櫺星左右門入升次序坐鼓初嚴胥役及僕從皆屏退鼓再嚴各官起立歛容鼓三嚴贊引主祭官以下入戟門詣盥洗所盥洗畢樂舞生各就位執事者各司其事主祭官分獻官就位陪祭官各就位瘞毛血迎神樂奏咸平之章樂止引主祭官自東階升入殿左門詣香案前跪

上香三叩首興引主祭官自殿右門出由西階下復位跪主祭官以下皆三跪九叩首畢行初獻禮樂奏寍平之章引主祭官詣

聖先師位前跪左右生皆跪獻帛左助獻舉帛篚授主祭官舉拱授右助獻呈

神位前獻爵如獻帛儀叩首興詣讀祝位跪讀祝生及各官皆跪樂止讀祝文讀畢仍安原位三叩首興各官皆同叩首興主祭官詣

復聖顏子前跪獻帛獻爵如前儀叩首興以次遍詣

宗聖曾子

述聖子思子

亞聖孟子前皆如前儀其東西哲兩廡分獻官皆於讀祝後行分獻禮各引贊禮生引各分獻官就神位前行初獻禮獻爵獻帛俱照主祭官行初獻儀初獻禮畢復位行亞獻禮奏安平之章引主祭官各分獻官升階獻帛爵如初獻儀亞獻禮畢復位行終獻禮樂奏景平之章其升階獻帛爵如前儀終獻禮畢復位引主祭官詣飲福位跪飲福醴三叩首興詣受福位跪受福胙三叩首興復位謝胙跪陪祭官以下皆跪行三跪九叩首禮畢徹饌樂奏宣平之章樂止送神樂奏祥平之章跪三跪九叩首興讀

祝者捧祝司帛者捧帛各詣燎所望燎詣望燎位焚祝帛復位禮成

四配祭品各一壇

每位帛一白色　爵三白磁　羊一　豕一　鉶一

簠二　簋二　籩八減黑餅白餅　豆八減脾析豚胉

酒罇一

十哲祭品東西各三壇

帛一白色　爵三白磁　豕一　鉶各一　簠各一

簋各一　豆各四　豕首　酒罇一　籩各四

兩廡祭品東西各三壇

鉶一　白色　爵各四銅　豕三　簠各一　簋各一
籩各四　豆各四　酒罇一
崇聖祠祭品鉶各五
爵鉶簠簋籩豆牲帛視四配
配位每位一壇
帛及籩豆簠簋視十哲爵用銅牲用豕首豕肉各一
減　羹
從祀位東西二案
祭品視兩廡銅爵三牲用豕肉一
祝文

惟
王奕業鍾祥光開聖緒盛德之後積久彌昌凡聲教所
覃敷率循源而溯本宜肅明禋之典用伸守土之忱
茲届仲春秋聿修祀事配以
先賢顏氏
先賢曾氏
先賢孔氏
先賢孟孫氏尚饗
儀注
丁祭日主祭官先詣

崇聖祠行禮儀與正殿同其分獻兩序與兩廡同惟無
樂章亦不飲福受胙
恭錄
御製臥碑
朝廷建立學校選取生員免其丁糧厚以廩膳設學院
學道學官以教之各衙門官以禮相待全要養成賢
才以備朝廷之用諸生當上報國恩下立人品所有
教條開列於後
一生員之家父母賢智者子當受教父母愚魯者或有
非爲者子既讀書明理當再三懇告使父母不陷於

危亡
一生員居心忠厚正直讀書方有實用出仕必作良吏
若心術邪刻讀書必無成就爲官必取禍患行害人
之事者適以自殺其身常宜思省
一生員不可干求官長交結勢要希圖進身若果心善
德全上天知之必加以福
一生員當愛身忍性凡有司衙門不可輕入即有切已
之事只許家人代告不許干與他人詞訟他人亦不
許牽連生員作證
一爲學當尊敬先生若講說皆須誠心聽受如有未明

須從容再問毋妄行辯難爲師者亦當盡心教訓勿
致怠惰
一軍民一切利病不許生員上書陳言如有一言建白
以違制論黜革治罪
一生員不許糾黨多人立盟結社把持官府武斷鄉曲
所作文字不許妄行刊刻違者聽提調治罪
右係順治九年奉
頒臥碑也竊思士子束身名教幸列膠庠自宜敦品勵
行以爲四民之望欽惟
世祖章皇帝御製臥碑

詔天下郡縣學敬謹刊立明倫堂
聖訓煌煌於
諄諄誥誡之中寓
殷勤作育之意爲士者當何如祇奉也使果謹恪遵行
則不獨養此身之德器抑且免斯世之傾危即地方
官亦不得輕視學校中人矣乃近來列庠序者每罝
若罔聞以致自潰防閑動干詞訟士風日下其何以
副
聖朝造士之心乎茲特敬謹繕謄泐諸簡端庶閱者得
以觸目警心云

鶴峯州志續修卷之九
學校傳
九峯書院在城南門外創建緣由前已載明迨後
燬壞日久郡庠生徐承爵有志重修未逮而卒其
妻王氏承先夫志捐貲獨建前州牧程題其門曰
善成夫志
鶴鳴書院在八峯山麓襟帶大河州城對峙前州
牧吉謂其地宜建奎閣書院可培文風然係營地
遊府姜不可其議遂中止道光壬寅正齋程牧吾
州庠生徐承壽職員陳應詔庠生李艮貞直陳顛

末請以文昌閣旁屋數椽出券與遊府佛易其
地議成遂諭倡勸建修無如地瘠民貧募地祇有
數區醵金不滿百串晨星寥寥烏能有濟程公復
經營區畫以民間田土涉爭訟者令首士排解心
悅充入書院收租生息爲修脯貲至起工架木條
壘生易光桂獨任而講堂大木四株平基蓋瓦封
磚砌石粧飾悉書院之經費道光戊申經始辛亥
工竣迄今雖得田數十餘所要皆磽地出息無多
尚未延師開課

賓興附

周禮地官鄉大夫率鄉吏教其所治考其德行道藝
三年大比飲以賓禮興其賢能典甚重也我州自
乾隆三十三年設學立教沐浴　王化規模漸舉
人文亦興獨賓興一節未備緣距省窵遠資斧維
艱無人觀光間或有鄉試者頗形苦累同治六年
牧伯
靜溪太父師來鶴數載頗有善政恒以作人育士爲懷
因賓興未舉慨然剖廉首倡勸諭徐承壽陳應詔
等共捐錢若干爲鶴邑丞遠鄉試費擇公正董事

四人輪流承管每屆秋闈按人數酌議發給以勵
多士而培文風則司牧之責實學校之一助云
靜溪太父師捐廉捌拾千文

鶴峯州志續修

兵防志

按兵以衛民巖疆尤重軍興以來累次裁撥南糧
亦行暫停故兵防志續修

鶴峯州志續修卷之十

兵防

道光十一年奉文裁馬兵一名步兵一名守兵九名

道光二十一年奉文裁馬兵一名守兵三名

咸豐七年奉文裁馬兵三名占兵四名守兵二十名

咸豐八年奉文裁馬兵三名占兵四名守兵二十名以上共裁兵六十九名現實在馬占守兵四百七十七名内馬兵四十九名占兵五十三名守兵三百七十五名

鶴峯州志續修

秩官志

按秩無變更官有代卸序次均宜詳載况德政敷於下士父老傳爲美談尤必登之以勵後至者故秩官志續修

四年　呂師讓代州　尹均宣嘉魚　汪本厚順天
歲貢　大興監生
五年　李瑾度山西　孫玉鎮山東　陳錫鑌再任
監生　掖縣監生
六年　陳鑑　鄭復江蘇
吳縣監生
夏廷越　謝璠璵陝西
洵陽附生
九年　熊紹修陝西　夏煥桂　鄭濟南山西
邵陽人嘉慶辛未翰　舉人　夏縣人署

鶴峯州志　卷之十一　職官　十

林院庶吉士有傳
十年　蘇桂廣東　郭貞吉四川
衍榮　興甯監生　南池監生
十一年　曹雲峯商邱
貢生署
十二年　折錦元山西　長慶順天　臧梓山東
陽曲舉人署　諸城人署
王式如宛平
縣人
十五年　鍾振越江西　林鍾俊四川　余德堅湖南

龍南進士　調補
十七年　長慶州判　周鳴瑞四川　張清瑞陝西　許祖望浙江
署　成都人監生　監生署　嘉興附監署
十八年　王賓　胡涵直隸
十九年　巴揚阿正白　程明漢軍　張文模興甯　遵化識敘
旗監生補筆帖式補　監生　育選授
二十年
二十一年　李溎浙江
二十二年　王夢松直隸　張志紱枝江　會稽監生
阜平舉人署　舉人長樂訓導署　訓

鶴峯州志　卷之十一　職官　十一

程明州判
署有傳
二十五年　張廷松來鳳
二十六年　黃德薰四川　歲貢
南充道光乙酉舉人
署有傳
二十七年　巴陽阿回任
二十八年　喻懷恭雲南
南甯人道光丁未進
士以知縣署

二十九年			潘炳勳以長		
			樂訓導署		
		王文杰湖南	陳上珍京山		
		江華增生署	舉人選授		
		增喜正藍			
三十年	增喜以州	生旗漢軍廳		張濟通州	
	判署			八署	
				張景翰陝西	
咸豐元年	余繼桂順天			監生	
	大興監生				

鶴峯州志　卷之十一　職官　十二

二年	余裕祖以府	余裕祖安徽			
	經歷代理	休甯人補			
	徐濬廣東				
	鎮平附貢以長樂縣				
	丞署				
四年					李澐浙江
六年					監生
七年	阮泰江西		潘炳勳復署	穆毓中陝西	范湘江西
	安福監生以通判署			朝邑監生	長甯人
	公正廉明去之日邑	穆毓中以吏	孫煥奎咸甯		

	人書此之謂民之父	月署	舉人署		
	母七字於匾額餽之				
	現任沔陽州知州				
六年				范湘甘肅	穆毓中陝西
				廸化人	朝邑監生署
七年			甯春沼黃岡		
			舉人選授		
八年	粱元珠四川	黎兆勳貴州			龔英煥湖南
	華陽監生	遵義附生			長沙監生署

鶴峯州志　卷之十一　職官　十三

十年		蔣樹昌貴州			彭安國河南
		鎮遠貢生署			鄧州監生署
十一年	徐步洲安徽				
	當塗吏員代辦				
	陳怡浙江				
	會稽監生署				
同治元年		周耀先江西			馬曄吉山東
		安福監生署			臨朐貢生補授

二年　伊勒圖哈 正黃
旗浙江舉人署
沈道源 順天大興監生署

三年　梁元珠 復代理州事
王承玉 湖南慈利監生署
胡運亨 四川屏山人代辦

四年　徐澍樹 陝西蒲城廩貢署
馬騁吉 本任吏目兼辦
童際章 湖南善化監生署

鶴峯州志　卷之十一　職官　十四

道光四年　福住 旗人

七年
曾自榮 湖北人

十四年
胡鳳舞 天津人

十五年　陳增祖 北平人
蕭長庚 湖北人

十八年　佛隆 旗人
任應榜 鄖陽人

鶴峯州志續　卷之十一　職官　十四

二十四年　胡俸仲 四川松潘人

二十五年
周述茂 咸寧人

二十九年　鮑雲翥 直隸南宮人
劉廷麟 漢軍人
胡光達
李殿元
朱發科

咸豐七年　哈達布 旗人
李鳴昇

九年
李魁士 湖北江夏人

人物志

按人傑之生半由地靈然必涵濡王化家詩書戶禮樂俊彥庶於是出邑雖荒陬頗見簪纓繼起節義亦不乏人故人物志續修

耆壽

羅文朝年九十六猶自食其力無龍鍾態雖三四十里路終朝可到其精健如是

盧與懷年八十八正直無私前州牧梁給有楷模鄉里匾額

陳東陽年九十六歲

陳文開年九十五歲

馬耀周年九十七歲在五里坪保

鄧開緒年八十六歲正德坊人

李輔臣年八十八歲衛昌營把總

田大貴年八十四歲誥封雲騎尉

覃國豪年八十四歲孫曾繁衍在平溪保

喻章瑗年八十二歲邑庠生

袁玉龍年八十一歲衛昌營千總

楊承宗年九十二歲正德坊人

向廷彥年八十一歲附貢向升培之父

陳應詔年八十歲[illegible]生

林廷萬年八十二歲住斥馬保

女壽

袁向氏袁加武之母年九十四歲

鄭田氏生員鄭洪志之母年九十歲

余聶氏生員余紹晉之母年九十四歲

黃劉氏黃品望之母年八十四歲

劉田氏劉德貞之母年八十四歲

鄭姜氏武生鄭洪釗之母年九十三歲

洪吳氏分發陝西府廳洪應元之祖母年八十二歲

黃李氏生員黃節文之祖母年八十歲

陳聶氏戶書陳九臯之母年八十歲

謝陳氏生員謝祖彥之母年八十歲

田鄭氏營書田積恒之母年八十歲

張胡氏年九十五卒時長子正龍年七十五二子玉鳳年七十一皆叟鑠異常今龍年八十九鳳年八十五

從祀昭忠祠營弁

田宗炳任施南協把總

右營弁一名咸豐二年在武昌陣亡者

姚光玉　王敦厚　夏尚文　高龍海　彭萬才

李定春　謝殿元　熊開柄　覃升槐　陳建章

夏德明　廖金榜　田宏秀　王學順　袁正魁

周士恒　王德昌　李上德　張云祥　張文貴

周瑞堂　羅一元　鄭大文　毛殿祖　覃升玉

熊長清　郭甲瑱　聶國喜　聶由典　楊廷林

陳朝武　張應梅　陳天培　鄧連升　張開明

林啟中　雷朝陽　向士先　鄔啟賢　劉安順

張會先　鄧錦乾　劉均友　王士青　謝明道

馮盛祖　候正坤　金福喜　楊逢才　翟允鳴

鄧正炳　洪學文　田福先　吳廷翰　劉長慶

吳玉桂　靳光宗　張從德　程秀文　袁如廷

楊大元　熊學義　劉以科

右兵丁六十三名皆咸豐二年在武昌死事者

梁栢堂任衛昌營千總

陳志謙任衛昌營外委

右營弁二名咸豐三年在田家鎮陣亡者

陸士科　軾楊宏先　楊永文　向聖校　宗宗貴

劉有德　車修道　嚴宏秀　田喜德　林文昭

田志德　劉得沛　王師殿　丁中明　王德遠

丁宏德　鄧要明　羅一富　劉國華　翟大學

陳心仁　金成貴　熊加受　江令喜　王國順

楊永昌　吳上富　謝朝得　唐積文　羅啟林

陳文元　王獻一　陳得志　劉得一　田昌隆

度光明　鄧錦云　向昌林　丁逵富　靳占魁

袁正純　鄭洪義　宋正要　劉文中　王敦志

車永升　李德乂　曹瑞富　覃慶書　徐德輝

黃品秀　田大德　毛開喜　余正礼　龍世綺

許元清　楙相畧　顧光春　張昌鳳　張士開

鄭光之　劉多貴　張大林　張左俊　覃慶羌

袁正國　田安廷　田士云　龔傳友　袁得云

景慶云　宋正鳳　劉之太　戴登科　周正逵

劉丕太　徐兆富　劉魁元　唐得章　吳學俊

呂宏青　徐正貴　許元順　彭正寅　徐秉忠

劉德朝　許元太　朱士秀　張世中　伍士富

韓金川　黃艮中　劉友學　[illegible]得祥　傅大興

鄔太選

右兵丁九十五名皆咸豐三年在田家鎮死事者

蔡林瑞　係咸豐五年在五里坪殉難者

鶴峯州志續修卷十二

選舉

舉人

李定南 道光己亥 恩科京闈中式

選拔

李定南 道光乙酉科

徐德純 道光乙酉科

楊毓瑞 咸豐辛酉科

恩貢

劉紹純　向心才　劉祖勰　張守範

沈學榮　陳玉紳　龔祖憲　吳振鷺

徐德潛　徐秉元

歲貢

鄭安德　喻華琳　唐維屏　梅學愚

徐承禮　田仰斗　李國華　郭繼玫

李寶恬　趙齊翥　何大文　吳紀雲

文仕進

知府

李定南任陝西靖邊縣知縣歷署清澗咸陽知縣

升授漢中府知府鹽運使銜

賞戴花翎　贈太僕寺卿

知縣

洪先燾舉人歷任廣東三水大埔南海知縣

李肇文附生軍功藍翎同知銜分發陝西知縣

鄭登俊署湖南岳州府經歷藍翎知州銜補用知縣

李國柄廩生選用知縣

教諭

部生榕任公安縣學教諭

龔祖憲候選教諭

楊毓瑞候選教諭

訓導

何夢芝任蘄水縣學訓導

楊咸典任通山縣學訓導

張賜彥任當陽縣學訓導

鄭安德任枝江縣學訓導

張守範候選訓導

李寶恬候選訓導

李國華候選訓導

田孚棟候選訓導

徐德中候選訓導

龔祖棨候選訓導
田仰斗光禄寺署正銜候選訓導
徐德懿附生軍功藍翎六品銜候選訓導

佐貳

吳振鷺恩貢同知銜湖南候補通判
徐德純知州銜代理河津縣知縣署解州州判補山西濟州州判
徐德潛恩貢山西候補直隸州州判
陳玉紳恩貢候選直隸州州判
徐承恩安徽祁門縣知縣署徽州府經歷

陳九崧增生六品銜選用縣丞
陸紹淵軍功藍翎五品銜分發四川縣丞
李國謨軍功藍翎六品銜分發陝西縣丞
劉祖彝監生軍功布政司理問銜候選府經歷

佐雜

洪應先監生候選典史
陸紹觀軍功藍翎六品銜雲南候補巡檢
洪應矩軍功藍翎五品銜候補從九品

武仕進

謝紹龍任施南協把總
謝玉龍任衛昌營千總
雷克振任衛昌營千總
袁正常任施南協把總
黃品廉任衛昌營把總
田宗楷任施南協把總
黃品良任衛昌營外委把總
謝逢太任衛昌營外委把總
李繼業任宜昌鎮中營外委把總
張朝建任衛昌營外委把總
李國珍任衛昌營外委把總

田光宗任衛昌營外委把總
李鵬飛任衛昌營外委把總
劉宏緒任衛昌營把總
謝宗謨任衛昌營外委把總
洪　永任

雲騎尉世職

劉均標以祖劉　榮廕
田宗楷以祖田繼秀廕
田正烈以父田宗楷廕

鶴峯州志續修卷十二

義行

鄧生榜字晴峯天姿嚴毅智識深沉爲人有胆畧
世業詩書弱冠游黌校旋登乾隆己酉拔萃科
文名藉藉適星使吳公省欽典試直隸數載延
以校士嘉慶間州境鄖陽闗蓮匪滋事額侯
辟招募府贊襄戎馬常奇其才後與同事意見
不合長揖辭去主講墨池書院負笈者一時濟
濟稱盛焉暮年由部銓選當陽教諭循循善誘
終日忘倦門下士莫不爭自濯磨邑中後進獲

教益者亦多生平勤著作嫻吟詠前續修邑乘
悉出其手且梓有聽泉詩草行世壽至七十餘
無疾而終子爲瑩孫曰典皆邑庠生
鄧鏊字五峯歲貢生敦倫紀工制藝言必忠信
動遵禮法有古君子風嘉慶間鄰境教匪滋事
邑三义口酉壮孔道也芝集團練在老土界設
數卡防堵農人各安其業無失時恩任蘄水廣
文教誨士林信從者衆如郭用賓徐儒模潘炳
熙諸名公皆出其門焉甫五載告歸林泉以耕
讀誨子孫至老不倦今里黨猶[illegible]

庠生一太學生一孫四庠生三歲貢生一
易顯榮字仁則太學生嚴毅性成敦崇孝友與人
交度非義輒去里中無賢愚咸望而生畏前州
牧王竹坪吉𦷜畦耳其名嘗過訪焉尤好義舉
如修橋砌路及改建壮佳坪炳文書院莫不首
先提倡嘉慶間蓮匪竄我境邑人皆鳥獸散榮
捐貲團練在留駕司等處身親堵禦善後經畧
額侯出奏榮曰忠孝何能兩全不忍以微職易
門內歡敢辭其子光斌亦卓有父風迄今子孫
繁衍列膠庠者數人

易顯富處士也爲人簡重居家孝友足不履城市
尤好義輕財如同族貧寒世處石南者招就學
家塾資提携焉年八十餘無疾而終子一孫四
皆身列膠庠
田朝南世業耕讀爲人正直教子義方遇鄉鄰有
爭者輒婉言勸釋並諭以訟則終凶之義一時
里人化之咸謂仁義之鄉云享壽八十八歲長
子廷斗次炳斗列膠庠季仰斗歲貢即選訓導
加光祿寺署正銜孫前壽庠生
徐光春字丕新太學生性嚴毅守禮法不干外務

遇公事輒捐重資爲邑人倡州環城皆稱田貸
𡨚無殯葬所新置城西哈起坡作義地邑人德
之前刺史吉鍾穎相地城南宜建高樓可培文
風新知其言擬建奎星閣未果其子承義繼父
志費千金乃成子四庠生一增生一歲貢生一
徽州府經歷一孫十一俱身遊黌序以孫德純
貴
貤贈奉直大夫
龔紹徽字子慎增生幼醇謹樂施予習岐黄術嘗
以活人爲心後患目疾有叩門求醫者雖冬夜

必親視之咸豐五年教匪徐本清由關外竄五
里坪徽齊團練丁餘人星夜追勦匪聞信西遁
遂平役無功者受賞徽獨不及士林嘆之子祖
憲恩貢生孫芳綱庠生
李定南字壽珊李靜安之仲孫也天姿英俊清純
立志光明俊偉敦孝友周貧乏宗族鄉黨無間
言自幼嗜學年十五入泮由拔貢中式闈鄉試
援例銓選陝西知縣歷署靖邊清澗商南咸陽
縣事貞正不阿清廉自矢其實心實政深得民
心咸豐丙辰春丁母艱解組歸里過石鄉張𢸣

府奉命督滇奏調襄辦軍務歷著勤勞累登薦
牘己未八月欽奉
簡命授漢中太守辛酉秋赴任方冀設施以展報効
受事未久川匪迭至連陷漢中屬縣警報絡繹
時方九夏酷暑躬率將士登陴召募健壯整肅
軍戎分布守禦馳驅於火雲烈日中者已踰兩
月加以餉道梗塞勸捐無應庚癸之呼日盈於
耳晝夜焦勞如在焚溺以故積勞成疾醫藥罔
效彌留之際諄諄告語惟以逆賊未殄爲憾卒
年六十四歲督撫憫其忠勤具疏陳奏奉
旨晉贈太僕寺正卿廕襲知縣

鄭安德字靜軒由歲貢部選枝江縣訓導性淳樸
敦孝友嗜廉靜寡笑言夫妻相見如賓與人和
平無競其課子教家勗以古人爲法生平酷好
讀書善誘人州人士多出門下著有靜軒文稿
詩集待梓前州牧李儒學林題拔作傳蓋紀實
也司鐸丹陽時與諸生講明經義樂而忘倦涖
任未期年而卒於任所壽八十歲門下士俱有
哲人其萎之嘆子二庠生一孫四庠生二曾孫
八俱幼讀

徐允柏字幹石生性醇樸敦行孝弟與兄析爨後
兄殁遺子二長子命數大蹇餬口惟艱柏撫之
如己出會歲歉次子欲徙家粵東柏泣涕挽留
代償其債並割己産與之遂藉以存活其待宗
族鄉里類如此凡除道成梁諸善舉尤欽然樂
從和平之氣溢於眉宇雖桀驁者加以横逆輒
忍而不較先世以醫相傳柏業儒未就長即繼
其業焉設藥肆遇貧乏不較值施丸藥樂行數
十年不倦活者甚衆壽八十六歲無病終子二
庠生一孫二恩貢生一庠生一曾孫六俱幼讀

陸光武字朝漢正直剛毅臨財毋苟起家雖由一
身而分多潤寡不與弟較好義舉如獨建
四官廟監修　聖廟　文昌宫未嘗吝財措力
延師課子忠敬兼摯頗有崇儒重道之風子六
庠生四孫十三庠生一分發四川縣丞一候補
雲南巡檢一曾孫十一
謝紹龍字騰飛敦孝友守廉由行伍拔衞昌　營
把總
勅封武信騎尉其治兵義勇兼明恩威並濟至今人
猶稱羨之及老告歸以餘俸置田數畝課農教

子務勤儉睦鄉鄰遇有雀鼠爭　言勸釋鮮有
不得解者咸豐年間烽火四起餉道梗塞兼之
南粮不繼兵心幾變龍出曉以大義多方調劑
始安西南鄉民間有藉團練滋事者冒險往説
團遂散其生平爲人所信服者類如此壽至七
十八歲無病而卒子三六品軍功一庠生一孫
五曾孫二
李相臣性嚴而和生平樂善好施常建　蒼聖祠
並上地作香燈資羊角廟亦上田一段西鄉隅
入潭一帶涉水者數十區捐資修理往來甚便

監修　斗姆閣及東門外路自經始至告成董
其事無稍懈立字藏三城中殘斷簡篇收買一
空邑應試棹几皆生童自携因制坐號以備用
士類感之建家不取族人分毫臨没囑餘産入
祠毋分潤子孫所刋孝經及諸勸善文其板現
存來鳳縣壽七十有二子五庠生一候選訓導
一孫九庠生三曾孫九庠生一餘俱幼讀
徐光表原籍澧州乾隆間侍父來山遂家焉時諸
季尚幼表獨力經營耕且賈孝友一堂數十年
如一日爲人慷慨好義每遇地方公務捐貲首

倡不少吝雖暮年猶然邑中有牙角爭苦口勸釋甚至撫孤弱抑豪强畧無避忌教子以詩書嚴肅整齊家政穆如前州牧吉慶欲舉鄉大賓以堅辭未果子三俱入邑庠孫五恩貢生山西候補直隸州州判一庠生二曾孫六俱業儒壽八十有四儒學雷有傳載藝文志

馬耀周持身正直處世和平鄉鄰有爭者婉言勸釋教子孫耕讀外無他務子五孫十二曾孫四俱守禮法現年九十七歲飲食起居如少壯然人咸稱爲人瑞云

趙乘正邑人其父邦傑以中風成廢正事之幾廿載殷勤備至任父喜怒皆曲意承之悉出至性一時咸稱其孝云

秦選照與庠生張安德同母異父兄弟也幼隨母育於張長自立勤儉持家財雄一鄉德死妻子貧乏照憐之合計家私令長子明玉次子明山與德子文周均分處二子退有後言復將分發呈官存案後文周藉以發迹父子俱入邑庠照没二子一貧如洗文周爲之贖其產業周其子孫人皆稱其疏財好義之報云

張興義下坪溪人性醕謹傭工養親歲大飢常[illegible]日不食貸以供親膳或親呼與共輒作飽狀曰兒已餐矣忍飢而退有含肉遺親之風

劉士級樂善好義精岐黃不求謝金其内侄廩生朱大鴻少貧之級給膏火佐讀六年鴻入邑庠人咸義之

洗學榮恩貢生公正端方門下成立甚多

王琨國湖南人品端學博來吾邑授徒經史外[illegible]以孝友州人士大半出其門先生没數十載[illegible]高山者猶不置焉

吳良玉字輝山邑庠生秉性剛方不茹不吐尤疏財仗義凡戚誼中於婚葬一切力有不及者輒周濟無少吝有田生寒不能應試助貲斧以成就之見貧民無依不能營葬樂施棺木數十年行之不倦其生平慷慨類如此儒學林鍾俊有碑銘子一恩貢生同知銜湖南補用通判孫四歲貢生一庠生一曾孫二

田建斗郡庠生平生尚氣節耕讀外無他圖曾倡修西鄉 文昌宮前州牧余繼桂昔寓都門時與建弟明經有莫逆交詣鶴甫下車欲造訪建

以書辭言婉義正後余牧公出便道造廬建仍
托疾不出語人曰吾非重拂長官恐奔走權貴
致玷士風耳其立品之高如是
陳世華從九品陳朝清之父居心坦白待人和平
無競少服賈孝養父母其友愛姻睦尤見至情
族中婚嫁不給者助之老弱無依者周之迨終
無德色教子課孫皆以義方故一門數十口不
作析爨想者有自來也享壽七十有二子三從
九品二孫五廩生一從九品一曾孫一
徐承義曾貢生宅心渾厚性尤純孝父母怒輒長

跪不辨手足間從無間言前刺史吉鐘穎舉孝
廉方正義退避不就邑修　文武廟捐資首倡
城南渡向無工食舟子多需索義約陳應昂李
定才醵金設義渡行旅便之道光己酉歲大飢
幾至斗米千錢無購買處義頗有積谷定價不
昂按貧戶丁口每日給票市谷新舊相濟邑人
度險年若不覺迄今猶稱道不置云子德元庠
生德純選拔貢生山西直隸絳州州判即補知
州孫澤周庠生以子純貴
覃恩敕贈徵仕郎　誥贈奉直大夫

李定才字丰山邑庠生性孝友偶有過父母斥之
惟下氣柔聲不少拂其母樂施與才常周濟貧
乏以贊母志伯仲怡怡立志同居後胞弟定南
任陝西商南縣上憲以五世同堂題旌南宦遊
數十載卒得成名者才之力居多自少倜儻有
胆識鄉里爭訟輒爲排解事寢一無所利凡邑
中義舉亦必竭力首倡道光四年夏邑大荒民
有相聚爲非之勢城中戒嚴徙避者紛紛才獨
婉爲調劑處以鎮靜里人遂安子二候補訓導
一庠生一孫二陝西候補知縣加同知銜

貢戴藍翎一曾孫三
徐承爵字錫三邑庠生倜儻豪爽性耿介有膽略
談論舉止卓具大雅風邑中公事靡不首倡嘗
擬捐貲重建九峯書院未果而没其妻王氏踵
成之州牧程以善成夫志旌其廬儒學林有傳
子一庠生
田首乾字紹亨爲人耿直好善喜施捐設清廉長
清二渡創修合仙宮廟宇並刻暗室燈善書板
存來邑其他造橋梁施棺櫬周濟貧乏排難解
紛如此世業耕讀教子有方享壽七十四歲子

一候選訓導孫一邑廩生曾孫一

高啟貴孝性成家赤貧惟傭工以奉旨甘雖委頓無怨言道光十四年春邑大荒時貴年已五十負米數十里外且恐以勞瘁傷親心鄉人士有憐其貧而孝者醵金爲之娶婦小孝用力殆盡之矣

鶴峯州志續修卷十二

節烈志

李氏文童覃升培祖母年三十夫故子二俱幼氏苦節孀守服農力穡孝事翁姑教子慈嚴數十載笑語不苟即壽登古稀紡織之餘仍課孫等讀書識字學憲王獎給砥節懷清匾額

道光十年奉

旨旌表

田戴氏施南唐岩司把總田宗炳之妻其夫坊堵省垣陣亡氏時年三十有四子一女俱幼其翁聞子亡慟哭甚氏泣諫曰夫既盡忠難兼盡孝翁有孫繞膝如夫在焉翁若憂病諸孫何依旋自司遷回故土擇里而居勤儉持家笑語不苟事翁備盡婦道長子正烈襲世職邑人賢之義請

旌表以爲閨閫風

龔滑氏道光九年請旌建坊

覃劉氏道光九年請旌建坊

任氏向裕廷妻年十九夫亡無嗣氏日夜痛號寢食俱廢及期將葬泣曰吾將事吾夫於地下矣

遂入室䋲衣麻雉經戚鄰悲嘆即加殯殮與其夫同穴瘞焉學憲馮旌其門曰節標彤管

高鳳姐庠生高如璋孫女其父澤均充里正排難解紛嘗以節孝勸人女耳熟者久之年十三父染時疫甚劇女求符問醫卒無效悲懼交集無所爲計遂夜半禱神割股作羹以進病尋愈越六年女及笄病亡州人士競作詩表之學憲馮旌以扁額曰孝協鄉評

王氏田文軍妻年二十二夫亡孝事翁姑養葬盡禮撫孤子學俊成立完娶甫生一孫而子又亡

氏復撫孫兩世零丁卒俾宗緒不墜今又抱曾孫矣言壽八十歲

覃氏洪先達妻年二十二夫亡氏清操自矢撫孤子學順成立歷四十餘年毫無非議鄉鄰重之言壽七十一歲

彭氏職員部爲焯妻年二十七夫亡無子翁姑慮節難終勸改嫁氏矢志靡他撫夫姪爲嗣恩勤兼至養葬翁姑備盡婦道言壽六十九歲

以上俱咸豐十年請旌

滕氏周光華妻年二十五夫亡子幼氏冰霜自守養葬祖父母及翁姑盡孝盡禮撫孤子成立教誨有方

胡氏張維翰妻年二十六夫亡無子氏苦節守貞撫夫兄子星五承祧備極劬勞爲巾幗中所罕有

喻氏廩生劉開泰妻年二十八夫亡姑老子四俱幼氏冰霜自矢仰事俯畜艱苦備嘗姑歿盡哀撫子俱成立長宏緒由行伍拔裔昌營把總儒學陳上其事於學憲馮旌其門曰履潔懷清現年六十五歲

以上俱咸豐十年請旌

范氏向興謨妻年二十九夫故遺孤子二俱幼氏奉姑撫子躬操井臼心矢冰霜今年逾七秩孫衍兩世相繼游泮前學憲俞旌其門曰巾幗完人現年七十六歲

田氏秦明珊于歸後珊性嗜洋烟家計蕭索氏苦勸頻遭辱詈無復之一夕割股作羹以進俟夫食畢氏以股示珊感泣碎烟具立戒不食數年夫故氏年三十二歲以貞節自誓終身無怨言

劉氏裴榮傳妻傳病醫葯罔效氏割股作羹以進

傳故時氏年二十九歲懷請夏繫撫子成立亡
年七十有三迄今兩世青衿焉
張氏李從仁妾年三十六無子夫沒凡附棺附身
及一切衰葬事氏俱料理妥適甦之前夕以身
後事隱托族戚聞者領之俱莫知其意踰時扃
戶自縊其從容就義如此
鄭氏田尊壽妻年十八于歸甫一年夫故無出氏
撞棺求死不遂示矢貞節因家貧依母家度日
之死靡它數十年如一日焉
李氏庠生喻光鳳妻年三十夫沒姑以家貧無嗣

欲奪其志氏柏舟自誓以女紅度日卒完其節
現年六十四歲
徐氏庠生龔祖詒妻年三十夫故其子芳鐊僅七
齡躬任家政事翁姑撫弱息艱苦備嘗現年五
十四歲
姚氏錢示祥妻年三十夫沒家窘其氏宅入宅田
人田撫育子女矢志靡他有勸再醮者輒厲色
拒之事姑孝養備至十餘年如一日現年四十
八歲
遵氏庠生徐宗祥妻年二十六夫故氏葬祭盡禮

泣血數年憂恚成疾無子撫兄子爲嗣恩勤愈
於己出且善事翁姑孝養不衰亡年三十有六
袁氏千總張兆虎妻年二十七夫以征大金川陣
亡子二均幼氏痛泣曰吾夫捐軀疆埸吾當矢
志完貞遂茹蘗飲冰義方教子後長子士魁以
蔭襲任宜鎮中營千總次子士元由行伍任衛
昌營外委孫朝健亦任衛昌營外委人以爲守
節之報云享壽六十四歲
高氏韓大奇之妻年二十七歲夫染痼疾氏禱祀
延醫衣不解帶者數月夫歿擗踊哭泣欲以身

殉既念腹有遺娠始勉力營葬未幾生子德堂
撫孤成立訓子勤儉家漸小康爲季子德堂及
兩孫紹仁紹義俱援例入國子監曾孫二長先
聲援例貢名成均年六十有一無病終
田氏歲貢徐承禮繼室十九歲于歸事姑極孝繼
室子德玉僅九歲撫育成名視若己出年二十
八夫沒氏守貞如石時四子俱幼朝夕課讀有
畫荻風故皆弱冠遊黌序咸豐十一年黔匪犯
來鳳沙刀溝離城百里人心震動氏捐資募勇
督子暉日夜防堵數月不稍弛其爲人[illegible]類

如此亡年五十四子德玉未壯而卒媳龔氏今
勵節撫子惟孀母是依不出戶庭者十餘年姑
没痛不欲生亦漸不起期年而亡姑媳雙節後
先暉映

楊氏姚大經妻許字後經患惡瘡委頓床榻者歷
年兩姓父母慮病難痊議欲改字氏知之泣曰
女子從一而終即不幸猶願以了角老況未必
至此耶堅執不從于歸後經猶困劇氏親調藥
餌不避穢汚旋病愈舉一子命名賢良

劉褚氏邑庠生士彥妻卒時氏年二十六矢志撫
孤孝養翁姑學憲杜給有節孝可風匾額

田氏邑庠生徐承基妻年二十六夫故遺血孤甫
三月氏撫養成立足未踰閾者數十年

覃閔氏覃正宣妻性至孝言笑不苟年二十一宣
死慟不欲生以大母暨翁姑勸諭撫遺腹子國
秉成立歷襄大事即今年已六十猶躬操井臼
洵足爲鄉里矜式

氏文童覃長松妻于歸甫三載夫沒氏抽刀御
藥誓不欲生親友以姑老子幼力勸之始止遂
堅貞明志毅然以事親撫子爲己任而衣無完

裙茹茶飲氷宴如也現年五十歲

喻氏庠生李成章妻年二十八夫没氏義懔從一
終身勤儉事繼姑孝養無懈立夫弟次子爲嗣
未婚而夭時人哀之現年四十九歲

徐氏庠生李國璽妻年三十夫故氏即肩家政以
禮義自閑撫一線弱嗣辛勤倍切既長令就傳
讀書勉續父志無世俗姑息態今子已成立現
年五十一歲

于冉氏守節四十餘年

鶴峯州志續修

藝文志

按地界荒僻近日罕有作手顧官宦遊之撰記遷客之吟詠老師宿儒之留遺不無可采故藝文志續修

鶴峯州志續修卷十三

望鶴堂序

前雲貴總督 張亮基 石卿

吾鄉彭城有放鶴亭雲龍山人張君之所作東坡爲之記予時遊覽焉嗣供職都門並持節齊楚滇黔不獲作歸計心竊憶之庚申冬予以疾引退來鶴峯寄寓斯堂赴壽山都轉約也堂居八峯之麓下臨溇水隔岸山城如畫雉堞迴環登臨覽眺心曠神怡若吾鄉放鶴亭歷歷在目而城後諸峯卓絶奇特崢嶸嶙峋奔來眼底倏然有逸鶴遊空之勢奇觀哉州之得名其以此歟且是州居萬山中

習美俗信渾穆有太古風予嘗顧而樂之乃居不數月而 詔書疊至仍奉 命旋滇行與都人士别此境此情覺疇昔之眷眷於放鶴亭者今又眷眷於鶴峯矣且以予之望鶴愈知鶴人士之望我不置也因題其額綴數語以志予屬望云爾

建修奎星閣記　徐承義 州人增貢

將欲地以人傳人因地顯代育英才傑士其必有以培植焉莘淑氣於山川而後可蓋陟南岡者相陰陽營東洛者卜瀍澗自古維昭矣即後世夷陵爾雅之建郭景純度五行有缺因葺中州土以補之景純一代大儒諒非無所據而云然鶴邑自歸流後百有餘年矣文教日興踵事增華雖 文武諸廟靡不備舉然猶有闕如者前刺史吉鄉畦先生善風鑑謂城南宜建閣三層中奉 奎星可培文風州人士屢議屢寢余先君丕新公日是風水

攸關也願捐貲以爲己任因基址係營地會文武議不協未果甲辰程正齋別駕護州篆余直陳其巔末適遊戎佛守府任俱欣然樂從公議以 文昌閣傍隙地易之余遂鳩工庀財審曲面勢年餘而告竣是閣也非必干霄蔽日若齊雲落星之高非必鬭角鉤心若臨春結綺之麗第使維基孔固其經營亦周與艮宿河嶽相激盪行見文星照臨人才蔚起未始非斯閣之所致然余究不敢謂斯閣之建果益於風水堪輿古之相卜葺補者比蹟也考史記天官書文昌六星戴斗承筐漢儒以爲

即周官六宗之司中大地取弼成文教之義振文風者宜建閣祀之則余亦惟是體刺史興地之心成先人未竟之志云爾至若登閣而眺雲山四面煙火千家其足以開拓心胸悅懌耳目者猶餘事也後之君子與我同志隨時補葺庶閣獲不朽云

續修九峯書院序

儒學林鍾俊

自古巾幗而負丈夫志者恒不數覯至於僻陋遐荒之境則更無庸問矣乃余司鐸容陽竟有得於徐生錫三之婦王氏者錫三慷慨俊偉氣宇不凡每遇地方公務輒踴躍爭先曾不稍吝惜天不假年嘗有志重修九峯書院未舉而没時書院將圮州人僉議改建滿山紅氏請於衆曰此前人陳迹不可廢也吾夫久欲修葺不幸遽棄世今吾將於故址重建之以慰吾夫於地下遂慨然捐貲庀材鳩工賢哉王氏不獨深明大義而且才情洞達如此余每見鬚眉男子家擁厚貲平昔未嘗不以大義自詡及遇有難己之事反退縮不前甚或迫於公議勉强資助往往見阻於其婦致使人皆效尤而弗克成厥功者何可勝道聞志婦之風亦可以愧矣或謂錫三曾有是囑殊不知世風澆薄識義者幾即室家經營尚不能悉如夫命又何論急公好義之難耶氏因夫之有志不忍没其志遂獨行己志而務成其志坤道其順此之謂也古之教家有塾黨有庠術有序所以作育人才維特風化是有此志可以正倫紀成俊秀其有補於斯邑豈淺

歟哉豈其微哉是誠巾幗而負丈夫志者故州牧程公以善成夫志匾額旌其廬錫三有是婦雖謂長存也可其子德齡甫三歲未克經理其事乃翁丕忠公年八十餘爰命季子承壽撫弱息續前功以竟其志甚矣哉何好義之出於一門也余目睹而心傾之因誌其巔末以勗後之有志者

重建斗姆閣碑記　儒學張志紱

斗姆閣創建於前明土司及士時曾加繕葺閱今又百餘年蓋傾圮不可復支矣壬寅冬州別駕程明代篆州牧各廟宇均經修飭而於斯閣更倡捐重建囑陳君應詔李君相臣楊君承宗龍君萬化董其事一時邑人士聞風而起皆樂輸不少吝庀材鳩工立閣三層中供　斗姆並附祀　八腊神悉仍舊式煥然而循麓以上路與階均砌以石加鞏固焉以此見人心之向善而念切民瘼者未嘗不虔於事神也工既竣邑人士不忘州牧之善念請勒諸石以誌不朽而州牧亦不沒陳君等之勤勞並樂邑人士之共勸善舉也爰登諸台甫於左是爲記

重修城隍廟兩廊拜亭序　原任甘肅知縣　于　曙　舉人

蓋思降康降福彝倫之倚賴維神來格來歆靈爽之式憑在廟故宏規丕振大易特繫立廟之占竣宇重新周官亦詳釁廟之制矧　城隍廟尤一州所尊爲鉅製實四境咸資以生全州城舊有是廟因時勢遞經變遷榱棟殊多剝落繁蕪難視風雨堪憂前州主吉目擊心感捐俸重修楹桷撓折者易之甎瓦殘缺者補之丹青漫漶者繪之固已煥然一新　神靈允妥矣第觀瞻已壯缺略猶多竊維幽明雖判兩途陰陽原祇一理慶賞刑威公庭宜崇夫體式黜陟予奪冥府須表其尊嚴今兩廡之監司未能脩千古之神像即終年之朝謁無以肅一時之人心且朔望期屆官府偕來仕僧人豈乏獻茶之忱而達尊竟少坐息之處因知書室宜與紺室並建朝房務合丹房交修也特是千金之裘匪僅一狐可集大廈之宇亦豈片木能支夫古者先成民而後致力於　神今幸逢時和年豐之盛宜報雨露生成之恩州人士輸囊中之蓄積散牀頭之金錢不使山成九仞功虧一簣行見鬱茂表黄金之地光明照白玉之樓從此一州蒙庥悉

沐　裨功之靡暨四方集慶共沾　聖澤以無疆
矣是爲誌

鶴鳴樓記

陳鴻漸 州人廩生

容陽形勝襟八峯而帶大河其水滙入於澧由州城透邐曲瀉流二里許岡巒突起地勢爲之一束若太極廻旋狀两河交流萬山羅列磻溪幾曲楊柳一灣直天然圖畫也前州牧吉薌畦相其地謂宜建高樓可培地脉然事之有待已數十年矣鄭大臨封翁性豪爽好義起而任之醵金数百鳩工庀材刻日興修凡木石磚瓦諸瑣細皆以八十叟躬之身任其勞自咸豐十年經始年餘工竣額之曰鶴鳴蓋取樓高義也州自樓成後簪纓相繼商旅漸通幾與通都大邑埒則斯樓之所關豈淺鮮哉登斯樓也雲山四面烟火萬家重簷徹埜飛閣臨虛於以憑高作賦即景題詩覺龍源中又別開境界矣而封翁培植之心遂與斯樓千古並傳云

勸修劉家司　文昌閣序　　徐德元翔州人

竊聞燕麥兎葵曾致劉郎之慨頽垣斜徑舊深蘇子之悲落遺廟之冉青張空山之草木古之人每低徊留之不能去乙卯秋元訪友於劉家司之龍寒借草君石橋李君鴻翥易君松坡睨眺維時碑卧斜陽苔埋敝井絶壁松風之下遺址依稀不覺悽然有今昔之感石橋告元曰此古　文昌閣也建自土司歷有年所憶兒時猶嬉戲其中曾日月之幾何㡳滄桑之忽變有其舉之莫敢廢也公如有意諸於　梓潼君結歡喜緣元唯唯謝不敏然

爾時已心許之特恐一木難以支大厦獨絃無以諧雅音耳咸豐六年春擬與諸君子圖復其舊共襄厥成適舍弟純新攝綿陽篆元將遠行恐不獲共於斯役蓄未之逮也而竊有志焉伏願慷慨義士競布祇園縉紳先生咸傾石甕庶幾乎合百川而為海集千腋以成裘他日文星照耀人傑焕新小可以壯勝地之觀瞻大可以培文風之磅礴不徐哉豈惟元之幸諸君子實大有榮施焉異時者元自晉歸樂見斯閣之廢而復興也陟閣焚香登堂禮拜然後退掃閒軒與諸公把酒賦詩憑欄眺勝安知不與逸少蘭亭滕王高閣共永垂不朽耶

咸豐六年丙辰孟夏月謹序

徐公丕忠傳

儒學　雷春沼

咸豐歲丁巳余司訓鶴峯徐子德潛從予遊性馴謹深器之暇時嘗與其尊翁介堂往還見其伉爽磊落每爲稱許介堂蹙然曰不肖之稍有知識先君子之教也遂置酒具節略請爲傳按公諱光表字丕忠士才公長子也籍澧陽少隨父遷鶴遂家焉兄弟五人皆幼家窘甚公以一身任家政艱苦備嘗竭力奉甘旨與諸弟篤友愛終身無間言中年家稍裕好施與尤崇義舉凡邑中學宮文昌閣及義渡橋梁均出重貲爲一邑倡耄年患痢氣症

值修理　文廟猶扶杖而起力疾經營尋疾愈人咸謂誠敬所感云公素慈明剛正膽力過人里中匪類咸憚之有王彥方之風遇牙角爭即婉言勸釋有執拗者必多方調息雖出酒食解囊資不惜也嘗謂親友曰吾輩不能利物濟人苟省一分事即造一分福可不勉乎邑西鄉以徭役擾衆謀抗拒公聞之隻身往說事遂寢其排難解紛類如此歷任州牧耳其名咸敬禮之而公益自退抑訓子以義方延師課讀忠樸兼摯故三子皆有聲黌校迄今孫曾林立游庠者數人長孫德潛以食餼登明經山西即補直隸州州判蒸蒸日上皆公遺澤也根深葉茂理固然歟

論曰余至鶴峯時公沒已二十餘年矣鄰人士猶嘖嘖稱道弗衰覩公所爲殆篤厚敏決人也世之謹飭者守先業則有餘徵其貧賤起家垂裕後昆往往難之而且循循繩墨視鄉里之鬥輒閉戶不出睚眦任卹之謂何其負幹濟才者又借排解之名而因以爲利更有不堪言者矣至若務儉嗇吝貲財雖至親亦有所不顧其於鄉鄰之困乏不更若秦越人之肥瘠漠不相關歟嗚呼此末俗之所

以偷也今公篤天倫輕財物息紛爭若是綜其梗概實有足以化鄙薄而爲寬敦者非篤厚敏決而能之乎如公者誠足以傳矣

鶴峯州志續修

雜述志

按自古災祥之說智者不迷奇異之行大儒力闢事固無足重者要之休徵咎徵理可前知至變迭至常存於其間故雜述志續修

鶴峯州志續修卷十四

雜述志

陳華松後荒八好射獵鎗態蕭王富之稱騾牝馬褭嘶華懼人知覆諸隍閱數月陳詣蕭借乘甫及鞍牝逸不能止徑至前所墜隍側踏其腸陳幾殆呼家人抬回自言其事氣遂絕

火浣布出琉球國州屬金鷄谷三里許土崗崩裂忽出泥色者似紙日可得一張人謂即火浣布種但不知織組之法

咸豐乙卯春妖道徐本清謀不軌之前一夕忽坐

馬産一駒僅有前二蹄徐謂後事驗矣果敗

戊午秋七月西鄉來一老嫗身不著寸縷惟紉木葉如芰荷裳持竹杖來往村閭常終日不語惟憨笑與以服食輒不顧行若飄風倏失所在人或見其夜寄岩穴間即之杳然

武陵人熊宗性極孝母病危朝夕禱籲願以身代一日將遠求醫期即返倉卒間犇不停趾忽一人擘其袪曰胡匆遽乃爾審視之長髯方巾飄然仙侶遂告以故淚隨聲墮髯者曰無徒跋涉即授以丹大如豆令速歸進母叩姓氏里居

答宗歸如其教孕服之果瘳踰月具金帛如鶴
至西關果覩所遇狀觀其額則城隍廟也遂設
醮三日獻頌額曰蒙恩遠蔭迄今尚存
大二三神田氏之家神也刻木爲三其形怪惡靈
驗異常邪醫問壽者往來相屬於道神所在人
康物阜闔族按戶計期迎奉焉期將終具酒醴
刲羊豕以祭之名曰喜神不然必罹奇禍祭時
鼓鉦嘈哱苗歌蠻舞如演劇然神降必憑人而
詔其人奮身踴躍齧碗琖如嚼甘飴履赤鐵入
油鼎坦然無難色至今猶然

出東關三里許緣溪行數百步山石矹硊林木蓊
蘙雉兔鼯鼪紛集焉山腹有果老洞深莫測樵
牧偶息其間輒聞鐘鼓聲羣疑爲仙居昔有某
困乏向洞壁乞貸穀米明日果如數置洞口衆
多效之屢驗後有狡獪者償以粃糠遂不復應
咸豐丁巳秋八月蝗秋穫盡傷而所過之處草木
葉幾盡明年春掘得其子無算幸二三月尚雨
雪始無遺類
咸豐甲寅秋六月二十九日辰刻地震州城及西
北鄉爲甚雖鼎釜之水皆動踰時始止此亦有

之異也
舊說鷄骨洞水怪輒爲民害毒於鱷魚無能驅者
巫師向某以術自賀居民醵金延之將作法屬
其徒曰雙履鬥時洞口見吾掌出急付以劍綫
則誤事言訖踏波入少頃果如所言其掌巨甚
蝟毛氄鬣徒駭不敢近轉瞬雲霧合雷電震驟
雨翻盆波濤洶湧見一巨人狀極獰惡乘一物
蜿蜒如龍逐浪而去師亦不返怪竟絕
謝紹龍駐防鄔陽關古戰場也歲戊子春巡哨軍
馳報寇至遙望佛爺嶺芭蕉洲男女扶攜連日

絡如蟻向南路狂奔呼號震地急備兵防堵終
日不見一寇建夜忽聞鼓角喧闐人馬馳驟其
聲若有萬千偵探至數十里外無所見沸騰竟
夜鷄唱始息初莫解其故人或謂之陰兵豈古
燐之所化與
咸豐丁巳八月十四日晝天南飛一物如白練寬
五尺許長丈餘搖曳上升旋落東北角人以爲
蚩尤旗云
西鄉關帝廟神最著衆虔奉之辛酉冬僞翼王擾
來鳳鄉人大恐一夕忽聞礮震人馬鬭騰及曉

偵探竟無踪逮夜又如之俱惶惑莫解忽某幼
子暴跳大呼曰予已有偷爾無虞言訖而蹈及
醒詢之曰一偉人赤面長鬚自天而降撫我背
即不知所爲衆悟詣廟拜謝覩神象汗如雨注
共嗟嘆不已後邑中果安堵無驚
之表
咸豐乙卯夏五月初一日申刻五色雲見於西北

荆楚文庫

〔光緒〕鶴峯州志

〔清〕長庚　厲祥官　修
〔清〕陳鴻漸　纂

《荆楚文庫·方志編》編纂組

前言

《〔光緒〕鶴峯州志》十四卷，清長庚、厲祥官修，清陳鴻漸纂，清光緒十一年（一八八五）刻本。

長庚，字西垣，吉林長白人，光緒四年（一八七八）任鶴峯知州。厲祥官，江蘇儀徵人，舉人，光緒十年（一八八四）任知州。陳鴻漸，邑人，恩貢，候選直隸州州判。

鶴邑萬山綿亘，人傑地靈，連夔巫接湖湘，爲川楚之門户、荆襄之保障，其沿革請參《〔乾隆〕鶴峯州志》影印前言。明以前州志無考，清乾隆六年（一七四一）州牧毛峻德創修，清道光二年（一八二二）知州吉鍾穎續修，清同治六年（一八六七）知州徐澍楷踵修，各有版本流傳。長庚蒞任，囑邑紳士掇拾舊稿，彙爲一編，惜事未成而去職。祥官繼任，奉檄重修，乃延州人士陳鴻漸等取舊稿就文義體裁略爲校正，博訪周咨，歷數月而成志，旋即付之剞劂。

志分十四卷，内容依次爲沿革、疆域、山川、營建、賦役、風俗、物産、祠祀、學校、兵防、秩官、人物、藝文、雜述。卷首另收厲祥官自序、劉棫林序、鶴峯州訓導魏澤潤序、目録、修志姓氏、星野、輿圖。

是志綱目體例悉遵前志，考以府志，加以采訪，於前志各類增益十之一二：沿革、疆域、山川等，前志已詳，無庸增益；緣經費短缺，近年鮮有新建，故營建亦無所增；州中物産無珍異瑰奇，正税之外别無斂取，民間傜役簡而不繁，故賦役、物産仍其舊；祀典相傳，有功德於民者祀之，州中諸祀經兵燹後，或廢而不修，或屬不經之祠，故祠宇多删而不載；州處四塞之交，山深地僻，嘉慶初白蓮教於此處活動最甚，具載前志，同治以後，塘汛嚴密，故兵防無所補；秩官、人物，采訪所及，依類補入；藝文、雜述搜集不多，擇其關州事者登之。

據《中國地方志聯合目録》，是志多地有藏，本次影印所據底本爲湖北省圖書館藏本，該藏本版面清晰，字迹工整，無缺頁，無破損，整體書品較好。另有清光緒二十五年（一八九九）謝紹佐增刻本，上海市圖書館有藏，經與該本比勘，實無增刻内容，又有民國二十三年（一九三四）鉛印本，重慶市圖書館有藏。（彭余焕）

目録

鶴峯州志

光緒乙酉續修

鶴峰州志

序

州志自徐公靜溪續修迄今將廿年矣其間賦役學校秩官祠祀人物之閎乎風化政事者歲有所增亟宜編纂迄歲　大中丞彭公省會設湖北通志局檄各屬以志書上並飭蒐緝地方之尚未入志者臚而陳之將薈萃成書爲江漢一省鉅製誠盛舉也前任長西垣屬紳士掇拾艸稿

一

都爲一編擬爲州之續志事未成而去十年春　祥官奉檄來攝篆州人士以稿就正時下車未久辭以不遑今將受代復申前請俾閱稿本叙次詳明事皆徵實惟就其文義體裁略校正焉夫志信今傳後尤官斯土者所當考鑒之書也祥官涖事時首求鶴邑志書略得其山川風土之大凡隨復博訪周諮精悉

二

夫民生利弊之所在一載來競不敢暇逸幸值雨暘時若歡歲鑄豐地方得有起色公餘之暇得與此邦賢士大夫從容商訂續修之志得以藉手而告成功亦愚之厚幸也夫

光緒十一年乙酉仲春月下浣湖北補用同知署鶴峰州事儀徵厲祥官謹誌

三

序

真西山有言爲此邦吏者不可無此邦之書信乎邑之有乘志其道地圖書著其文獻風俗與夫學校行義之興起財賦物殖之自

四

出洵足攷鏡得失藉爲興利除弊之資不僅供史官采擇已也鶴邑萬山綿亘連夔巫接湖湘人傑地靈涵濡

教澤非僻陋彈丸者比州志經

州事毛公峻德創修鍾
事蒐羅續加脩葺則有知
州事吉公鍾穎徐公樹楷
然時久則記載益繁事遠
則攷核宜慎欲復取舊志
而續脩之非史才莫屬也

五

近歲大中丞彭公設湖
北通志局檄各屬以志書
上並飭臚陳事蹟之尚未
入志者前任長厲二公先
後屬紳士等纂脩續志搜
輯釐定歷二稔而始成訂

往參令蓋稱詳備矣棫林
承乏下車即求州志閱之
以為政令之助會州人士
呂續志開鐫屬序於余因
不揣譾陋謹綴數語於簡
端非敢附美前賢用以鳴

六

聖朝稽古右文之雅化並樂觀
庶民飲和食德之盛軌云
耳是為序

光緒十一年歲次乙酉小
陽月甲申日知鶴峰州事
武進劉棫林撰

序
天下固州縣所集也一統
志又州縣志所會歸而成
志之說尚矣州志自徐公
靜溪續修後綱舉目張班
班可考顧二十年來凡俗

七

尚之變遷政治之得失與
夫忠孝節烈以至湮沒而
不彰者何可勝數間有一
二留心世道之士又或絀
於勢不得爲阻於時不能
爲此續修之難所以無異

創修也前任長公西垣遵
撫軍彭大中丞札延請紳
首認真採訪誠一時盛舉
也奈功未告竣而去所謂
若作梓材既勤樸斵者屬
公吉人下車後毅然以茲

八

事爲之任不數月而樂觀
厥成蓋潤色之功寔乎莫
尚已夫州志治州譜也綜
一州之土地人民風化賅
以一書俾官斯邑者一寓
目而知所因革損益較之

傳家治譜其廣狹何如也
諸君子以剞劂將竣屬潤
爲之序竊思九仞之山屹
然在望皆兩公之力兼以
闔州諸君子相輔而成潤
何敢贊一詞哉然回憶秉

鐸斯邑以來幾歷寒暑於
一切風土人情略知一二
因不揣譾陋謹綴數言以
誌一時之躬逢其盛云
光緒十一年歲次乙酉鶴
峯州訓導孝感魏澤潤撰

鶴峯州志續修目錄

鶴峯州志續修卷之

主修

特授鶴峯州知州長　庚

署理鶴峯州知州厲祥官

承修

特授鶴峯州知州劉械林

協修

恩貢候選直隸州州判陳鴻漸

監修

鶴峯州訓導魏澤潤

鶴峯州吏目方朝泉

歲貢候選訓導李樹馨

採訪

候選訓導尹高林　恩貢田蓀太

廩生吳紀蘭　生員覃遂松

生員李樹穀　生員李光賓

生員徐澤周　生員周書升

五品封職洪應耀

鶴峯州志續修卷首

星野志

鶴爲荆州分域自應星分翼軫入翼十度荆州史
記天官書翼二十二星十九度軫四星十七鶴爲
東陲終古分布故星野志仍舊

鶴峯州志續修卷首

輿圖志

邑爲容美土司舊壤萬山綿亘東抵長樂西抵宣
恩桑植南抵石慈北抵巴建有關內關外之分近
今水道山形塘汛關隘鄉里保甲規模無異故輿
圖志仍舊

城垣圖

城垣圖

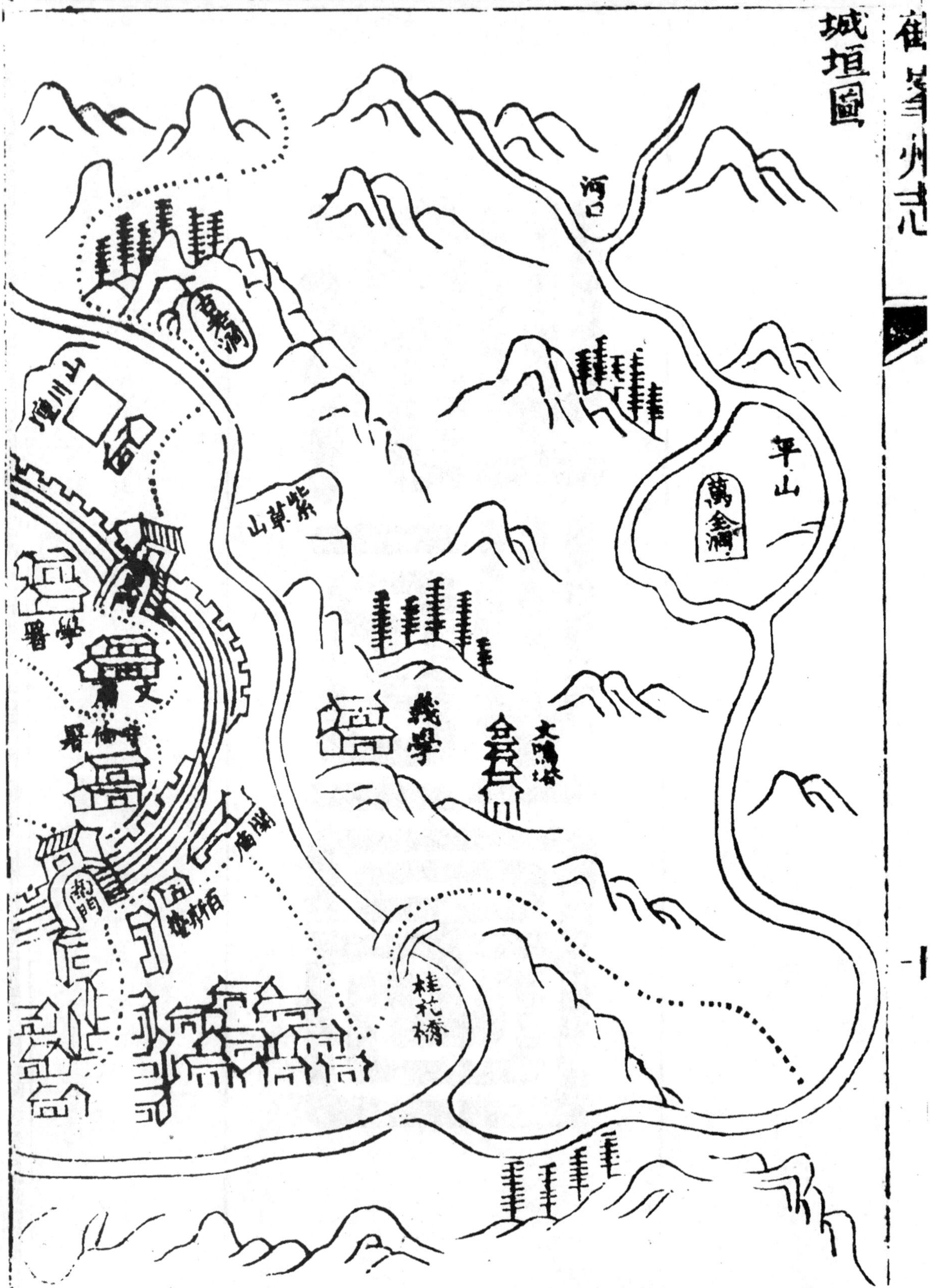

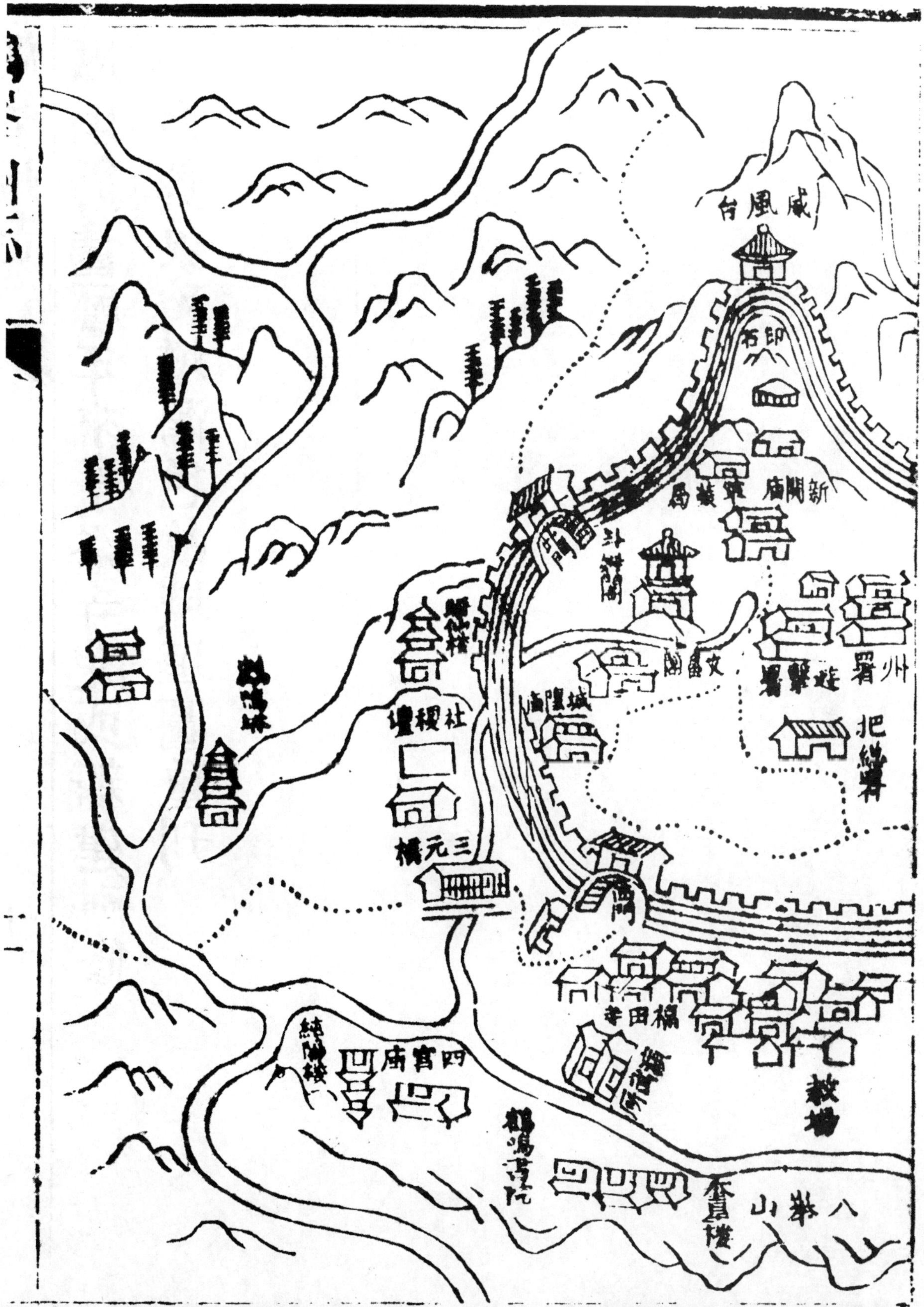
威風台
新開廟
文昌閣
州署
遊擊署
把總署
城隍廟
社稷壇
三元橋
四官廟
純陽樓
福田寺
教場
鶴鳴書院

城垣仍舊歷年來亭塔寺院或新建補修

而景象稍增潤色故城垣圖重刊

鶴峯州志續修卷一

沿革志

田氏自漢迄明以土司世襲撫有此土自我

朝雍正十三年田明如內訌始歸流設官其沿革仍

以土司世系爲斷沿革志仍舊

鶴峯州志續修卷二

疆域志

州境週八百里以大岩關前爲關外界湖南州治

爲土司中府地關門四塞故捻髪匪之亂施宜均

被蹂躪而鶴獨安堵亦一夫當關形勝足憑也疆

域志仍舊

鶴峯州志續修卷三

山川

環鶴皆山也山皆有泉或沿山曲達或潛伏數十里始現細流錯出莫可名紀惟溇澬而滙爲河者聊可紀其大概山川之終古不易也故山川志仍舊

據舊志云東北朝陽坪鄔陽關两水流入長樂巴東二縣查朝陽坪水發源山谷出蘇家村十二里至石龍洞十五里伏流至九峯橋廿三里直達州治共計八十里鄔陽關水自州屬咸盈河小灣潭發源由鄔陽關合流入金鷄口廿五里流入巴東界之桃戸山四十里出□陽資坵河弍百里直達宜都清江與舊志不符考迄今百餘年來或山澗衝頽水道有變遷歟

鶴峯州志續修卷四

營建志

深山僻壤其經費較大邑惟艱歸化後舊建新修迄今漸備雖乏觀美而山陬氣象稍形潤色修造補葺之功豈淺鮮哉營建志續修

鶴峯州志續修卷四

營建志

衙署

知州署重修二堂五大間左右花廳咸豐年間知州徐濬重修

退思廳三間東首偏廨二大間後堂東西廂房六間頭門照墻戒牌坊科房八間光緒元年知州呂品律建

栢樹神祠署知州邵承灝建

捕廳署頭門大堂三間後堂花廳共三間光緒元

年知州呂品律建

學署向在

聖廟後孤懸嶺半距

聖廟太遠難於照守年久坍塌歷任廣文寄寓書院知州長庚就地籌款改建於

聖廟左角隙地光緒七年監立大堂年荒中止署知州厲祥官籌添經費十一年工竣首士李樹馨徐德潤尹高林監修

遊擊署舊在大東堂首幽深宏廠即土司紅梅閣故址年久朽壞由大堂直進新修過廳花廳三

大間三堂三大間頭門鼓樓同治七年守備胡永發領修

文鳴塔在州城南門外義學嶺土司舊建八角樓後李公鴻翥重建鶴鳴塔在州城西門外兩河口旁鄭公安智舊建鶴鳴樓近均圮廢此地爲州城左右砂關係文風故前輩多有掇科名者今則人文稍不振矣知州長庚籌復兩塔以培文風自光緒八年始十年工竣共費七百餘金李集堂捐錢百串徐德純捐銀弍拾兩吳振鷟捐銀拾弍兩其餘出自書院歷年積累李樹馨

徐德潤陳九疇尹高林監修

院

孤貧院光緒三年知州吳鴻惠建徐德元李樹馨監修

津梁

永安門外舊設板橋溪水冲塌光緒元年庠生王敵德募化重修名永安橋

南渡江爲關外暨湖南通衢向設官渡招渡夫二名年給工食銀八兩渡子口食不敷每向過渡取錢年終又沿戶收穀名曰筏稅關外劉恒瀾

兩次捐數千金建石橋終以山水暴漲橋成而圮者再知州長庚親詣查勘倡捐先給渡夫一年口食復籌款壹百柒十柒千四百文置買五里坪竹枝旱地三處交首士李樹馨徐德潤經理招庄定租黃大榮充當價弍拾串文收旱租弍石爲渡夫永遠口食署知州厲祥官出示勒碑永革渡錢筏稅等獘

晤仙樓在邑城西關外哈起坡上李集堂捐修

鶴峯州志續修卷五

賦役志

邑山多田少歸化後惟正是供雜派差徭歷任賢司豁免淨盡近惟本城及五里坪增設茶稞故賦役志續修

鶴峯州志續修卷五

賦役志

州城埠頭茶行八帖

五里坪埠頭茶行八帖

南村埠頭茶行二帖

劉家司埠頭茶行一帖

下坪埠頭茶行一帖

走馬坪埠頭猪行一帖

懶板凳埠頭猪行一帖

每帖賦銀四錢五分共合銀九兩九錢

鶴峯州志續修卷六

風俗志

風俗美惡視乎司牧之化導近日涵濡

教澤百餘年矣家詩書户禮讓饒古樸風故風俗志

仍舊

鶴峯州志續修卷七

物産志

邑多曠山物産不饒而高低皆可種植果能量土之宜隨物之性廣種滋培八百里生産可勝言哉近今美利日增惟茶爲最故物産志續修

鶴峯州志續修卷七

物産

紅茶

邑自丙子年廣商林紫宸來州采辦紅茶泰和合謙慎安兩號設庄本城五里坪辦運紅茶載至漢口兑易洋人稱爲高品州中瘠土賴此爲生計焉

綿絲

木綿邑不多種者以爲非地所宜也而慈利人袁之耀庠生徐澤周種皆獲利名曰山花蠶絲宅必有桑邑多曠土何不可樹以民狃於便安故也邑人喻照熙飼蠶頗有功效錄之以証往日之誤

礦

州屬萬山叢集夙産銅鉛土司昔時采鑄頗稱饒富歸流後封禁百餘年矣近年招商局稟准委員設局於九台鄉等處開採引苗皂𡈼已有成效磽确之區亦成利藪究之有益於商無裨於民尚非地方之美利也

鶴峯州志續修卷八

祠祀志

邱治光昭深山之中特隆報享其壇廟祠祀之祕

修好義者無歲無之故祠祀志續修

鶴峯州志續修卷八

祠祀志寺觀附

關帝宮後啟聖祠殿前兩廊傾圮知州長庚光緒

八年籌款重監首士李樹聲監修

東西壇各三間知州長庚建修

蒼聖祠在水寨四官廟前李相臣捐修年久傾圮

其孫樹藩重修繼祖志也

賽金殿在西山保庠生汪文縉募化領修

鄉賢附論

鄉賢祠宇久成虛設州人士公舉李定南鄭安德

王琨園三公禀請入祠知州長庚擬申請上憲

因艱於費不果然三公之德業聞望無媿鄉賢

惜湮沒於窮僻之區不獲崇祀誠憾事也特記

顛末俟後之輶軒採風者徵文考獻舉行曠典則

三公潛德幽光鬱而必顯云

鶴峯州志續修卷九

學校志

學校爲風教之始下邑絃歌人知向化比年來簪纓繼起筮仕外省代不乏人書院漸有起色賡興亦籌增經費故學校志續修

鶴峯州志續修卷九

御書德齊幬載額同治三年奉頒

御書聖神天縱額到日敬摹懸掛

御書斯文在兹額光緒六年奉頒

文廟後殿聖嗣傾圮光緒二年知州石廷鑾重修

首士徐德元李樹馨徐德潤吳振鷺監修

鶴鳴書院建修後以無膏火資未及開課近稍置產光緒二年首士李樹馨徐德元徐德潤陳九疇請延山長課士每月官課一次堂課二次取內學正課六名附課六名月給膏火獎賞粗具規模尚待恢擴

賓興

賓興費創設前任徐公静溪計三年息資每屆秋闈試士如僅十八每約十串八多則分潤無幾難以就道故赴試者寥寥光緒十年夏大憲以州境八九兩年灾荒發庫銀弍千兩下州平糶事竣尚餘糶本錢陸百餘串署知州厲祥官詳請大憲以四百餘串購穀四百餘石儲常平倉備荒以弍百串付書院首士置產生息用增賓興之費

賓興姓名數目

生員徐承壽捐錢貳拾千文
從九銜陳應詔捐錢貳拾千文
生員徐德元捐錢肆拾千文
補用湖南通判同知銜吳振鷺捐錢肆拾千文
試用湖南知縣鄭登俊捐錢拾千文
生員徐德容捐錢肆拾千文
候選訓導田孚棟捐錢貳拾千文
生員洪應耀捐錢貳拾千文
武生楊德福捐錢貳拾千文

武生李樹森捐錢拾千文
從九銜黃品端捐錢貳拾千文
生員易秉珪捐錢拾千文
生員龔芳綱捐錢貳拾千文
從九銜陳朝清捐錢拾千文
生員龔學煥捐錢拾千文

鶴峯州志續修卷十

兵防志

鶴邑上接夔巫下連湖湘兵防宜重咸豐前遞經裁撥而州治未遭戎馬蹂躪者固鎮有營伍實僻在窮荒也故兵防志仍舊

鶴峯州志續修卷十一

秩官志

按官府之遷除歷俸之淺深必有記事之表凡實政在民歌思永艾者爲之立傳所以紀政績勸後來也故秩官志續修

文職官表

年	知州	州佐	訓導	吏目	巡檢
同治八年	金作礪 江西舉人署	陳夢樓 江蘇人署	雷春沼 黄岡舉人	高鏊 江蘇人	虎清林 河南人
九年	呂品律 雲南人副貢補	德潤 正白旗人			
十年		孟志濬 四川人	蕭光烈 襄陽人署		
十一年			雷春沼 回任		元壽椿 河南人署
光緒元年	楊大齡 安徽人府經歷代				仇超曾 浙江人署
二年	石廷鑾 江蘇人署			趙岫雲 四川人署	趙岫雲 兼理
三年	吳鴻惠 四川拔貢		石建點 武昌舉人	高鏊 回任	章漣 河南人
	郤承灝 順天人代				
四年	長庚 正白旗人荆州駐防				
五年		陳鑫 安徽人		陳雲階 順天人署	陳遇春 直隸人署
六年		王蘭 直隸人		陳韞書 陝西人	
七年					劉禮仁 四川人
八年			洪大生 長陽兼署	吳逢衡 順天人署	
九年			魏澤瀾 孝感舉人	方朝杲 湖南人	
十年	厲祥官 江蘇舉人署	劉樹仁 湖南人署			
十一年	劉棫林 江蘇人	林念祖 福建人署			

武職官表

年	遊擊	守備	城守
同治元年	張鳳祥 中營守備署		林德全 湖北人
			謝紹龍 本州人
七年		劉如義 千總署	黃遠吉 施南人
			龔品廉 州人
九年	張吉芳 安徽人	胡永發 四川人	楊相華
十年	郭玉堂 湖北人署	黃占魁 調署	
十一年	管鴻彪 孝感人		
十三年		劉如義	
光緒元年	陳廷魁 松滋人署	張金龍 湖北人	
二年		譚榮名 施南人補	
四年	蕭長林 江夏人		江榮芳 東湖人
五年	鳳寬 旗人	高承恩 孝感人署	
六年	孫長鏵 襄陽人補	楊新發 孝感人	
十年	鄧紹級 湖南人		

程明直隸人以北隹坪別駕廈獲州篆愛民如家人父子凡寺觀橋路皆捐廉倡首舊例撥南粮支發兵米民夫疲於轉運自公始給官價除積弊定章勤碑尤留心學校前州牧吉鍾頴精風鑑謂宜建書院於八峯之麓以地屬營田公婉商之遊擊佛隆以文昌宮佃屋易之奎樓書院經始公之力也又念修造膏火無資凡有田地爭訟令首士調處故訟者咸樂捐貲助費後來鳳知縣任滿旋籍道經舊治州人士遮道款留三日乃去

徐澍楷陝西人由洋縣訓導升選州牧甫下車詢民疾苦撫字勤勞關外俗悍強梁如王士鳳黃艮貴皆置之法尤培植學校朔望召生童試批改文藝循循如師弟分清俸獎之又念科第寥寥州治距省遠重需資斧公爲捐廉倡設賓興費永著爲例赴試之士皆感公德歲科取首務得真材捐觧考棚經費邑人製振興文治額頌之

哈達佈滿州人咸豐七年履遊府任性情和易樸直坦率平居角巾布衣翛然有林下風教兵有方念兵丁只八成餉體恤周至差使必儉恐多攤派在任十餘年兵餉較豁後以病告歸合營泣走送謀

立生祠未果祀牌於署

鶴峯州志續修卷十二

人物志

山川磅礡之氣是生人傑其間砥節礪行足爲鄉里矜式者如孝友賢義節烈貞淑采訪確切亦後先輝映焉故人物志續修

選舉

選拔

徐德容同治癸酉科

恩貢

陳鴻漸　陳興祥　田蓀太　吳紀勛

歲貢

朱大鴻　李樹馨　尹高林

文仕進

徐德純任山西潞安府長治縣知縣

吳振鷺任湖南丞綬直隸廳補用同知直隸州

吳紀雲任廣西富川縣知縣

徐德潛任山西河曲縣知縣

徐秉元知縣用任山西代州直隸州州判

徐德潤知縣用湖南補用府經歷

教諭

陳興祥候選復設教諭

訓導

李寶田試用訓導鹽提舉銜

李樹馨候選訓導

朱大鴻候選訓導

尹高林候選訓導

雜職

何大文任山西絳州直隸州州判
陳鴻漸候選直隸州州判
田蓀太候選直隸州州判
徐澤溥分發直隸試用縣丞
楊毓秀安徽候補縣丞
李德芬湖南補用巡撿
徐文煥山西試用典史
易忠亨候補陜西從九

武仕進

劉宏彦任後司把總駐防漁關
洪登庸任城守外委六品銜
王信圭任百隹坪外委
鄔啟恒任施南外委
劉以志本營額外
袁正林本營額外

雲騎尉世職

何九疇以父向錫爵廕
李德兹以父李肇文廕

田本立以祖田宗柄廕

恩騎尉世職

劉以勛以祖劉　榮廕
田正品以曾祖田繼秀廕

義行

李輔臣本城人秉性耿直年弱冠即以孝聞持家有法初應武試未遂爰從行伍補授把總歷任本營奇峯關右司暨建始縣城守循分供職惠愛士卒數十年無外干平生不苟取歸老城西置薄田以自娛長子良邦宜鎮外委次良能從九三良楷補奇峯關把總晉四品升銜孫曾林立壽百有七歲

誥授昭武都尉

尹光益本城人祖籍袁魚幼隨其父均宣司鐸於

州賦性誠篤侍奉親疾數十年不倦父沒遂築室家焉祖遺田產讓之於姪待人無爭競心喜談陰果子一顯章庠生孫八候選訓導一庠生二餘俱儒業曾亦林立

郭繼枚字玉堂歲貢生三岔口人秉性孝友渾厚樸實讀書目數行下應試郡城無力買書向書肆借翻閱之即能記誦故幼有神童稱庚子科房薦出德公門奇賞之後屢薦不售授徒善誘受益者衆前知州梁元珠聘閱試卷評定甲乙一無所私年八十無疾而終子一孫一邑庠生

徐承壽字介堂本城人庠生體貌魁偉性豪爽里有爭訟質之片言立解歷任邑侯皆造廬詢地方利弊志與學校與李煥周陳金門創修鶴鳴書院殫精竭力數十年其子官縣令每寄書勉爲好官凡地方橋梁路道諸義舉必捐資爲之倡年七十餘無疾終子三恩貢生山西知縣一湖南府經歷一庠生一孫八直隸縣丞一山西從九一庠生一餘幼讀以子貴

誥授奉直大夫

陳世琦字甫純本城人庠生性友愛善事繼母勤

勞無間弟世琨分居失偶出脩資爲娶婦家寒授徒功課極嚴寒暑無倦邑英才多出其門隅負笈從者甚衆生平循謹舉動不苟誠足爲鄉里矜式子二孫四恩貢生候選直隸州州判一

陳應詔本城人少孤奉母孝胞兄某失明敬之不衰母壽八十八而終盡禮盡哀以母遺分給兄嫂姑姊撫侄九皋教讀成立與李相臣重建斗姆閣又與李煥周徐介堂創修鶴鳴書院極力經營凡橋梁路道皆急公好義無德色沒後仰典型者猶稱道云子四長九嶷湖南縣丞季

九嶂庠生諸孫林立

鄭洪志字尙貞本城邑庠生事親先意承志其父静軒八旬餘選枝江廣文親隨扶侍後卒於官哀毁扶櫬歸兄沒撫侄福全教讀完娶如所生入泮後家産平分之毫無所私生平言笑不苟足跡未嘗出戶推爲一鄉善士焉子三府庠生孫三

王道一字竹坡湖南安福庠生後入州籍授徒爲業性奇慧爲文獨具機杼寸香一藝士之遊其門者多拾青紫以去晚年得目疾猶以口授邑

候程明齋嘗延入幕鄧篆後攜之至都值北省戒嚴間道歸里置田數畝隱於城北之巴子山以終子二庠生一

向廷彥森子坪人撫侄畢婚娶成立分析一無私善解爭訟凡團練府志及橋廟道路諸義舉皆倚任之故里人碩其德子一附貢孫二

周大富關外人事父母孝兄弟四人先居金鷄口富隨父移居走馬坪勤儉起家未幾兄彰與魁明相繼至均分給重資其侄來依者悉爲置業隣有熊大福嫁其妻富出錢毁其券令復合張朝吉因貧嫁妻亦資斧之得免離異可謂鄉里善人子三庠生一

徐德潛本城人賦性聰敏三歲識字十五能文弱冠食餼登明經尤善事繼母兩弟一妹皆繼母出友愛倍至以山西通判勞績加五品升銜知河曲縣事著政聲歲歉請賑全活無數卒於官子四候選直隸縣丞一山西試用典史一庠生一

朱南運田家坪人嚴氣正性積學未售而襟懷灑如也誨人循循善誘闡關經義多啟發愚蒙尤

以敦品飭行爲先鄉隣皆蒙化導有王彥方之遺意焉子二曾元均儒業

列女
貞女徐五姐本城庠生徐承壽季女幼字文童李
樹蘭病歿女聞信服衰麻往吊撫棺一慟幾絶
欲過門守節而姑亡家貧無嗣可繼不得已依
母家事母孝終年未嘗出戶貞操凜然兄嫂分
以產俾有所養以終其志州人士公舉貞孝呈
請咨部奉
旨旌表
羅孝女茅竹山人羅春德女德繼妻陳氏悍潑異
常德不堪其苦自縊死囑女仲宛女來城兩次

爲其伯挾阻憤極自經以殉惜家貧未能請
旌
覃閔氏千金坪人適覃正暄兩載夫亡氏哀毀盡
禮葬後五月生遺腹子國秉矢志撫孤家貧資
以十指事姑以孝聞嗣秉夫婦俱歿氏又撫孫
辛苦備嘗撫孤兩世年七旬餘守志五十年可
謂苦節之貞
周劉氏大溶人周光劍妻夫亡氏年二十四矢志
守節克撫兒女成人性剛烈人不敢犯子先易
先祥年五旬有過猶斥之跪家僅中人產子孫

鮮游隋者年八十四待
旌
周么么關外人庠生周江臯女適楊光環爲室父
亡念母切迎養於家母病甚么禱於神割左臂
肉烹以食母病稍已送母歸扶持兩月餘乃回
嗣聞母病復作醫謂爲不起症復於密室割股
肉合藥進之延至次年二月始歿夫以弱女而
割股至三孝矣
劉鄭氏本城文童劉以典妻夫亡年二十五矢志
孀守撫弟之子爲嗣飲冰茹苦艱辛備嘗年五

旬餘歿事載家乘
宋部氏北路板廠人宋青臣妻夫故氏年二十二
撫孤守節言笑不苟計苦節四十年鄉人爭稱
之子一孫二監生一
李尹氏本城人原任儒學尹均宣之孫女夫李應
魁人營食糧時咸豐二年氏年十九產一子甫
六日應魁從征武昌陣亡家極寒氏寄食母家
守貞茹苦三十餘年撫子成立永操凜然鄉黨
無閒言焉
王部氏北鄉部子明女適王德成伉儷極諧夫病

氏奉湯藥禱於神乞以身代終不起氏撫棺慟哭思以身殉念翁姑年高無人侍奉矢志孀守時年甫二十也人以女幼托隣媼勸其改守女怫然大痛繼而翁姑利其禮金廹以再醮謂不從必綑載以去女聞迎者在途整衣冠嚴粧飾衆謂女有轉志矣及轎入門女嘆曰彼蒼者天不諒人只泣拜翁姑仰藥而死

黃陳氏本城黃節義妻年二十二歲夫故遺孤詳選生甫八月氏矢志撫孤現年逾五十家益窘種薄產以爲生

黃袁氏本城黃節用妻年二十三歲夫病家貧不能延醫割股療治洎夫溺沒貧益甚磨麪資生苦節貞操巾幗罕見

楊郁氏本城楊祖訓妻夫病氏割股治病旋巳未幾夫病復發氏二次割股皆效後祖訓病竟不療氏亦憂鬱成疾相繼而歿

李徐氏陝西人任漢中府李定南妾定南歿於官氏時年二十二歲從定南甫五六年乃哀其忠勤感其恩厚矢守不去及扶柩旋鶴家居淑慎慈惠沉靜寡言守節三十餘年沒年四十五歲

李劉氏本城武庠李成美妻年二十九夫故遺孤子志剛教讀完娶俾得成名氏沒年五十五歲懷清履潔與氏母喻孺人相輝映焉

張王氏西鄉張定武妻性至孝其舅姑相繼病斃步履需人氏扶持十餘年維謹家貧氏以私積供甘旨無少匱姑早世遺弟五齡氏撫之成立至今家庭頌德焉

魏周氏大典河人夫魏洄家窘入泮後舌耕營生病久俸金用罄思食肉氏割股以進洄卒不起氏幾痛不欲生

劉蘭仙趙蓮仙妻千金坪人父祖燊早卒其嫡母

覃氏愛如己出覃母病蘭仙割臂肉療之病旋愈以疾出而盡孝嫡母可謂難矣庠生張茂芝賦孝女行

洪李氏幼字洪應桂因年荒氏隨親遷居貴州之興義父母淪亡氏時年二十以織紡餬口撫其弟彼處有議婚者弟婉告之氏怫然曰父母以我字洪門若更議惟有一死弟知不可奪爰搜積川資來迎其夫至貴州完婚爲母修墓乃同回州生子二俱邑庠生孫三人以爲不二字之報

楊陳氏本城楊琭祖妻夫病奉湯藥唯謹禱於神割股肉以進夫卒不起孀居至今子二俱成立

耆壽

李輔臣　年壹百零七歲原任施南把總

謝尙國　年壹百歲五里坪人

田大貴　年九十六歲

劉國道　年九十六歲關外卦子溪人

吳世泰　年九十二歲

秦顯奎　年九十歲

鍾正朝　年九十歲清水湄人

張安武　年九十歲清水湄人

李福龍　年八十四歲金鷄口人

田福棟　年八十四歲候選訓導

聶正順　年八十四歲

徐宗愷　年八十歲五品封職

龍世經　年八十歲附生

陶勝德　年八十歲

楊祖椿　年八十歲

女壽

楊杜氏　年九十四歲

徐田氏　年八十五歲庠生徐秉貞之母

陳曾氏　年八十一歲職員陳朝玉之母

徐龔氏　年八十一歲五品封職徐德元母

楊蕭氏　年八十二歲

鶴峯州志續修卷十三

藝文志

邑居萬山其以著作名家者恒少舊志取詩文之有關地方者錄之兹奉省志章程務將全書送呈士之留心著作者間有采焉故藝文志續修

藝文

邑儒學尹均宣　著有赤壁詩草

舉人洪先燾　著有式穀堂文稿

拔貢部生榕　著有聽泉書屋詩草

庠生謝祖彥　著有周易來註辨疑容陽志異課香居詩稿待梓

鄉飲酒禮廢久矣署知州厲祥官奉道憲札舉行此典遴選城鄉年高有德者四人田福棟字吉齋徐宗愷字南軒謝祖彥字俊民羅正字青雲延至署中優禮相待宴以酒菓錫以匾額此上憲實寓維持風化之至意也有

酬徐南軒老人七律二首錄之（署知州厲祥官）

老成幸得此邦賢魯殿靈光獨巋然品望合膺鄉飲禮塵寰真有地行仙植槐王祜多昌後賣藥韓康不計年（翁設藥門）昨夜九峯瞻紫氣老人星耀少微躔

四皓羣推徐伯珍德門題額煥然新願持薄俗鍼砭意頻挹先生杖履春孝友定徵仁壽瑞輶軒偶現宰官身清談還擬過城北風雪來尋市隱人

贈謝俊民

書續容陽錄（著有容陽志異）人傳小謝名世家承武略教授老諸生素問醫宗抉京房易理精（工岐黃術尤精易學著有周易來註辨疑）無求忘世慮義爾舉家清題鳳吾何敢旌賢禮到門德惟馨陋室詩莫賦高軒直道公平在清操薄俗敦炳文書塾啟師範一鄉尊（現延教讀義學）

容陽雜咏　向裕祜　邑庠

宣慰茲專閫蠻王尙故宮山垂城似網水抱市如弓古柘沿溪綠仙桃映谷紅賺他千年鶴棲老畫屏中

東道毗巴子西封逼夜郎土輸茶作貢農挽草分庄避世兼秦漢居民媲魏唐尙多遺父老往事話容陽

樊城題壁　徐德純　拔貢

十年宦晉荷
恩啣一路風光踏翠微報

國聞鷄晨起舞謁親走馬勢如飛半山半水曾經覽一鶴一琴敢與違爲念民膏廿淡泊還鄉衣馬莫輕肥

李煥周先生傳　雷春沼　邑儒

自古事功之難莫難於創始功德所著莫大於作人若夫山邑嚴疆經晝不易有前人所欲爲而不得爲者而獨有人焉任勞任怨慮始慮終百折不回而卒底於有成此其功業所垂足以光史册而昭來許者吾於鶴得煥周先生焉余司鐸容陽閱十餘載而先生晨夕接談相識最真及先生捐館舍余特表其梗概先生諱良楨字煥周生姿英偉才幹閎通作文根柢六經弱冠入郡庠善理家政事父母孝奉繼母如所生昆弟五友愛最篤尤復

卹承先志建宗祠以妥先靈置號櫬以恤士子其議論閎通而樂道人善亦不阿其所好膂力過人有犯不較星相醫卜俱三折肱也而且定大疑決大計歷任邑侯下車必造其廬詢以事道光年間州署左右門房就頹邑侯欲派民修公力爭曰捐廉則三四十千功速竣派民則百倍不止其弊不可究諸矣卒從公議而先生淡泊明志州牧程公正齋最稱其清操凡邑中橋路樓閣及有關風水諸善舉無不竭力經營而生平最重者尤在書院誠以書院爲成就人才淵藪而吾邑獨闕先生乃

上告當路中衢同人下募四鄉又以任重事煩約徐君介堂陳君金門分理一司錢穀一理計會卜地於八峯之麓建書院顏曰鶴鳴經始於道光戊申歲至辛亥告竣而又籌山長之修脯生徒之膏火實以地瘠民貧募化無多凡鄉里田土涉爭訟者先生婉勸剖息咸樂充其田土爲書院膏火資銖積寸累數十年而心力交瘁矣近年來書院歲嚴考課寒畯之士爭自濯磨詎非先生之遺澤歟夫士之僻處山林具磊落之氣不獲見用於廊廟使內而無愧於身心倫紀外而有補於鄉黨學校

曠而充之其即獨善兼善之意乎余故贈有句云論交千古誼興學十年心可以概公之生平矣子三歲貢候選訓導一孫十三附貢湖南候補巡檢一庠生一餘俱幼讀

謝騰飛先生傳

鶴峯　雷春沼

謝生俊民余門下士也温文爾雅有瀟灑出塵之概余在鶴屢蒙置酒相招得識其尊甫騰飛先生時年已七十餘矣魁梧矍鑠倜儻不羣爲心儀者久之數年來主講墨池不獲與先生相接談心常馳戀乙丑秋先生遂返道山其冬俊民以訃告且具先生節略乞爲先生傳余於先生實深欽佩其敢以不文辭耶先生諱紹龍字騰飛世爲容陽人性愷篤事父母曲意承歡待昆弟無間幼年入行伍隸衛昌營壯歲由外委擢本營把總歷任城守

調施南協大旺汛把總　敕命武信騎尉每治軍必申之以勇義按期練技藝無稍曠待士卒恩威兼濟莫不樂其寬而憚其明理營務必公正私毫無所苟迄今猶共稱頌之垂老告歸林下以餘俸置薄田數畝教子耕且讀督以勤儉睦鄉隣遇急難竭力周之無德色里黨有鼠雀爭以直言勸諭皆力解咸豐間粵匪竄武漢烽火四起餉道梗塞兼以南粮弗至衛昌營卒以腹餒幾變先生在籍乃曉以大義復多方調劑即安謐州之西南鄉有籍團練滋事者聚衆至數千人先生冒險往説反

覆閩導遂立散閤境人心咸賴以輯其以信義服人類若此夫世之論人者遇武弁輒輕之不知職業無分文武亦視其人爲何如耳嘗有呫嗶書生舞文弄墨平時談兵紙上自負雄才而臨事倉皇卒貽笑柄甚有宦橐自肥不顧族黨一朝有事則鄉閭羣起而攻身先受禍今先生不過百夫長而持身廉正每爲人所推重即遇變亂之際值頑梗之夫猶賴一言而安定此其賢不肖相去爲何如也且先生雖起家弓馬而崇儒重道嘗不惜重貲使其季子越千里從師故學業益精進如先生者

豈尚可以武人目之哉昔壽七十有八無疾而終配陳孺人有淑德生子三長祖望次祖玉季祖彥邑俊民也庠生孫五庠生一

孝女行

張茂芝邑庠

吾鄉有孝女乃在垂髫年孝母不足異以孝嫡母傳側生荔支抱蘭質嫡母愛之如己出遺孤曙後星無光明珠宛轉隨高堂高堂老母病不起孝女心憂淚如水焚香禱中庭求仙丹無靈何以報撫育願捨兒身肉鸞刀袖出手猶顫封臂無聲色不變血濡衣袖肉在盤裏創忍痛心肝酸調羹奉帷奉母氏久病得之頓甘旨母問女味何珍饈孝女含歡曰唯唯果然愚孝能迴天勿藥有喜母病痊毀身博得老母健苦心猶恐慈母憐吁嗟乎母女

相愛出天性側生女兒何薄命一般骨肉兩般看薄俗銷磨少至行我今歌作孝女行人間慈孝皆真情大婦恩慈如一體側生兒女亦親生君不見劉孝女蘭仙名封臂療母事傳遍千金坪

壯士行 同治元年髮匪攻破來鳳州勇防堵分水嶺作　吳振鷺 州人貢

束髮讀書恥不武弱冠學劍羞噲伍酒酣斫地獨悲歌宵寒聞鷄同起舞耿耿太白徹宵明烽火連天震鼙鼓投筆仗策謁軍門胸中壯氣長虹吐請纓獨當一面軍雄桓五百真勁旅實刀澄水夜衝營鐵騎追風朝擒虜平沙漠漠陣雲深黑霧慘慘陰風苦大呼直入萬人叢橫衝堅陣如摧腐歸來大帥親持盃奇勳赫赫書幕府雄談驚座人無聲決策獨主勦兼撫受降招得八千人健兒惡少皆心膂蒼頭奮擊識節制出可折衝入樽俎霜嚴號

令山岳重星羅壁壘淵湖汨不令敵致致敵來幾見反賓能爲主有時持重驕誘人恇怯畏縮如處女有時乘釁蹈隙瑕疾若蒼鷹側風羽出奇設伏擬鬼神行間使詐異今古轉戰南北掃狐兎渠魁腥血膏碪斧海隅從此靖風塵道路無處逢貙貐下馬露布奮腕書墨痕滚滚磨盾櫓夕陽笳鼓簇金鐃脫甲山積不知數功成返旆朝明光圖花戰袍換繡黻

至尊御殿親策勳將軍倚樹獨無語不願身封萬戶侯但使男兒姓名傳千古

鶴峯州志續修卷十四

雜述志

五行災沴人物妖祥綱目史記有必載所以紀實錄誌休咎不得奇異忽之也故雜述志續修

雜述志

邑向無野豬自同治甲子年有羣僧過巴東江化爲野豬入山之謠其種遂繁毛色黑白不一有虎皮而頭尾足仍豬形者遍食禾稼能一夕罄數家粮畏鎗砲金鼓聲農民夜携家人結茅野處敲梆吹角呼應山谷稍一失防禾無一粒高山人戶半多流亡光緒八九年大荒每升米值錢一百七八十文知州長庚捐廉平糶兼賑飢疲全活甚衆並作驅野豬文禱於州城隍瀰覺稀少